《公路甩挂运输推荐车型（第二批）产品图册》

交通运输重大科技专项

“公路甩挂运输关键技术与示范”（2011 318 223 006）

公路甩挂运输

推荐车型（第二批）产品图册

GONGLU SHUAIGUA YUNSHU
TUIJIAN CHEXING DIERPI CHANPIN TUCE

交通运输部公路科学研究院　编

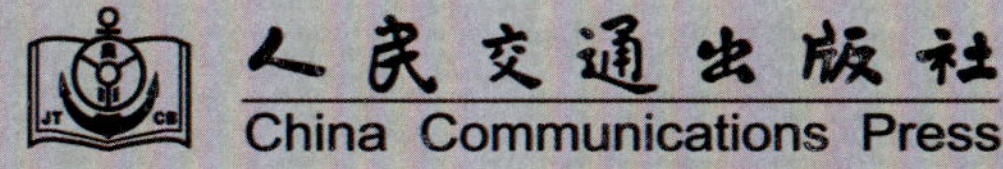

图书在版编目（CIP）数据

公路甩挂运输推荐车型（第二批）产品图册 / 交通运输部公路科学研究院编. -- 北京：人民交通出版社，2013.7

ISBN 978-7-114-10748-1

Ⅰ.①公…　Ⅱ.①交…　Ⅲ.①公路运输—挂车—介绍—中国—图集　Ⅳ.①U469.5-64

中国版本图书馆CIP数据核字(2013)第145733号

书　　名：公路甩挂运输推荐车型（第二批）产品图册
著 作 者：交通运输部公路科学研究院
责任编辑：戴广超
出版发行：人民交通出版社
地　　址：（100011）北京市朝阳区安定门外外馆斜街3号
网　　址：http://www.ccpress.com.cn
销售电话：（010）59757973
总 经 销：人民交通出版社发行部
经　　销：各地新华书店
印　　刷：北京盛通印刷股份有限公司
开　　本：880 × 1230　1/16
印　　张：21.5
字　　数：660千
版　　次：2013年7月　第1版
印　　次：2013年7月　第1次印刷
书　　号：ISBN 978-7-114-10748-1
定　　价：90.00元

前　言

甩挂运输是先进的公路运输组织方式，目前在我国尚处于起步阶段。近年来，国务院办公厅多次发文要求大力发展甩挂运输。交通运输部先后会同国家发改委、财政部等部门联合印发了《关于促进甩挂运输发展的通知》、《关于印发甩挂运输试点工作实施方案》、《公路甩挂运输试点专项资金管理暂行办法》、《关于印发公路甩挂运输第二批试点工作实施方案的通知》等一系列文件，在全国部署了两批共95个公路甩挂运输试点项目，并逐步消除甩挂运输发展的政策障碍，明确对甩挂运输的优惠政策，为甩挂运输发展创造了良好的外部环境。2010年开始，交通运输部组织开展《公路甩挂运输关键技术与示范》重大科技专项研究，立足于破解甩挂运输实施中的法规政策障碍，攻克甩挂运输中的运输装备技术、场站设施配套技术、运营组织与管理技术、信息化平台建设及运行统计分析技术等方面的多项难题，进行相关标准体系建设及标准制修订，为甩挂运输的推广与发展提供技术支持。

使用标准化的甩挂运输车型（牵引车和挂车），既是发展甩挂运输的必要条件，也是促进道路货运车辆结构升级、道路运输节能减排的重要途径。2011年，交通运输部道路运输司按照“先进合规、成熟适用、好中选优、宁缺毋滥”的原则，组织部汽车运输节能技术服务中心结合甩挂运输重大科技专项研究的实施，从14家车辆生产企业申报的50余款甩挂运输车型（配置）中，通过一系列遴选程序，最终比较优选出11家企业生产的16款车型作为第一批甩挂运输推荐车型，并于2012年1月向社会公布。2012年4月，根据全国公路甩挂运输推进工作的部署，为更好地满足甩挂运输试点工程的车型需求，交通运输部道路运输司组织部汽车运输节能技术服务中心进行了甩挂运输推荐车型需求调研、相关技术要求修订和第二批甩挂运输推荐车型遴选工作。经过严格的资料审查、样车核查、匹配验证、比较优选等程序，最终从45家车辆生产企业申报的140余款甩挂运输车型（配置）中比较优选出40家企业生产的59款车型作为第二批甩挂运输推荐车型，并于2013年1月向社会公布。

本图册是在首批甩挂运输推荐车型推广应用宣传画册（内部资料）的基础上，根据广大用户的实际需要，增加了企业简介、车型尺寸参数、主要总成配置等内容，对59款车型的技术配置和特点做了集中展示，公开了各有关车型生产企业产品质量保证与售后服务承诺及其联系方式。用于各甩挂运输试点企业和其他道路运输企业（单位）全面了解、科学选用甩挂运输推荐车型。

本书第一章由交通运输部公路科学研究院组织编写，第二、第三章内容由各甩挂运输推荐车型生产企业提供，其他章节引自相关公开发布的管理与技术文件。

受编者水平和时间所限，图册中错误或不妥之处在所难免，恳请大家批评指正。

编者

2013年6月

目　录 CONTENTS

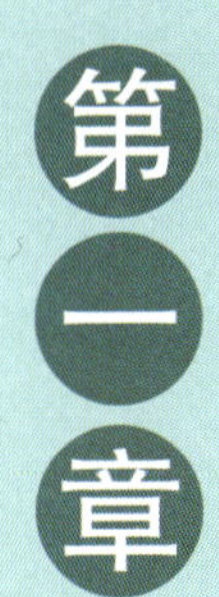

公路甩挂运输推荐车型技术要求与遴选过程

第一节　甩挂运输对车辆的基本要求

实现安全、高效、便捷的甩挂运输，要求牵引车、半挂车在产品结构、参数性能、装备配置、制造质量等方面实现合理的“匹配”与标准化，并与货物类型、装卸设备、场站设施、货运组织及其管理模式等技术要求保持协调统一。

甩挂运输对车辆的基本要求

（1）车辆结构设计的匹配：科学规定牵引车牵引座、半挂车牵引销的安装位置（前后）；承载或结合面高度（上下）；挂车车轴布置与安装位置等要求，保证甩挂运输的汽车列车质量与尺寸参数符合法规要求、运动不干涉且具有良好的运动协调性，满足列车的相关设计与使用要求、实现车辆与道路的协调发展。采用标准化的车厢或货箱结构与尺寸，适应道路运输标准货物托盘的使用、固定，提高货物装载能力和效率。

（2）安全连接的匹配：明确要求牵引车牵引座、半挂车牵引销的机械连接件型号尺寸统一；牵引车与半挂车电器连接型式与规格统一、协调；气制动连接器型式与规格统一、协调、可靠；ABS接口型式协调适用；各种连接件产品质量应满足标准要求且安装位置与排列顺序协调统一，保证耦合顺畅、性能优良、操作便利、安全可靠，确保不同牵引车与半挂车能够甩得开，挂得上，满足基本行车条件。

（3）牵引车与半挂车性能的优化匹配：通过对整车及各总成的优化设计与测试评价，确保组成的列车既有充足的动力储备、良好的燃油经济性和排放性能；又在汽车列车的制动协调性、行车稳定性、道路通过性等方面满足行车安全要求。

（4）配套装备的先进、适用：半挂车支承装置应安全可靠、操作方便；快速接驳辅助工具应使用方便、快捷，通用性好；货物装卸装备应与货物及其包装方式、设施条件相适应且性能优良；推广应用涵盖车辆、货物、驾驶员以及行车计划在内的，便于甩挂运输调度和货运行业统计管理的电子标签和信息采集、传输技术，满足甩挂运输管理系统的统一要求且有高度的信息安全性、通信有效性、数据准确性等。保证甩挂运输车辆的安全、高效使用与快捷准确的信息交流，提高综合工效。

第二节 甩挂运输推荐车型的技术特点

为贯彻落实交通运输部、国家发展改革委、公安部、海关总署、保监会五部委文件《关于促进甩挂运输发展的通知》（交运发〔2009〕808号），交通运输部制定了《货运汽车列车（甩挂运输）推荐车型基本要求》（详见《关于印发甩挂运输试点工作实施方案的通知》（交运发〔2010〕562号）附件四），并依此为依据进行了第一批甩挂运输推荐车型遴选工作。2012年7月又根据甩挂运输试点工程需要，结合车辆产品技术发展实际研究修订、发布了《甩挂运输推荐车型基本要求（修订版）》，其中包括5种半挂牵引车型的10个款式和9个半挂车车型款式，主要包括：

（1）4×2、6×4等两类5种半挂牵引车型（要求见厅运便〔2012〕26号文件附件表1~表4）。可装用符合要求的燃油发动机、LNG发动机，共有10个款式。

（2）两轴20英尺、两轴40英尺、三轴40英尺等3类5种集装箱运输半挂车款式（要求见通知附件表5~表7）。

（3）两轴厢式、三轴厢式两类3个厢式半挂车款式（要求见厅运便〔2012〕26号文件附件表8和表9）。

（4）一种三轴栏板式半挂车（要求见厅运便〔2012〕26号文件附件表10）。

分析我国第二批甩挂运输推荐车型的基本要求，归纳其主要特点如下：

（1）车型种类与项目要求设定合理，满足当前试点工程需要。研究单位在广泛调研首批甩挂运输试点单位车辆与运输现状、征求甩挂运输企业车型需求意见、总结首批推荐车型推广应用经验的基础上，充分考虑了我国目前车辆设计、制造技术水平和国外相关车辆技术发展现状，经过反复研讨、分析、验证，依照继承、发展的原则，使车型更丰富、项目更合理、指标更先进，确保甩挂运输车辆“甩得下、挂得上、运得多、行得快”。

（2）动力配置高、燃油限值指标严。依照国家标准GB 1589对五轴、六轴半挂汽车列车最大总质量的限值要求，结合国内外同类车辆技术水平，确定了牵引车发动机净功率（最小）与最低比油耗的限值；要求汽车列车最高车速不小于100km/h、须满足营运车辆燃料消耗量准入第二阶段限值要求。保证了汽车列车有充足的动力储备、运输效率和较好的燃油经济性。

（3）牵引车、半挂车的结构尺寸、安装与连接技术要求明确。满足汽车列车尺寸限值，利于甩挂操作的实施和行车安全，防止出现主挂车运动干涉，降低风阻影响，保持货箱底板与货运场站货台高度相协调，确保甩挂运输车辆的快速、安全接驳以及货物装卸效率与质量安全。

（4）车辆的配置与操控环境优化。对ABS、助力、缓速、导流、车轮动平衡、10t级挂车车轴、卫星定位终端等一系列装备要求，将有效提升甩挂汽车列车的行车安全性能，改善驾驶员作业条件，提高运输管理水平，有利于超限超载运输的控制。

（5）限定了关键质量与尺寸参数。使汽车整备质量小、载质量大、限制超载能力，有利于标准化托盘运输和厢式运输的发展。引导货运标准化发展和轻量化技术的应用，进一步提高运输效率与质量安全。

（6）强调国家强制性标准的有效实施。落实GB 7258、GB 1589对汽车列车制动性、通过性、行驶稳定性等技术要求的测试评价，确保行车安全。

（7）重视新技术、新结构的示范应用。明确了LNG牵引车的推荐要求，鼓励空气悬架、无内胎子午线轮胎的安装使用，引导骨架式集装箱半挂车结构与低承载面车辆技术的应用，推动了新技术、新结构在道路运输车辆上的应用。

第三节 甩挂运输推荐车型遴选过程及推广应用

一、推荐车型遴选过程

2012年7月27日，交通运输部办公厅印发《关于遴选第二批公路甩挂运输推荐车型的通知》（厅运便【2012】26号），明确了推荐车车型遴选的程序、申报条件、申报材料要求和工作要求。为便于企业做好政策理解和申报准备，根据工作需要，挂靠交通运输部公路科学研究院的交通部汽车运输节能技术服务中心（以下简称部节能中心）于2012年8月3日在北京组织召开了《甩挂运输推荐车型基本要求（修订版）》与第二批甩挂运输推荐车型申报要求宣贯会，进一步明确了申报要求、申报受理与评审程序、相关管理要求，讨论确定了第二批甩挂运输推荐车型遴选工作实施方案。自此开始，按照企业自主申报、申报材料初审、实地样车核查、牵引车与半挂车拟推车型的性能匹配、社会公示等程序要求，全国第二批公路甩挂运输推荐车型遴选工作全面启动。

从2012年8月3日至10月底，共收到来自全国45个牵引车和半挂车生产企业的144个推荐车型的申报材料；部节能中心组织相关技术人员对申报资料的齐全性、有效性、真实性和符合性进行审查，对资料不完整的企业或单位下达资料初审结果通知单，要求其尽快提交补充资料意见；对不符合申报条件者以审查结果通知单的形式予以通知；

2012年8月底和10月底，先后派出9个小组分两期对资料初审合格的推荐车型样车进行了现场核查。对申报材料中车辆的质量、尺寸、半挂牵引车牵引座承载面、半挂车牵引销座板离地高度、连接互换性（机械、电器、气制动）等参数进行查验；对主要总成、装备的规格型号与功能进行核实；对相关技术文件、实施记录、工艺条件等进行确认；核查企业是否具备优质的售后服务质量保证体系和业绩；

部节能中心根据《甩挂运输推荐车型基本要求（修订版）》和相关遴选要求，研究制定了《第二批甩挂运输推荐车型匹配验证实施方案》，包括结构与连接匹配适应性的主观评价和列车主要性能匹配试验评价两部分：第一阶段分别由专业的技术人员、驾驶人员对半挂牵引车与半挂车的机械、电路、气路、ABS等结构与连接匹配合理性和列车驾驶操控方便性、适应性进行实际操作综合评价；第二阶段使用测试仪器、依据相关标准对汽车列车的通过性、行驶稳定性和制动参数协调性进行测试评价，并在最大负荷状态下进行汽车列车的动力性、经济性、紧急制动性能的试验和评价。2012年9月下旬和10月下旬，部节能中心在安徽定远总装备部汽车试验场分两期先后共进行了65个代表样车的列车匹配验证试验；组织专家进行测评结果的系统分析和研究，提出主要问题与改进建议；企业对样车试验中存在的问题进行了整改，并按规定提交相关整改材料；部节能中心对整改材料进行了审查，派专人前往试验样车存在问题的企业进行了整改情况确认；将推荐车型遴选实施情况汇总、分析，上报部道路运输司。经严格筛选后于2012年12月上报交通运输部；

交通运输部本着先进合规、成熟适用、好中选优、宁缺毋滥的原则研究确定公示车型，经过交通运输部政府网站向社会公示后，于2013年1月14日正式发布29辆牵引车车型配置、30辆半挂车车型配置为第二批公路甩挂运输推荐车型。

本批所公布的甩挂运输推荐车型均经过了资料审查、样车现场核查、匹配验证试验、比较优选与社会公示等环节，是目前我国货运车辆最高水平的产品，能够满足当前我国甩挂运输对车辆的技术要求。甩挂运输推荐车型的推广与应用不仅有利于提高车辆技术水平，保障道路货物运输安全，而且将为实现货运车辆标准化，促进甩挂运输快速发展，达到交通运输行业节能减排目标发挥重要作用。

二、甩挂运输推荐车型的意义和作用

甩挂运输推荐车型的推广与应用有利于提高货运车辆技术水平，保障道路货物运输安全，并将促进甩挂运输快速发展，逐步实现货运车辆标准化，为交通运输行业节能减排和物流现代化发展发挥重要作用。

（1）甩挂运输推荐车型工作是交通运输行业节能减排的重要抓手。甩挂运输作为国际上公认的一种高效、绿色、先进的道路货物运输组织方式，有利于减少装卸等待时间，加速牵引车周转，提高运输效率和劳动生产率，减少车辆空驶和无效运输，降低能耗和废气排放。因而从运输组织角度来说有利于节能减排。发展甩挂运输，对于降低物流成本，推动现代物流和综合运输发展，促进节能减排，提升经济运行整体质量，具有重要意义。甩挂运输推荐车型将为甩挂运输提供先进有效的车辆装备条件，其推广与应用将有力促进甩挂运输的快速发展，是实现交通运输节能减排目标的重要抓手。

（2）甩挂运输推荐车型是促进甩挂运输快速发展的重要条件。甩挂运输，集汽车列车运输与装卸甩挂作业技术于一体，是一种集约、高效的运输组织模式，是道路货运业组织化、规模化、网络化、信息化和标准化发展水平的集中体现。如前所述，甩挂运输装备匹配性能要求成为实现快速甩挂和保障运输安全的必要手段，是发展甩挂运输首要解决的技术难题。《甩挂运输推荐车型基本要求》从技术源头保障了甩挂运输推荐车型所公布的牵引车与半挂车能够挂得上，摘得下，运行安全高效，保障了甩挂运输作业的正常进行。

（3）甩挂运输推荐车型是实现货运车辆标准化的基础。实现货物运输的现代化和标准化是我国货运市场发展的主要方向。而当前我国货运车辆生产与使用中存在的车型及其配置众多、性能与质量差异大、产品一致性差等现实情况，既不符合货运车辆标准化、专用化、轻量化和高效运输的发展方向，也不利于甩挂运输在全社会范围内的推广，同时增加了车辆制造企业生产成本和用户的使用维护成本。甩挂运输推荐车型种类范围是在广泛调研国内货物运输市场的前提下提出的，既满足了市场需求，也代表了货物运输市场调整重点与发展方向，具有一定的导向作用；提出的甩挂运输推荐车型基本要求经过了技术论证、实验验证，保障了半挂牵引车与半挂车的匹配性能，提高运输效率和质量安全水平，能够满足现阶段甩挂运输的需求。经过实践检验与不断完善，加快货运车辆从推荐车型向标准车型的过渡，有利于货运车辆结构调整，促进货运装备现代化的发展。

（4）甩挂运输推荐车型有利于车辆生产企业的技术进步。推荐车型基本要求规定了相关匹配要求和装备配置要求，推荐车型代表了我国现阶段货运行业车辆的最高水平，结合相关优惠与鼓励政策的配套实施，必将成为货物运输市场的主力车型。宣传、引导车辆制造行业以甩挂运输推荐车型为标杆，能够有效推动汽车制造企业积极主动地研究、开发、使用汽车新技术、新结构、新材料，提高产品的技术含量，增强车辆产品的市场竞争力，从而带动车辆制造业和道路运输业装备水平的整体提升。

为了更好地满足甩挂运输试点工程的需要，结合重大科技专项研究与成果示范，围绕第二批推荐车型的推广应用，将有计划地组织开展专业技术交流，开展系列化、全方位的宣传报道与业务培训；在行业主管部门领导下，搭建道路运输管理部门、车辆制造企业、道路运输企业的沟通交流平台，建立畅通高效的合作交流机制。与此同时，积极研究制订相关配套政策、措施，进一步优化推荐车型的推广应用社会环境。

甩挂运输推荐车型
——半挂牵引车

第一节 半挂牵引车推荐车型参数

2013年，交通运输部公布了第二批甩挂运输推荐车型，其中有29个牵引车车型，各车型参数，如表1~表15所示。

CA4250P66K24T1A3HE、CA4250P66K2L0T1AE参数表　　表1

技术参数 \ 制造企业 / 车型	中国第一汽车集团公司	
车型	CA4250P66K24T1A3HE	CA4250P66K2L0T1AE
推荐车型种类	半挂牵引车	半挂牵引车
车辆公告批次、《目录》序号或3C证书编号	第236批、01号	第240批、01号
燃料消耗量达标车型编号	Q0171216	Q0212364
驱动形式	6×4	6×4
准拖最大总质量（kg）	40000	40000
整备质量（kg）	8860	8140
牵引座负荷（kg）	16000	16665
发动机型号	CA6DM2-42E3	CA6DL2-37E3
发动机净功率（kW）	309	276
牵引座离地高度（mm）	1307	1310
牵引车牵引座前倾角/后倾角（装车后测量≥6°/7°）	符合	符合
牵引车后回转半径（mm）	≤2200	≤2200
牵引座前回转半径（mm）	≥2120	≥2120
最高车速（km/h）	≥100	≥100
变速器型号	CA12TAX	CA9TB
主减速器传动比	3.7	4.111
后悬架型式	钢板弹簧	钢板弹簧
轮胎规格型号	12R22.5	12R22.5 16PR
电、气连接装置	满足甩挂运输推荐车型基本要求（修订版）	满足甩挂运输推荐车型基本要求（修订版）
ABS系统型式及接口	满足甩挂运输推荐车型基本要求（修订版）	满足甩挂运输推荐车型基本要求（修订版）
制动间隙自动调整装置	有	有

续上表

技术参数 \ 制造企业 / 车型	中国第一汽车集团公司	
	CA4250P66K24T1A3HE	CA4250P66K2L0T1AE
牵引座型号	50号	50号
动力转向装置	有	有
带有行驶记录功能的卫星定位终端	有	有
驾驶室平顺性指标（无拖挂状态，等效均值dB）	≤120	≤120
驾驶室空调	有	有
驾驶室卧铺	2个	2个
驾驶室导流装置	有	有
离合器助力装置	有	有
符合GB 7258要求的辅助制动装置	有	有
符合GB 12676和GB/T 5922要求的测试连接器	有	有
车轮动平衡要求	符合	符合

ZZ4181N4211D1L、ZZ4187N3517N1B参数表 表2

技术参数 \ 制造企业 / 车型	中国重汽集团济南商用车有限公司	中国重汽集团济南卡车股份有限公司
车型	ZZ4181N4211D1L	ZZ4187N3517N1B
推荐车型种类	半挂牵引车	半挂牵引车
车辆公告批次、《目录》序号或3C证书编号	第233批、63号	第234批、63号
燃料消耗量达标车型编号	LNG车型暂不要求	Q0153376
驱动形式	4×2	4×2
准拖最大总质量（kg）	35200	35000
整备质量（kg）	6600	6800
牵引座负荷（kg）	11270	11005
发动机型号	T10.34-40	WD615.95E
发动机净功率（kW）	248	245
牵引座离地高度（mm）	1290	1298
牵引车牵引座前倾角/后倾角（装车后测量≥6°/7°）	符合	符合
牵引车后回转半径（mm）	≤2200	≤2200
牵引座前回转半径（mm）	≥2120	≥2120
最高车速（km/h）	≥100	≥100
变速器型号	HW10	HW10
主减速器传动比	4.22	4.42
后悬架型式	钢板弹簧	钢板弹簧
轮胎规格型号	295/80R22.5	315/80R22.5
电、气连接装置	满足甩挂运输推荐车型基本要求（修订版）	满足甩挂运输推荐车型基本要求（修订版）
ABS系统型式及接口	满足甩挂运输推荐车型基本要求（修订版）	满足甩挂运输推荐车型基本要求（修订版）
制动间隙自动调整装置	有	有
牵引座型号	50号	50号
动力转向装置	有	有
带有行驶记录功能的卫星定位终端	有	有
驾驶室平顺性指标（无拖挂状态，等效均值dB）	≤120	≤120
驾驶室空调	有	有
驾驶室卧铺	1个	2个
驾驶室导流装置	有	有
离合器助力装置	有	有
符合GB 7258要求的辅助制动装置	有	有
符合GB 12676和GB/T 5922要求的测试连接器	有	有
车轮动平衡要求	符合	符合

ZZ4257N3847D1LB、ZZ4257N3247C1参数表 表3

技术参数 \ 制造企业 / 车型	中国重汽集团济南卡车股份有限公司	
	ZZ4257N3847D1LB	ZZ4257N3247C1
推荐车型种类	半挂牵引车	半挂牵引车
车辆公告批次、《目录》序号或3C证书编号	第234批、63号	第238批、63号
燃料消耗量达标车型编号	LNG车型暂不要求	Q0102317
驱动形式	6×4	6×4
准拖最大总质量（kg）	40000	40000
整备质量（kg）	8800	8800
牵引座负荷（kg）	16005	16005
发动机型号	T12.38–40	WD615.96E
发动机净功率（kW）	275	274
牵引座离地高度（mm）	1311	1315
牵引车牵引座前倾角/后倾角（装车后测量≥6°/7°）	符合	符合
牵引车后回转半径（mm）	≤2200	≤2200
牵引座前回转半径（mm）	≥2120	≥2120
最高车速（km/h）	≥100	≥100
变速器型号	HW10	HW12
主减速器传动比	4.22	3.91
后悬架型式	钢板弹簧	钢板弹簧
轮胎规格型号	295/80R22.5 16PR	315/80R22.5 16PR
电、气连接装置	满足甩挂运输推荐车型基本要求（修订版）	满足甩挂运输推荐车型基本要求（修订版）
ABS系统型式及接口	满足甩挂运输推荐车型基本要求（修订版）	满足甩挂运输推荐车型基本要求（修订版）
制动间隙自动调整装置	有	有
牵引座型号	50号	50号
动力转向装置	有	有
带有行驶记录功能的卫星定位终端	有	有
驾驶室平顺性指标（无拖挂状态，等效均值dB）	≤120	≤120
驾驶室空调	有	有
驾驶室卧铺	2个	2个
驾驶室导流装置	有	有
离合器助力装置	有	有
符合GB 7258要求的辅助制动装置	有	有
符合GB 12676和GB/T 5922要求的测试连接器	有	有
车轮动平衡要求	符合	符合

ZZ4185N3516C1B、ZZ4255N3246C1B参数表 表4

技术参数 / 车型 / 制造企业	中国重汽集团济宁商用车有限公司	
	ZZ4185N3516C1B	ZZ4255N3246C1B
推荐车型种类	半挂牵引车	半挂牵引车
车辆公告批次、《目录》序号或3C证书编号	第232批、63号	第232批、63号
燃料消耗量达标车型编号	Q0192201	Q0192340
驱动形式	4×2	6×4
准拖最大总质量（kg）	35000	40000
整备质量（kg）	6800	8800
牵引座负荷（kg）	11070	16070
发动机型号	WD615.95E	WD615.96E
发动机净功率（kW）	245	274
牵引座离地高度（mm）	1295	1315
牵引车牵引座前倾角/后倾角（装车后测量≥6° /7° ）	符合	符合
牵引车后回转半径（mm）	≤2200	≤2200
牵引座前回转半径（mm）	≥2120	≥2120
最高车速（km/h）	≥100	≥100
变速器型号	HW10	HW10
主减速器传动比	4.42	4.42
后悬架型式	钢板弹簧	钢板弹簧
轮胎规格型号	11.00R20	295/80R22.5 16PR
电、气连接装置	满足甩挂运输推荐车型基本要求（修订版）	满足甩挂运输推荐车型基本要求（修订版）
ABS系统型式及接口	满足甩挂运输推荐车型基本要求（修订版）	满足甩挂运输推荐车型基本要求（修订版）
制动间隙自动调整装置	有	有
牵引座型号	50号	50号
动力转向装置	有	有
带有行驶记录功能的卫星定位终端	有	有
驾驶室平顺性指标（无拖挂状态，等效均值dB）	≤120	≤120
驾驶室空调	有	有
驾驶室卧铺	2个	2个
驾驶室导流装置	有	有
离合器助力装置	有	有
符合GB 7258要求的辅助制动装置	有	有
符合GB 12676和GB/T 5922要求的测试连接器	有	有
车轮动平衡要求	符合	符合

DFL4251AX12A、CA4259P2K2T1EA80参数表 表5

技术参数 \ 制造企业	东风汽车有限公司	一汽青岛解放汽车有限公司
车型	DFL4251AX12A	CA4259P2K2T1EA80
推荐车型种类	半挂牵引车	半挂牵引车
车辆公告批次、《目录》序号或3C证书编号	第239批、03号	第232批、64号
燃料消耗量达标车型编号	LNG车型暂不要求	Q0141834
驱动形式	6×4	6×4
准拖最大总质量（kg）	40000	40000
整备质量（kg）	8805	8805
牵引座负荷（kg）	16065	16000
发动机型号	EQRN385-40	CA6DM2-42E3
发动机净功率（kW）	278	309
牵引座离地高度（mm）	1320	1313
牵引车牵引座前倾角/后倾角（装车后测量≥6°/7°）	符合	符合
牵引车后回转半径（mm）	≤2200	≤2200
牵引座前回转半径（mm）	≥2120	≥2120
最高车速（km/h）	≥100	≥100
变速器型号	12JSD180T	12JSD200TA
主减速器传动比	3.42	3.91
后悬架型式	钢板弹簧	钢板弹簧
轮胎规格型号	315/80R22.5 16PR	12R22.5
电、气连接装置	满足甩挂运输推荐车型基本要求（修订版）	满足甩挂运输推荐车型基本要求（修订版）
ABS系统型式及接口	满足甩挂运输推荐车型基本要求（修订版）	满足甩挂运输推荐车型基本要求（修订版）
制动间隙自动调整装置	有	有
牵引座型号	50号	50号
动力转向装置	有	有
带有行驶记录功能的卫星定位终端	有	有
驾驶室平顺性指标（无拖挂状态，等效均值dB）	≤120	≤120
驾驶室空调	有	有
驾驶室卧铺	2个	2个
驾驶室导流装置	有	有
离合器助力装置	有	有
符合GB 7258要求的辅助制动装置	有	有
符合GB 12676和GB/T 5922要求的测试连接器	有	有
车轮动平衡要求	符合	符合

SX4257NR324Z、SX4256NT384TLZ参数表　　表6

技术参数 \ 制造企业	陕西汽车集团有限责任公司	
车型	SX4257NR324Z	SX4256NT384TLZ
推荐车型种类	半挂牵引车	半挂牵引车
车辆公告批次、《目录》序号或3C证书编号	第238批、110号	第238批、110号
燃料消耗量达标车型编号	Q0050537	LNG车型暂不要求
驱动形式	6×4	6×4
准拖最大总质量（kg）	40000	40000
整备质量（kg）	8800	8800
牵引座负荷（kg）	16005	16070
发动机型号	WP12.375N	WP12NG380E40
发动机净功率（kW）	274	274
牵引座离地高度（mm）	1306	1308
牵引车牵引座前倾角/后倾角（装车后测量≥6°/7°）	符合	符合
牵引车后回转半径（mm）	≤2200	≤2200
牵引座前回转半径（mm）	≥2120	≥2120
最高车速（km/h）	≥100	≥100
变速器型号	12JSD160TA	12JSD160TA
主减速器传动比	4.111	4.111
后悬架型式	钢板弹簧	钢板弹簧
轮胎规格型号	315/80R22.5 16PR	12R22.5 16PR
电、气连接装置	满足甩挂运输推荐车型基本要求（修订版）	满足甩挂运输推荐车型基本要求（修订版）
ABS系统型式及接口	满足甩挂运输推荐车型基本要求（修订版）	满足甩挂运输推荐车型基本要求（修订版）
制动间隙自动调整装置	有	有
牵引座型号	50号	50号
动力转向装置	有	有
带有行驶记录功能的卫星定位终端	有	有
驾驶室平顺性指标（无拖挂状态，等效均值dB）	≤120	≤120
驾驶室空调	有	有
驾驶室卧铺	2个	2个
驾驶室导流装置	有	有
离合器助力装置	有	有
符合GB 7258要求的辅助制动装置	有	有
符合GB 12676和GB/T 5922要求的测试连接器	有	有
车轮动平衡要求	符合	符合

SX4187GR361、SX4186GR361TL参数表

表7

技术参数 \ 制造企业 / 车型	陕西汽车集团有限责任公司	
	SX4187GR361	SX4186GR361TL
推荐车型种类	半挂牵引车	半挂牵引车
车辆公告批次、《目录》序号或3C证书编号	第237批、110号	第239批、110号
燃料消耗量达标车型编号	Q0191030	LNG车型暂不要求
驱动形式	4×2	4×2
准拖最大总质量（kg）	34800	35300
整备质量（kg）	6870	6450
牵引座负荷（kg）	11000	11420
发动机型号	WP10.290E32	WP10NG336E40
发动机净功率（kW）	209	238
牵引座离地高度（mm）	1310	1310
牵引车牵引座前倾角/后倾角（装车后测量≥6° /7° ）	符合	符合
牵引车后回转半径（mm）	≤2200	≤2200
牵引座前回转半径（mm）	≥2120	≥2120
最高车速（km/h）	≥100	≥100
变速器型号	9JS135	9JS135
主减速器传动比	3.7	4.111
后悬架型式	钢板弹簧	钢板弹簧
轮胎规格型号	12R22.5 18PR	12R22.5 18PR
电、气连接装置	满足甩挂运输推荐车型基本要求（修订版）	满足甩挂运输推荐车型基本要求（修订版）
ABS系统型式及接口	满足甩挂运输推荐车型基本要求（修订版）	满足甩挂运输推荐车型基本要求（修订版）
制动间隙自动调整装置	有	有
牵引座型号	50号	50号
动力转向装置	有	有
带有行驶记录功能的卫星定位终端	有	有
驾驶室平顺性指标（无拖挂状态，等效均值dB）	≤120	≤120
驾驶室空调	有	有
驾驶室卧铺	2个	2个
驾驶室导流装置	有	有
离合器助力装置	有	有
符合GB 7258要求的辅助制动装置	有	有
符合GB 12676和GB/T 5922要求的测试连接器	有	有
车轮动平衡要求	符合	符合

CQ4254HTVG324V、CQ4184HTVG351V参数表　　　　表8

技术参数＼制造企业／车型	上汽依维柯红岩商用车有限公司	
	CQ4254HTVG324V	CQ4184HTVG351V
推荐车型种类	半挂牵引车	半挂牵引车
车辆公告批次、《目录》序号或3C证书编号	第237批、94号	第229批、94号
燃料消耗量达标车型编号	Q0141551	Q0160605
驱动形式	6×4	4×2
准拖最大总质量（kg）	40000	35000
整备质量（kg）	8270	6470
牵引座负荷（kg）	16600	11335
发动机型号	F2CE0681B*B052	F2CE0681B*B052
发动机净功率（kW）	275	275
牵引座离地高度（mm）	1300	1320
牵引车牵引座前倾角/后倾角（装车后测量≥6°/7°）	符合	符合
牵引车后回转半径（mm）	≤2200	≤2200
牵引座前回转半径（mm）	≥2120	≥2120
最高车速（km/h）	≥100	≥100
变速器型号	12JS160TA	12JS160TA
主减速器传动比	4.111	4.111
后悬架型式	钢板弹簧	钢板弹簧
轮胎规格型号	315/80R22.5	295/80R22.5
电、气连接装置	满足甩挂运输推荐车型基本要求（修订版）	满足甩挂运输推荐车型基本要求（修订版）
ABS系统型式及接口	满足甩挂运输推荐车型基本要求（修订版）	满足甩挂运输推荐车型基本要求（修订版）
制动间隙自动调整装置	有	有
牵引座型号	50号	50号
动力转向装置	有	有
带有行驶记录功能的卫星定位终端	有	有
驾驶室平顺性指标（无拖挂状态，等效均值dB）	≤120	≤120
驾驶室空调	有	有
驾驶室卧铺	2个	1个
驾驶室导流装置	有	有
离合器助力装置	有	有
符合GB 7258要求的辅助制动装置	有	有
符合GB 12676和GB/T 5922要求的测试连接器	有	有
车轮动平衡要求	符合	符合

BJ4183SLFKA-6、ND42512B32J7参数表 表9

技术参数 \ 制造企业 / 车型	北京福田戴姆勒汽车有限公司	包头北方奔驰重型汽车有限公司
车型	BJ4183SLFKA-6	ND42512B32J7
推荐车型种类	半挂牵引车	半挂牵引车
车辆公告批次、《目录》序号或3C证书编号	第237批、12号	第233批、27号
燃料消耗量达标车型编号	Q0130684	Q0190329
驱动形式	4×2	6×4
准拖最大总质量（kg）	35000	40000
整备质量（kg）	6870	8800
牵引座负荷（kg）	11000	16070
发动机型号	WP12.336N	WP10.380E32
发动机净功率（kW）	274	276
牵引座离地高度（mm）	1320	1308
牵引车牵引座前倾角/后倾角（装车后测量≥6°/7°）	符合	符合
牵引车后回转半径（mm）	≤2200	≤2200
牵引座前回转半径（mm）	≥2120	≥2120
最高车速（km/h）	≥100	≥100
变速器型号	12JSD180TA	12JS200TA
主减速器传动比	4.380	4.11
后悬架型式	钢板弹簧	钢板弹簧
轮胎规格型号	12R22.5 18PR	315/80R22.5 16PR
电、气连接装置	满足甩挂运输推荐车型基本要求（修订版）	满足甩挂运输推荐车型基本要求（修订版）
ABS系统型式及接口	满足甩挂运输推荐车型基本要求（修订版）	满足甩挂运输推荐车型基本要求（修订版）
制动间隙自动调整装置	有	有
牵引座型号	50号	50号
动力转向装置	有	有
带有行驶记录功能的卫星定位终端	有	有
驾驶室平顺性指标（无拖挂状态，等效均值dB）	≤120	≤120
驾驶室空调	有	有
驾驶室卧铺	2个	2个
驾驶室导流装置	有	有
离合器助力装置	有	有
符合GB 7258要求的辅助制动装置	有	有
符合GB 12676和GB/T 5922要求的测试连接器	有	有
车轮动平衡要求	符合	符合

YC4251SS2PK、LZ4257QDC参数表 表10

制造企业 车型 技术参数	广汽日野汽车有限公司 YC4251SS2PK	东风柳州汽车有限公司 LZ4257QDC
推荐车型种类	半挂牵引车	半挂牵引车
车辆公告批次、《目录》序号或3C证书编号	第240批、89号	第237号、91号
燃料消耗量达标车型编号	Q0090942	Q0200742
驱动形式	6×4	6×4
准拖最大总质量（kg）	40000	40000
整备质量（kg）	8870	8800
牵引座负荷（kg）	16000	16000
发动机型号	P11C-UR	ISL9.5-380E30
发动机净功率（kW）	275	274
牵引座离地高度（mm）	1319	1300
牵引车牵引座前倾角/后倾角（装车后测量≥6° /7° ）	符合	符合
牵引车后回转半径（mm）	≤2200	≤2200
牵引座前回转半径（mm）	≥2120	≥2120
最高车速（km/h）	≥100	≥100
变速器型号	ZF16S1650	12JS160TA
主减速器传动比	3.9	4.11
后悬架型式	钢板弹簧	钢板弹簧
轮胎规格型号	295/80R22.5	11.00R20
电、气连接装置	满足甩挂运输推荐车型基本要求（修订版）	满足甩挂运输推荐车型基本要求（修订版）
ABS系统型式及接口	满足甩挂运输推荐车型基本要求（修订版）	满足甩挂运输推荐车型基本要求（修订版）
制动间隙自动调整装置	有	有
牵引座型号	50号	50号
动力转向装置	有	有
带有行驶记录功能的卫星定位终端	有	有
驾驶室平顺性指标（无拖挂状态，等效均值dB）	≤120	≤120
驾驶室空调	有	有
驾驶室卧铺	2个	2个
驾驶室导流装置	有	有
离合器助力装置	有	有
符合GB 7258要求的辅助制动装置	有	有
符合GB 12676和GB/T 5922要求的测试连接器	有	有
车轮动平衡要求	符合	符合

HFC4181K4R1T、HFC4251KR1K3参数表 表11

技术参数 \ 制造企业 / 车型	安徽江淮汽车股份有限公司	
	HFC4181K4R1T	HFC4251KR1K3
推荐车型种类	半挂牵引车	半挂牵引车
车辆公告批次、《目录》序号或3C证书编号	第233批、56号	第227批、56号
燃料消耗量达标车型编号	Q0210027	Q010016X
驱动形式	4×2	6×4
准拖最大总质量（kg）	35000	40000
整备质量（kg）	6700	8800
牵引座负荷（kg）	11055	16000
发动机型号	WP10.340E32	WP10.375
发动机净功率（kW）	246	274
牵引座离地高度（mm）	1318	1305
牵引车牵引座前倾角/后倾角（装车后测量≥6°/7°）	符合	符合
牵引车后回转半径（mm）	≤2200	≤2200
牵引座前回转半径（mm）	≥2120	≥2120
最高车速（km/h）	≥100	≥100
变速器型号	12JS160A	12JS160TA
主减速器传动比	4.38	4.44
后悬架型式	钢板弹簧	钢板弹簧
轮胎规格型号	12R22.5 18PR	11.00R20 16PR
电、气连接装置	满足甩挂运输推荐车型基本要求（修订版）	满足甩挂运输推荐车型基本要求（修订版）
ABS系统型式及接口	满足甩挂运输推荐车型基本要求（修订版）	满足甩挂运输推荐车型基本要求（修订版）
制动间隙自动调整装置	有	有
牵引座型号	50号	50号
动力转向装置	有	有
带有行驶记录功能的卫星定位终端	有	有
驾驶室平顺性指标（无拖挂状态，等效均值dB）	≤120	≤120
驾驶室空调	有	有
驾驶室卧铺	2个	2个
驾驶室导流装置	有	有
离合器助力装置	有	有
符合GB 7258要求的辅助制动装置	有	有
符合GB 12676和GB/T 5922要求的测试连接器	有	有
车轮动平衡要求	符合	符合

SQR4181D6Z、SQR4250D6ZT4-3参数表　　表12

技术参数 \ 制造企业 / 车型	奇瑞商用车（安徽）有限公司	
	SQR4181D6Z	SQR4250D6ZT4-3
推荐车型种类	半挂牵引车	半挂牵引车
车辆公告批次、《目录》序号或3C证书编号	第237批、119号	第237批、119号
燃料消耗量达标车型编号	Q0201120	Q0152068
驱动形式	4×2	6×4
准拖最大总质量（kg）	35000	40000
整备质量（kg）	6805	8805
牵引座负荷（kg）	11000	16000
发动机型号	YC6K1034-40	YC6K1038-30
发动机净功率（kW）	245	265
牵引座离地高度（mm）	1291	1310
牵引车牵引座前倾角/后倾角（装车后测量≥6°/7°）	符合	符合
牵引车后回转半径（mm）	≤2200	≤2200
牵引座前回转半径（mm）	≥2120	≥2120
最高车速（km/h）	≥100	≥100
变速器型号	12JS160TA	12JS180TA
主减速器传动比	4.11	4.11
后悬架型式	钢板弹簧	钢板弹簧
轮胎规格型号	12R22.5 16PR	12R22.5 16PR
电、气连接装置	满足甩挂运输推荐车型基本要求（修订版）	满足甩挂运输推荐车型基本要求（修订版）
ABS系统型式及接口	满足甩挂运输推荐车型基本要求（修订版）	满足甩挂运输推荐车型基本要求（修订版）
制动间隙自动调整装置	有	有
牵引座型号	50号	50号
动力转向装置	有	有
带有行驶记录功能的卫星定位终端	有	有
驾驶室平顺性指标（无拖挂状态，等效均值dB）	≤120	≤120
驾驶室空调	有	有
驾驶室卧铺	2个	2个
驾驶室导流装置	有	有
离合器助力装置	有	有
符合GB 7258要求的辅助制动装置	有	有
符合GB 12676和GB/T 5922要求的测试连接器	有	有
车轮动平衡要求	符合	符合

FM 400 42T B、FM 400 64T B参数表 表13

技术参数 \ 制造企业 / 车型	沃尔沃（中国）投资有限公司	
	FM 400 42T B	FM 400 64T B
推荐车型种类	半挂牵引车	半挂牵引车
车辆公告批次、《目录》序号或3C证书编号	2006011101172596	2006011101172592
燃料消耗量达标车型编号	Q011211X	Q0152496
驱动形式	4×2	6×4
准拖最大总质量（kg）	35600	40000
整备质量（kg）	7400	8850
牵引座负荷（kg）	10600	16000
发动机型号	D13	D13
发动机净功率（kW）	294	294
牵引座离地高度（mm）	1290	1315
牵引车牵引座前倾角/后倾角（装车后测量≥6° /7° ）	符合	符合
牵引车后回转半径（mm）	≤2200	≤2200
牵引座前回转半径（mm）	≥2120	≥2120
最高车速（km/h）	≥100	≥100
变速器型号	AT2612D	AT2512C
主减速器传动比	3.10	3.40
后悬架型式	空气悬架	钢板弹簧
轮胎规格型号	295/80 R22.5	295/80 R22.5
电、气连接装置	满足甩挂运输推荐车型基本要求（修订版）	满足甩挂运输推荐车型基本要求（修订版）
ABS系统型式及接口	满足甩挂运输推荐车型基本要求（修订版）	满足甩挂运输推荐车型基本要求（修订版）
制动间隙自动调整装置	有	有
牵引座型号	50号	50号
动力转向装置	有	有
带有行驶记录功能的卫星定位终端	有	有
驾驶室平顺性指标（无拖挂状态，等效均值dB）	≤120	≤120
驾驶室空调	有	有
驾驶室卧铺	1个	1个
驾驶室导流装置	有	有
离合器助力装置	有	有
符合GB 7258要求的辅助制动装置	有	有
符合GB 12676和GB/T 5922要求的测试接头	有	有
车轮动平衡要求	符合	符合

HN4181P38C4M3、HN4250G37CLM3参数表　　表14

技术参数 \ 制造企业 / 车型	安徽华菱汽车有限公司	
	HN4181P38C4M3	HN4250G37CLM3
推荐车型种类	半挂牵引车	半挂牵引车
车辆公告批次、《目录》序号或3C证书编号	第233批、81号	第233批、81号
燃料消耗量达标车型编号	Q0140081	Q0140137
驱动形式	4×2	6×4
准拖最大总质量（kg）	35000	40000
整备质量（kg）	6805	8700
牵引座负荷（kg）	11000	16105
发动机型号	WP10.375	WP10.375
发动机净功率（kW）	274	274
牵引座离地高度（mm）	1310	1301
牵引车牵引座前倾角/后倾角（装车后测量≥6°/7°）	符合	符合
牵引车后回转半径（mm）	≤2200	≤2200
牵引座前回转半径（mm）	≥2120	≥2120
最高车速（km/h）	≥100	≥100
变速器型号	12JS160TA	12JS160TA
主减速器传动比	4.8	4.42
后悬架型式	钢板弹簧	钢板弹簧
轮胎规格型号	11.00R20	11.00R20 16PR
电、气连接装置	满足甩挂运输推荐车型基本要求（修订版）	满足甩挂运输推荐车型基本要求（修订版）
ABS系统型式及接口	满足甩挂运输推荐车型基本要求（修订版）	满足甩挂运输推荐车型基本要求（修订版）
制动间隙自动调整装置	有	有
牵引座型号	50号	50号
动力转向装置	有	有
带有行驶记录功能的卫星定位终端	有	有
驾驶室平顺性指标（无拖挂状态，等效均值dB）	≤120	≤120
驾驶室空调	有	有
驾驶室卧铺	1个	1个
驾驶室导流装置	有	有
离合器助力装置	有	有
符合GB 7258要求的辅助制动装置	有	有
符合GB 12676和GB/T 5922要求的测试连接器	有	有
车轮动平衡要求	符合	符合

Actros 2641参数表 表15

技术参数 \ 制造企业	戴姆勒东北亚投资有限公司
车型	Actros 2641
推荐车型种类	半挂牵引车
车辆公告批次、《目录》序号或3C证书编号	2010011101403010
燃料消耗量达标车型编号	Q0140700
驱动形式	6×4
准拖最大总质量（kg）	40060
整备质量（kg）	8810
牵引座负荷（kg）	16060
发动机型号	OM501LA.III/17
发动机净功率（kW）	300
牵引座离地高度（mm）	1310
牵引车牵引座前倾角/后倾角（装车后测量≥6°/7°）	符合
牵引车后回转半径（mm）	≤2200
牵引座前回转半径（mm）	≥2120
最高车速（km/h）	≥100
变速器型号	G330–12
主减速器传动比	3.431
后悬架型式	空气悬架
轮胎规格型号	295/80 R22.5
电、气连接装置	满足甩挂运输推荐车型基本要求（修订版）
ABS系统型式及接口	满足甩挂运输推荐车型基本要求（修订版）
制动间隙自动调整装置	有
牵引座型号	50号
动力转向装置	有
带有行驶记录功能的卫星定位终端	有
驾驶室平顺性指标（无拖挂状态，等效均值dB）	≤120
驾驶室空调	有
驾驶室卧铺	1个
驾驶室导流装置	有
离合器助力装置	有
符合GB 7258要求的辅助制动装置	有
符合GB 12676和GB/T 5922要求的测试连接器	有
车轮动平衡要求	符合

第二节 半挂牵引车推荐车型及企业简介

一 中国第一汽车集团公司

一汽解放汽车有限公司成立于2003年1月18日，是以原第一汽车制造厂主体专业厂为基础，以中国第一汽车集团公司（图1）技术中心为技术依托重新组建的中重型载重车制造企业，是中国第一汽车集团公司的全资子公司。

图1　中国第一汽车集团公司

一汽解放汽车有限公司具有辉煌的历史。这里是中国汽车工业的摇篮，中国制造的第一辆汽车在这里诞生。1953年7月15日，第一汽车制造厂破土动工。1956年7月13日，第一辆解放牌载货汽车正式下线，结束了中国不能制造汽车的历史。

一汽解放汽车有限公司有12个职能部（室），1个专业厂，10个分公司，4个子公司，4个参股公司，现有员工总数23579人，资产总额228亿元。

公司主导产品是解放品牌的轻、中、重型系列商用车，包括载货车、牵引车、自卸车及专用车、特种车等各种底盘及上装。产品出口俄罗斯、亚洲、非洲等20多个国家和地区。

公司已通过ISO/TS　16949：2002质量管理体系认证、国家军标质量管理体系（GJB 9001A—2001）、环境/职业健康安全管理体系（GB/T　24001/28001）认证。

1 CA4250P66K2L0T1AE型6×4半挂牵引车

CA4250P66K2L0T1AE型6×4半挂牵引车（图2）是一汽解放汽车有限公司针对甩挂运输市场开发的一款轻量化J6车型。

1 车辆主要技术特点

（1）低自重、高性能

整车采用13t级440驱动桥，重量轻、噪音低、通用化程度高。少片钢板弹簧与传统多片钢板弹簧相比，平顺性、可靠性高。盘式制动器重量轻、耐高温、制动效能稳定。铝合金轮辋的高热传导系数有助于延长轮胎及制动器的寿命。纵梁采用高强度钢板，优化了整车的结构，有效地改善了车架受力。整备质量8140kg，较普通商用车降低约8%。CA6DL2-37E3发动机采用四气门、高压共轨技术，扭矩达到1500 N·m，动力性及经济性优势明显。

（2）舒适性、美观性、操控性

驾驶室采用全浮悬置系统、空气座椅，加宽后双层卧铺，全自动空调，舒适性更好。外部造型采用欧洲主流风格，空气动力学布局与美学设计的完美结合诠释了解放载货汽车高速、节油、低风阻的特点。内饰采用环绕仪表板，操控随心所欲，体现“以人为本”的设计理念。

2 车辆尺寸参数

CA4250P66K2L0T1AE型6×4半挂牵引车尺寸参数如图3所示。

a)正面图

b)侧面图

图2　CA4250P66K2L0T1AE型6×4半挂牵引车

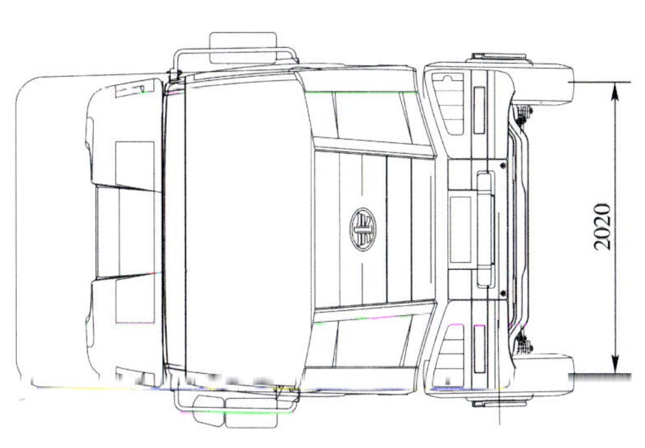

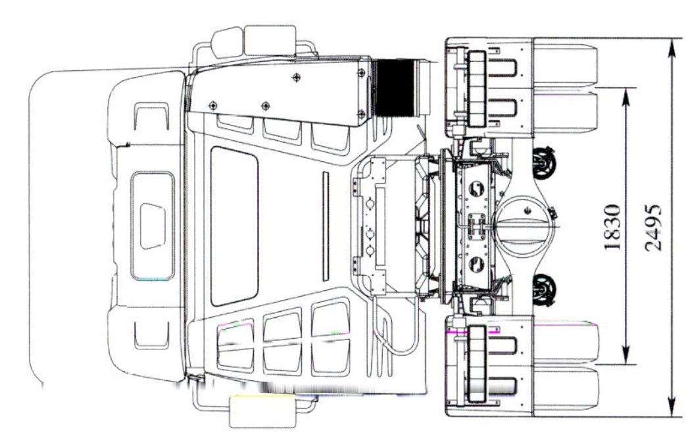

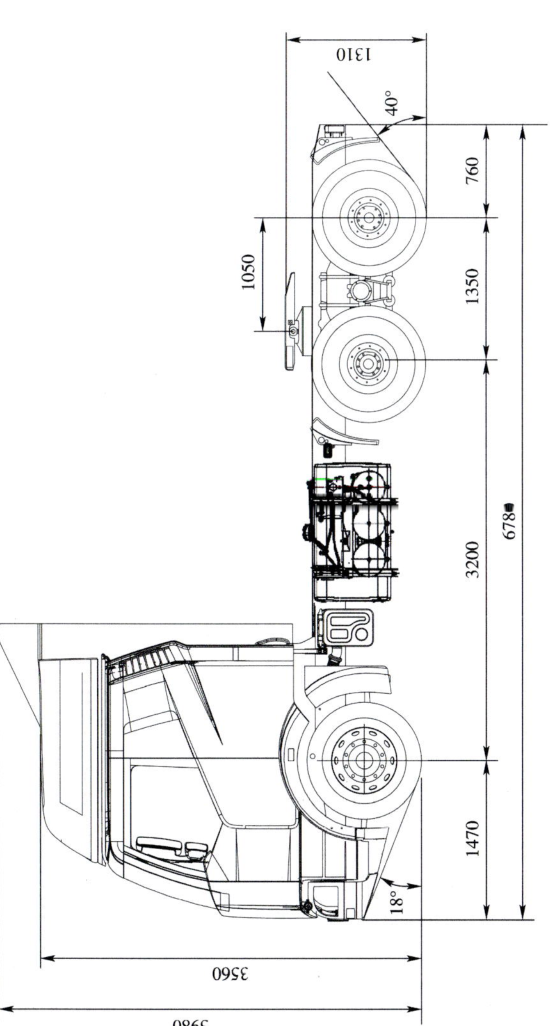

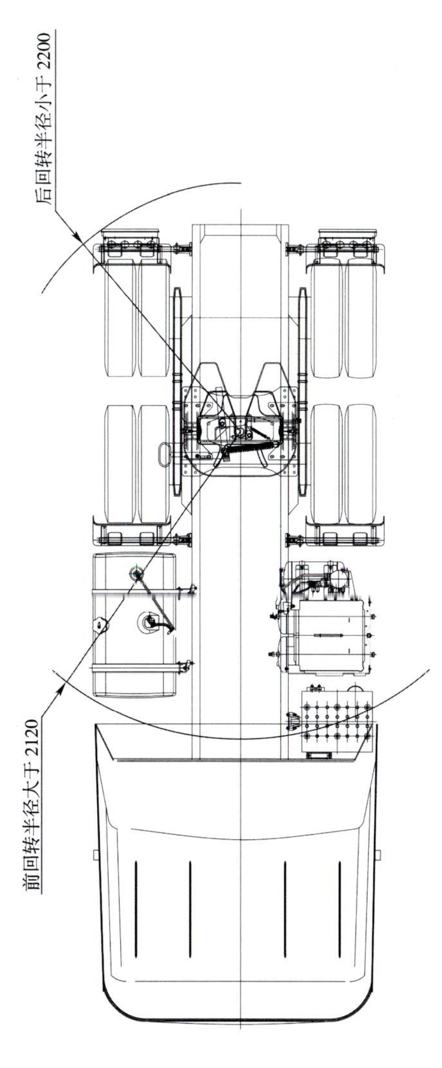

图3　车辆尺寸参数图（单位：mm）

3 车辆主要总成配置

CA4250P66K2L0T1AE型6×4半挂牵引车主要总成配置如表1所示。

车辆主要总成配置表　　表1

车辆型号	CA4250P66K2L0T1AE	达标车型编号	Q0212364
主要总成配置	规格/型号	生产厂家	
驾驶室总成（高顶/低顶）	J6P（高顶）	一汽解放汽车有限公司卡车厂	
底盘总成	CA4250P66K2L0T1AE	一汽解放汽车有限公司卡车厂	
发动机总成	CA6DL2-37E3	一汽解放汽车有限公司无锡柴油机厂	
变速器总成	CA9TB	一汽解放汽车有限公司变速箱分公司	
离合器总成	ϕ430	长春一东离合器股份有限公司	
前轴总成	7t	一汽解放汽车有限公司车桥分公司	
中、后轴总成	ϕ440mm	一汽解放汽车有限公司车桥分公司	
燃油箱总成	400L/1101010-60A	长春市汽车冲压件有限公司	
牵引座总成	JSK35DV	约斯特（上海）汽车部件有限公司	
ABS装置	4460043200 CM4XL	威伯科汽车控制系统（中国)有限公司 长春科密汽车制动有限公司	
轮胎	12R22.5	三角轮胎股份有限公司	
缓速控制装置	1024010B29D 3523010-76A	皆可博（苏州）车辆控制系统有限公司	
气制动连接器	3520015A242 3520020A242	长春亚大汽车零件制造有限公司	
带有行车记录仪的GPS	XC-B	启明信息技术股份有限公司	
制动器总成	3501015/20-78B（前） 3502015/20-90C（后）	隆中控股集团有限公司 浙江万安科技股份有限公司	

② CA4250P66K24T1A3HE型6×4半挂牵引车

CA4250P66K24T1A3HE型6×4半挂牵引车（图4）是一汽解放汽车有限公司针对甩挂运输市场而开发的一款J6车型。

❶ 车辆主要技术特点

（1）舒适性、安全性、美观性

驾驶室采用全浮悬置系统、空气座椅，加宽后双层卧铺，全自动空调，舒适性更好。驾驶室全部采用高强度钢板，车门采用防撞梁结构，提高碰撞安全性。电动调整大曲面、大视野后视镜，右俯视镜、广角镜、前下视镜，彻底消除盲区。外部造型在设计上采用欧洲主流风格，确保整车达到高速、节油、低风阻标准。

（2）动力性、经济性

整车采用CA6DM2-42E3共轨发动机，部分负荷低油耗区域广，高速经济性优势明显，低速扭矩大，起步、加速性能好。CA12TAX超速挡变速器，有效地降低了变速器的振动和噪声，一挡速比大，爬坡能力强，且各挡之间的速比级差均匀，换挡流畅。13t级457贯通驱动桥，输出扭矩达40000N·m，满足整车的驱动及承载要求。

❷ 车辆尺寸参数

CA4250P66K24T1A3HE型6×4半挂牵引车尺寸参数如图5所示。

a)正面图

b)侧面图

图4　CA4250P66K24T1A3HE型6×4半挂牵引车

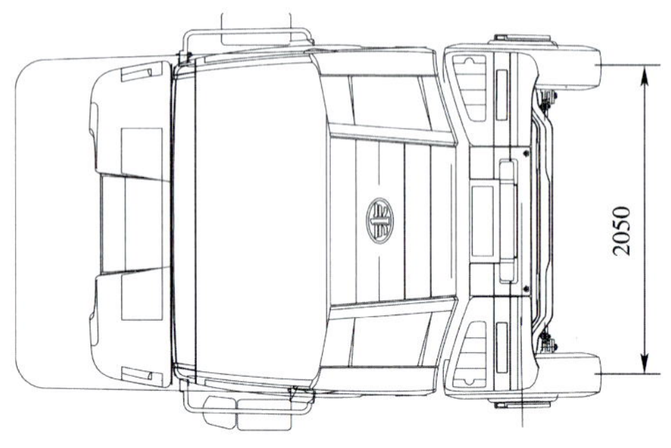

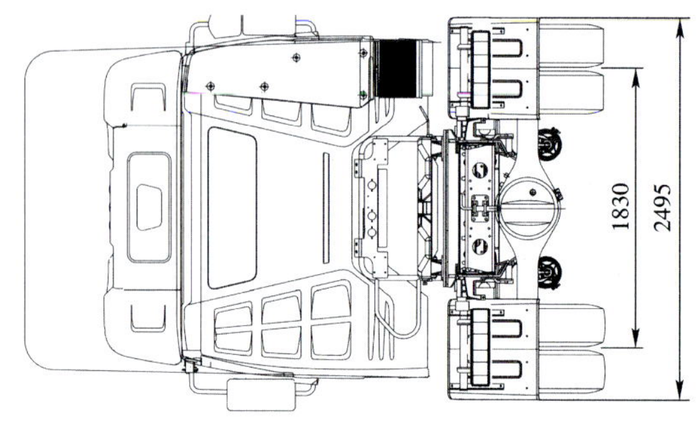

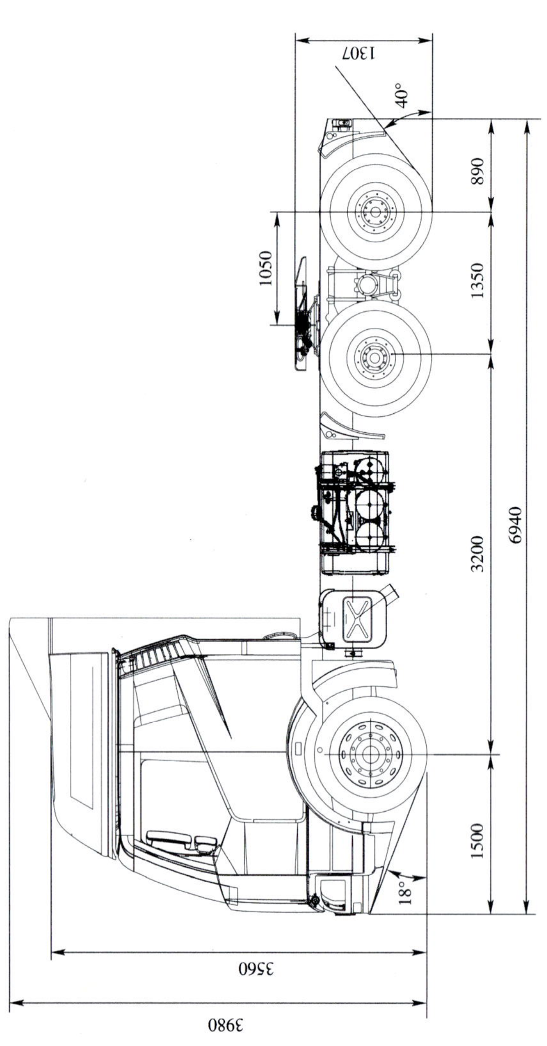

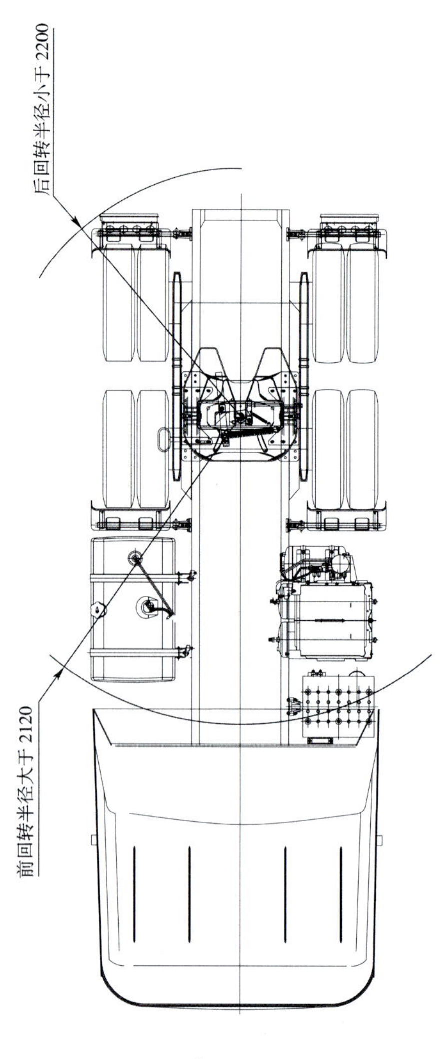

图5　车辆尺寸参数图（单位：mm）

③ 车辆主要总成配置

CA4250P66K24T1A3HE型6×4半挂牵引车主要总成配置如表2所示。

车辆主要总成配置表　　表2

车辆型号	CA4250P66K24T1A3HE	达标车型编号	Q0171216
主要总成配置	规格/型号	生产厂家	
驾驶室总成（高顶/低顶）	J6P（高顶）	一汽解放汽车有限公司卡车厂	
底盘总成	CA4250P66K24T1A3HE	一汽解放汽车有限公司卡车厂	
发动机总成	CA6DM2-42E3	一汽解放汽车有限公司无锡柴油机厂	
变速器总成	CA12TAX	一汽解放汽车有限公司变速箱分公司	
离合器总成	ϕ457mm	长春一东离合器股份有限公司	
前轴总成	7t	一汽解放汽车有限公司车桥分公司	
中、后轴总成	ϕ440mm	一汽解放汽车有限公司车桥分公司	
燃油箱总成	500L/1101010-Y414	长春市汽车冲压件有限公司	
牵引座总成	JSK 35DV	约斯特（上海）汽车部件有限公司	
ABS	4460043200 CM4XL	威伯科汽车控制系统（中国)有限公司 长春科密汽车制动有限公司	
轮胎	12R22.5	三角轮胎股份有限公司	
缓速控制装置	1024010B29D 3523010-76A	皆可博（苏州）车辆控制系统有限公司	
气制动连接器	3520015A242 3520020A242	长春亚大汽车零件制造有限公司	
带有行车记录仪的GPS	XC-B	启明信息技术股份有限公司	
制动器总成	3501015/20D242（前） 3502015/20CA2T（后）	长春一汽四环汽车制动器有限公司	

二 中国重汽集团济南商用车有限公司

中国重汽集团济南商用车有限公司位于中国重汽章丘工业园，是中国重型汽车集团有限公司全资子公司，是中国重汽旗下的高端产品生产基地（图1）。公司从2003年开始进入重型汽车产销领域，共有员工2300人，下设14个部室，32个销售分公司，以优良的品质、完善的服务赢得市场的认可和用户的青睐，是中国重型汽车行业的后起之秀。

图1　中国重汽集团济南商用车有限公司

中国重汽集团济南商用车有限公司新的整车生产基地于2007年11月投入使用，该基地建筑面积40万m^2，拥有从车架、车身总成生产到整车装配、检测等全过程、多条专业生产流水线。可根据客户个性化需求，实行柔性化生产。全部采用国际先进、国内领先的生产、检测设施，工艺装备精良，自动化程度高，为打造精品车型提供了有力的支持。

2009年7月15日，中国重汽与德国MAN公司签署长期战略合作协议，全面合作生产MAN TG系列整车技术平台产品。通过引进先进的工艺技术装备和先进的管理、营销理念，企业在产品、技术、质量、管理等方面迅速提升，已与国际先进水平全面接轨。目前公司已形成“SITRAK、HOKA、金王子、新黄河”四大系列产品，涵盖重型汽车、中重型汽车、中型汽车生产平台，年产能力5万辆。

中国重汽集团济南商用车有限公司始终以向用户提供一流产品为己任，2007年11月，公司作为国内首家重型汽车企业获得了TS16949质量体系认证证书。

ZZ4181N4211D1L型4×2半挂牵引车

ZZ4181N4211D1L型4×2半挂牵引车（图2）是燃用天然气，满足国Ⅳ排放标准系列的典型车型之一。

1 车辆主要技术特点

（1）驾乘舒适性

①采用从德国MAN公司引进的L2000驾驶室本体。驾驶室悬置采用四点悬浮结构，变阻尼减振器，可根据工况自动调节减振器刚度，确保驾乘舒适性。

②采用轿车化环绕式仪表台，豪华大气，功能齐全，主要功能按钮触手可及，视野开阔，仪表清晰，操作方便。车门开启角度大，带加宽卧铺，有杯座及杂物盒，使用方便舒适。

（2）动力性与经济性

①装有中国重汽天然气发动机。发动机额定功率为250kW，燃料为液化天然气（LNG），拥有自主知识产权，是新一代电控、稀薄燃烧、四气门天然气发动机。

②通过动力与传动系统优化匹配，实现整车最佳匹配，既可满足爬坡时的动力要求，又可满足平路、长途运输的高速要求，同时具有较好的燃料经济性。

（3）底盘轻量化

①铝合金壳体变速器。变速器前、中、后壳及输出轴后端盖均是铝合金壳体，比铁壳变速器质量减少90kg；采用强制润滑系统，有效提高齿轮寿命。此变速器具有质量轻、散热性能好、操控平顺可靠等特点，较铁壳变速器优势明显。

②轻量化单级减速驱动桥：驱动桥主减速锥齿轮选用奥利康齿制造，传动效率高；轮毂轴承使用寿命长，维修方便；采用强化型冲压焊接桥壳，强度高；增加齿轮润滑油滤清器，保证齿轮润滑油的洁净度，提高齿轮和轴承的寿命，标配差速锁，坡路、泥泞路况使用不打滑。比双级减速桥质量减少60kg。

③高强度轻量化车架：车架纵梁为单层结构，采用抗拉强度850MPa、屈服极限700MPa的特高强度钢制造，车架采用大跨度横梁连接板和局部加强结构，经有限元分析，车架受力更加均匀，在保证承载能力的前提下比原双层车架质量减少150kg。

④少片钢板弹簧悬架：前悬架板簧共4片，采用带复合衬套结构，同时采用高性能的橡胶副簧，可有效延长板簧使用寿命；后悬架板簧共5片，采用新型免维护平衡轴；前后稳定杆采用空心结构，提高了材料利用率。在保证承载能力条件下比普通多片钢板弹簧悬架质量减少200kg。

2 车辆尺寸参数

ZZ4181N4211D1L型4×2半挂牵引车尺寸参数如图3所示。

a)正面图

b)侧面图

图2 ZZ4181N4211D1L型4×2半挂牵引车

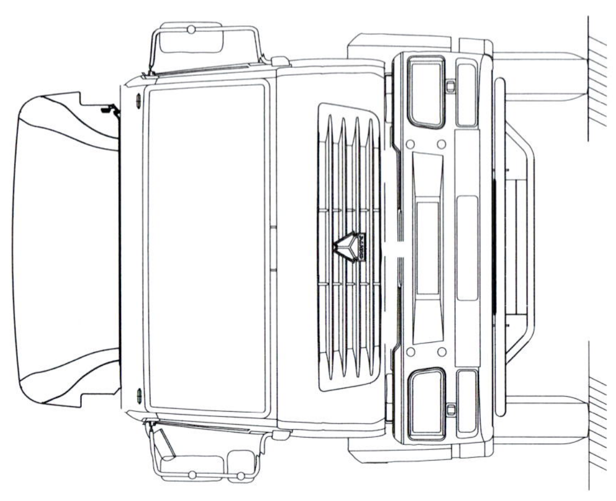

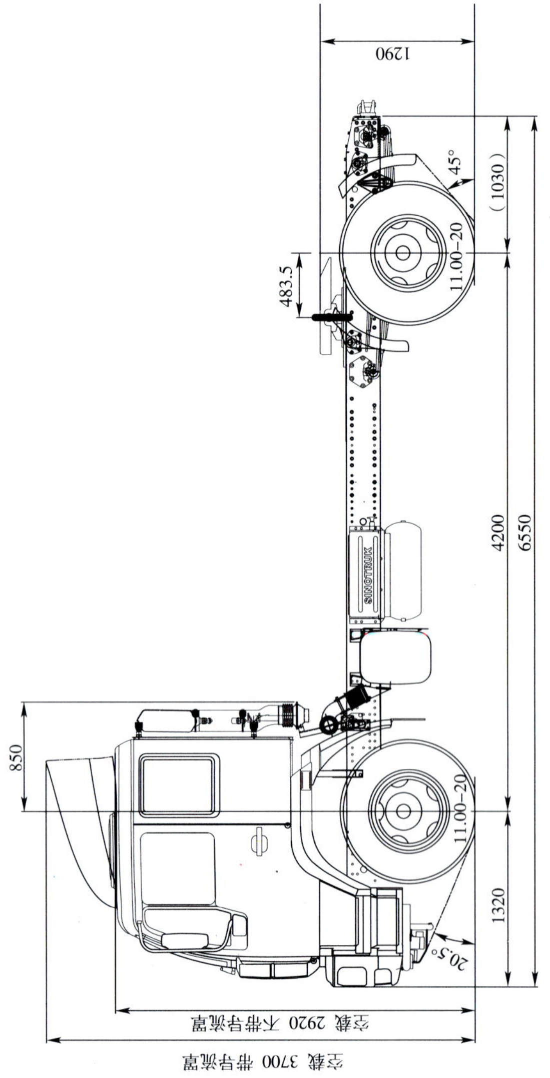

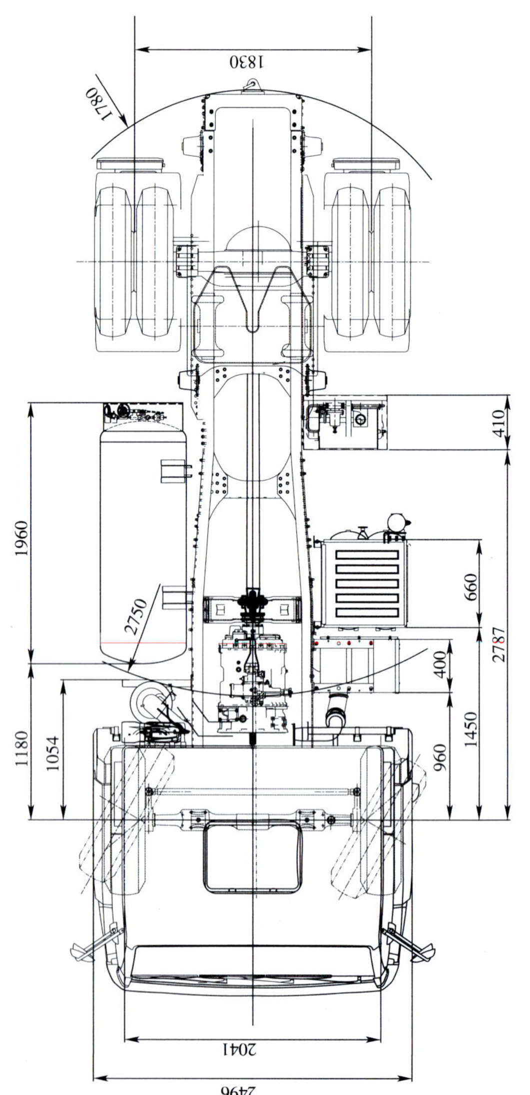

图3 车辆尺寸参数图（单位：mm）

3 车辆主要总成配置

ZZ4181N4211D1L型4×2半挂牵引车主要总成配置如表1所示。

车辆主要总成配置表　　表1

车辆型号	ZZ4181N4211D1L	达标车型编号	LNG车型暂不要求
主要总成配置	规格/型号	生产厂家	
驾驶室总成（高顶/低顶）	L2000（低顶）	中国重汽集团济南商用车有限公司	
底盘总成	ZZ4181N4211D1L	中国重汽集团济南商用车有限公司	
发动机总成	T10.34-40	中国重型汽车集团有限公司	
变速器总成	HW10	中国重型汽车集团有限公司	
离合器总成	430B	中国重型汽车集团有限公司	
前轴总成	VGD060QB	中国重型汽车集团有限公司	
后轴总成	MCY13	中国重型汽车集团有限公司	
LNG气瓶总成	WG9925553034	张家港富瑞特种装备股份有限公司 张家港中集圣达因低温装备有限公司	
牵引座总成	36DV	约斯特（上海）汽车部件有限公司	
ABS装置	446 004 6300	威伯科汽车控制系统（上海）有限公司	
轮胎	295/80R22.5	三角轮胎股份有限公司	
缓速控制装置	RV540024	中国重型汽车集团有限公司	
气制动连接器	WG9000360170/ WG9000360177	上饶碧海汽车配件有限公司 瑞立集团有限公司 芜湖盛力科技股份有限公司	
带有行车记录仪的GPS	VR2023	上海本安仪表系统有限公司	
制动器总成	$\phi400\times150/\phi410\times220$	中国重型汽车集团有限公司	

三　中国重汽集团济南卡车股份有限公司

中国重汽集团济南卡车股份有限公司（图1）是中国重型汽车集团有限公司的下属企业，是国内最大的重型汽车生产基地之一，目前在深圳证券交易所正式上市（证券代码000951）。

图1　中国重汽集团济南卡车股份有限公司

中国重汽集团济南卡车股份有限公司前身为济南汽车制造总厂，是我国重型汽车工业的摇篮，是中国第一辆重型载重汽车——“黄河”的制造者，也是国内第一家全面引进国外重型汽车整车制造技术的企业。1960年，中国第一辆重型车（黄河牌JN150型8t载货汽车）在济南汽车制造厂诞生，“黄河”汽车一直是20世纪60~70年代中国重型汽车的典型代表。1984年，公司从奥地利斯太尔公司引进整车技术，在国内联合生产“斯太尔”系列重型汽车。2004年10月28日，“HOWO”系列重型汽车在此下线，创造了单一系列车型56万辆的销量奇迹。2008年12月，HOWO-A7系列重型汽车强势推向市场。2013年，采用德国MAN技术的HOWO-T7H重型汽车和HOWO-T5G中重型、中型汽车将陆续投放市场。

公司主导产品为“HOWO”品牌（包括与德国MAN合作的T系列产品）重型牵引车、自卸车、载货车、搅拌车以及其他专用车辆，现已出口到亚洲、非洲、欧洲、美洲等20多个国家和地区，并在国外建立了组装、服务、营销基地及网络，重型汽车出口量连续多年位居国内第一。

中国重汽集团济南卡车股份有限公司拥有3个事业部，全国35家销售分公司，现有员工六千余人，总资产147亿元，公司已通过ISO 9001：2008质量管理体系认证、国家军标质量管理体系（GJB 9001B—2009）、国家进出口商品免验审核认证。

1 ZZ4187N3517N1B型4×2半挂牵引车

ZZ4187N3517N1B型4×2半挂牵引车（图2）是HOWO-A7系列国Ⅲ排放标准典型车型之一，在整车动力性、经济性、可靠性、舒适性、安全性、轻量化技术以及电子技术应用方面性能优越。

1 车辆主要技术特点

（1）动力强劲

①专门设计开发的具有较好动力性的高速牵引车，更适合甩挂运输。

②采用经济实用、高可靠性的电控EGR发动机，中置增压，带发动机排气门制动（EVB），标配硅油风扇，具有油品适应性强、动力强劲、比油耗低、可靠性水平高等特点。

（2）良好的燃油经济性

①驾驶室为意大利设计风格，突出现代、动感、简洁的设计理念，整体造型独特，具备良好的空气动力学性能，风阻系数低。

②针对甩挂运输使用工况，优化了动力系统和传动系统匹配，在满足动力性基础上，获得了最佳的燃油经济性。

③装用硅油风扇与无内胎子午线轮胎。

④轻量化技术应用：引进技术单层车架、前后少片钢板弹簧悬架系统；铝合金壳体变速器；轻量化单级减速驱动桥等。

（3）高可靠性

采用国际知名品牌总成部件：德国ZF转向机和油泵；WABCO空压机+ABS+全车制动阀+离合器总泵及分泵；德国VOSS制动接头；曼胡默尔燃油滤清器系统、空滤器；VDO仪表及电器控制模块；德国贝洱中冷器和水箱；德国泰明顿（TMD）盘式制动器摩擦块等，保证了车辆的高品质。

（4）高舒适性

①驾驶室内饰豪华、大气、温馨、实用、舒适。

②前少片钢板弹簧+驾驶室四点全浮空气悬架，再匹配后悬架横向减振器+空气悬挂座椅，获得最佳平顺性匹配，进一步提高了驾乘舒适性。

③标配人性化多功能转向盘、自动空调、超大储物空间、电动门窗、电加热电动后视镜。

（5）高安全性

①驾驶室采用整体钢架结构且车门带侧防撞梁结构，其强度满足国标和ECE R29法规；卧铺配安全保护网；宽大的前风挡玻璃及组合后视镜，获得较佳视野。

②采用溃断吸能式转向柱。制动系统采用前盘后鼓制动方式，标配防抱死制动系统（ABS），同时应用发动机排气门辅助制动（EVB）。

2 车辆尺寸参数

ZZ4187N3517N1B型4×2半挂牵引车尺寸参数如图3所示。

a)正面图

b)侧面图

图2　ZZ4187N3517N1B半挂牵引车

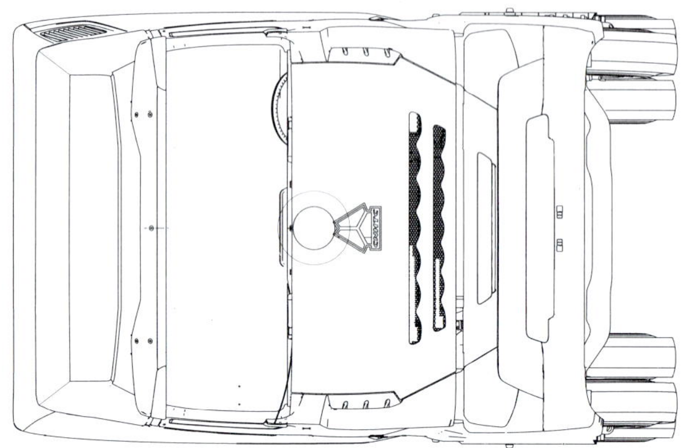

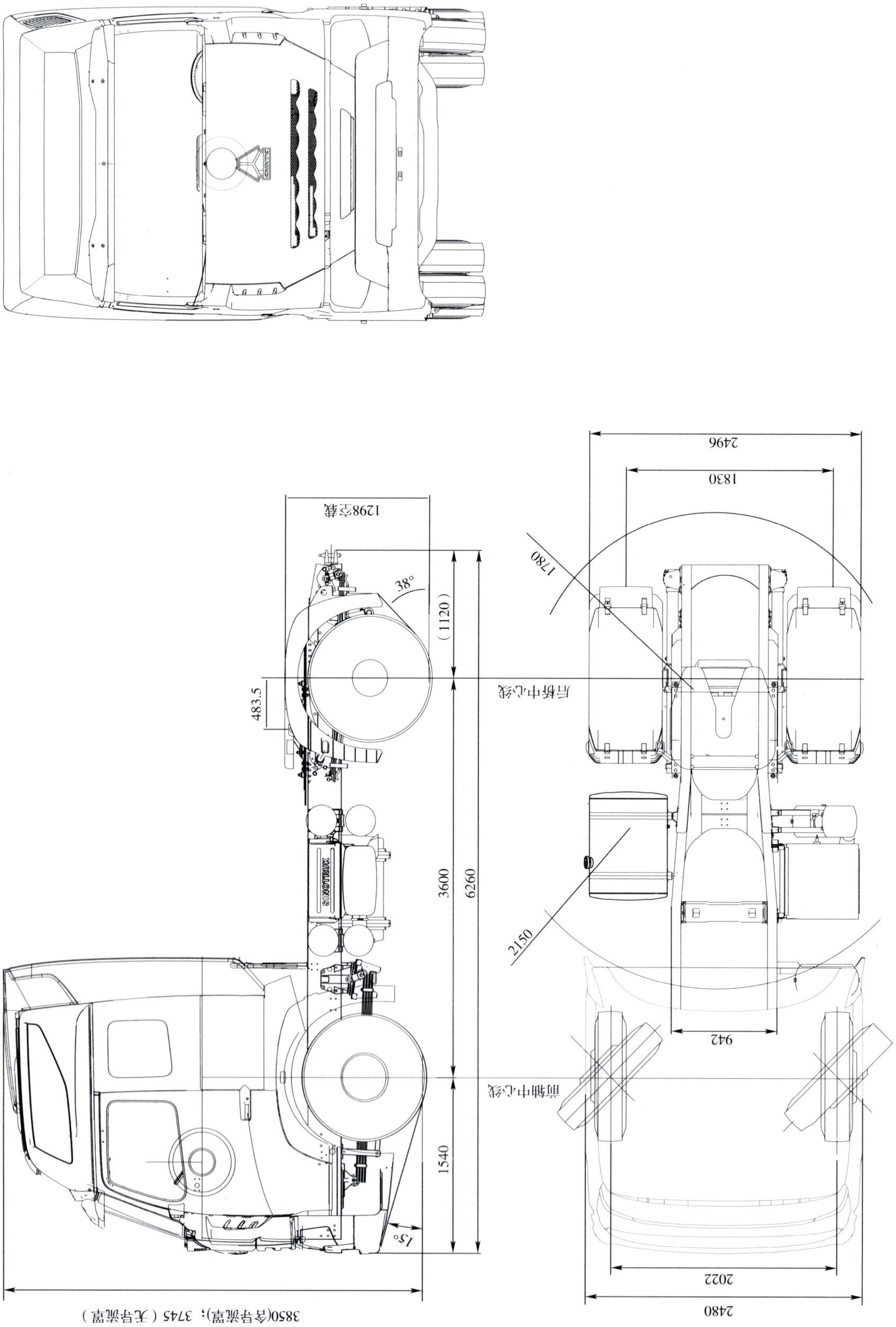

图3　车辆尺寸参数图（单位：mm）

③ 车辆主要总成配置

ZZ4187N3517N1B型4×2半挂牵引车主要总成配置如表1所示。

车辆主要总成配置表 表1

车辆型号	ZZ4187N3517N1B	达标车型编号	Q0153376
主要总成配置	规格/型号	生产厂家	
驾驶室总成（高顶/低顶）	A7-G（高顶）	中国重汽集团济南卡车股份有限公司	
底盘总成	ZZ4187N3517N1B	中国重汽集团济南卡车股份有限公司	
发动机总成	WD615.95E	中国重型汽车集团有限公司	
变速器总成	HW10	中国重型汽车集团有限公司	
离合器总成	430B	中国重型汽车集团有限公司	
前轴总成	VPD060QB	中国重型汽车集团有限公司	
中、后轴总成	MCY13	中国重型汽车集团有限公司	
燃油箱总成	RV550001	中国重型汽车集团有限公司	
牵引座总成	36DV	约斯特（上海）汽车部件有限公司	
ABS装置	446 004 6300	威伯科汽车控制系统（上海）有限公司	
轮胎	315/80R22.5	三角轮胎股份有限公司	
缓速控制装置	C-EVB	中国重型汽车集团有限公司	
气制动连接器	WG9000360170/ WG9000360177	上饶碧海汽车配件有限公司 瑞立集团有限公司 芜湖盛力科技股份有限公司	
带有行车记录仪的GPS	VR2023	上海本安仪表系统有限公司	
制动器总成	20/ϕ410×220	中国重型汽车集团有限公司	

② ZZ4257N3847D1LB型6×4半挂牵引车

ZZ4257N3847D1LB型6×4半挂牵引车（图4）是HOWO国Ⅳ排放标准（燃用天然气）系列的典型车型之一，轴距3800mm+1400mm，最大允许载质量25000kg，产品成熟可靠。

① 车辆主要技术特点

（1）安全性为您保驾护航

①高强度的驾驶室结构，满足全球最严格的瑞典法规要求。

②装备驾驶室横向稳定装置，可有效提高车辆行驶过程中的横向稳定性，进一步保证行车安全。

③采用大曲面前风窗玻璃、大后视窗以及大视野后视镜、右侧路面镜和前部下视镜，使驾驶视线开阔。

④采用发动机排气门辅助制动（EVB）技术，进一步提高了行车安全性。

⑤采用前盘后鼓制动方式，标配ABS系统，实现车辆最佳制动效果。

（2）采用无内胎子午线轮胎

（3）动力性合理匹配，为您提供澎湃动力

①匹配中国重汽天然气发动机，额定功率为279kW，燃料为液化天然气（LNG），是新一代电控、稀薄燃烧、四气门天然气发动机。

②低速大转矩发动机+大速比多挡变速器+小速比车桥，实现整车最佳动力匹配，既可满足爬坡时的动力要求，又可满足平路、长途运输的高速要求。

（4）轻量化设计降低燃料消耗，提高运输效率

①铝合金壳体变速器：变速器前、中、后壳及输出轴后端盖均是铝合金壳体，比铁壳变速器质量减少90kg；采用强制润滑系统，有效提高齿轮寿命。

②轻量化单级减速驱动桥：驱动桥主减速锥齿轮选用奥利康齿制造，传动效率高；轮毂轴承选用轴承单元，使用寿命长，维修方便；采用强化型冲压焊接桥壳，强度高；增加齿轮润滑油滤清器，保证齿轮油的洁净度，提高齿轮和轴承的寿命。

③高强度轻量化车架：车架纵梁为单层结构高强度钢制造，车架采用大跨度横梁连接板和局部加强结构，受力更加均匀，在保证承载能力的前提下比原双层车架质量减少150kg。

④少片钢板弹簧悬架：前悬架板簧共3片，采用带复合衬套结构，同时采用高性能的橡胶副簧，可有效延长板簧使用寿命；后悬架板簧共5片，采用新型免维护平衡轴；前后稳定杆采用空心结构，提高了材料利用率。

（5）制造工艺、配套体系保证可靠性

采用国际知名品牌总成部件，辅之先进的制造工艺，产品品质得到了较大提升。

2 车辆尺寸参数

ZZ4257N3847D1LB型6×4半挂牵引车尺寸参数如图5所示。

a)正面图

b)侧面图

图4　ZZ4257N3847D1LB型6×4半挂牵引车

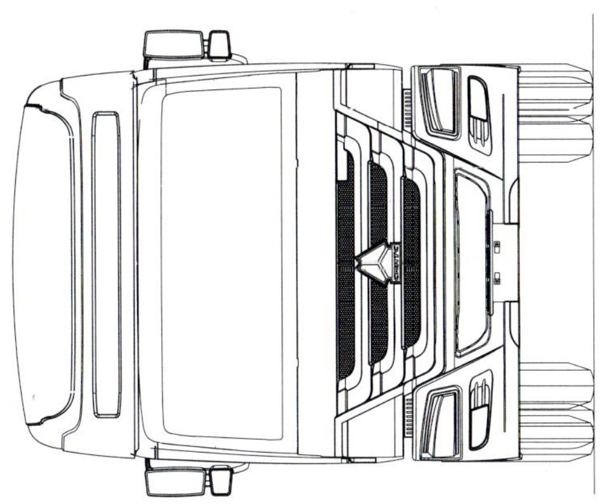

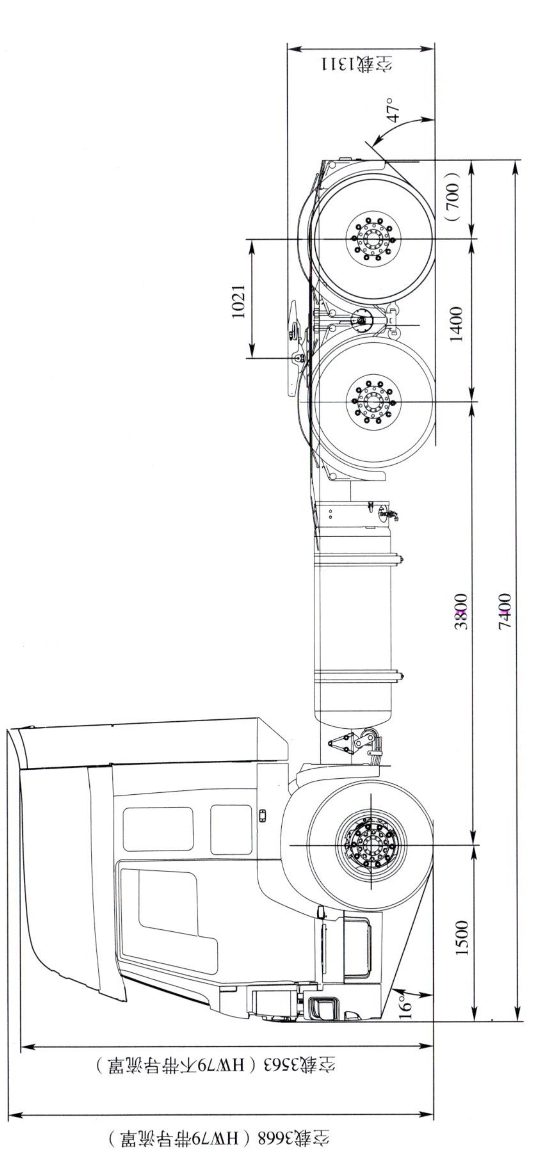

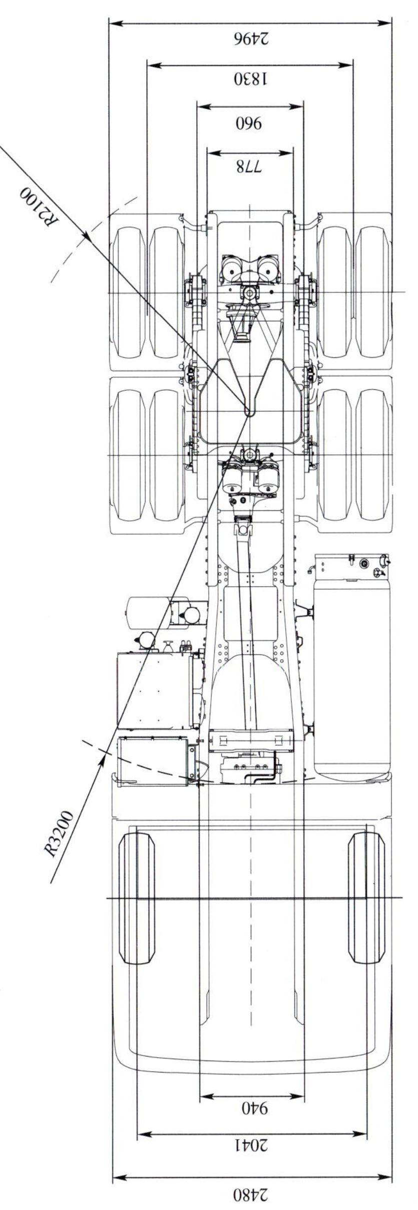

图5　车辆尺寸参数图（单位：mm）

③ 车辆主要总成配置

ZZ4257N3847D1LB型6×4半挂牵引车主要总成配置如表2所示。

车辆主要总成配置表 表2

车辆型号	ZZ4257N3847D1LB	达标车型编号	LNG车型暂不要求
主要总成配置	规格/型号	生产厂家	
驾驶室总成（高顶/低顶）	HW79（高顶）	中国重汽集团济南卡车股份有限公司	
底盘总成	ZZ4257N3847D1LB	中国重汽集团济南卡车股份有限公司	
发动机总成	T12.38-40	中国重型汽车集团有限公司	
变速器总成	HW10	中国重型汽车集团有限公司	
离合器总成	430A	中国重型汽车集团有限公司	
前轴总成	VPD060QB	中国重型汽车集团有限公司	
中、后轴总成	MCY13Q	中国重型汽车集团有限公司	
LNG气瓶总成	WG9925553047	张家港富瑞特种装备股份有限公司 张家港中集圣达因低温装备有限公司	
牵引座总成	36DV	约斯特（上海）汽车部件有限公司	
ABS装置	446 004 6300	威伯科汽车控制系统（上海）有限公司	
轮胎	295/80R22.5	三角轮胎股份有限公司	
缓速控制装置	RV540024	中国重型汽车集团有限公司	
气制动连接器	WG9000360170/ WG9000360177	上饶碧海汽车配件有限公司 瑞立集团有限公司 芜湖盛力科技股份有限公司	
带有行车记录仪的GPS	VR2023	上海本安仪表系统有限公司	
制动器总成	20/ϕ410×220	中国重型汽车集团有限公司	

3 ZZ4257N3247C1型6×4半挂牵引车

ZZ4257N3247C1型6×4半挂牵引车（图6）是HOWO国Ⅲ排放标准系列的典型车型之一，轴距3200mm+1400mm，最大允许总质量25000kg，产品成熟可靠。

① 车辆主要技术特点

（1）安全性高

①高强度的驾驶室结构，满足全球最严格的瑞典法规要求。

②装备驾驶室横向稳定装置，可有效提高车辆行驶过程中的横向稳定性，进一步保证行车安全。

③采用大曲面前风窗玻璃、大后视窗以及大视野后视镜、右侧路面镜和前部下视镜，使驾驶视线开阔。

④采用发动机排气门辅助制动（EVB）技术，进一步提高了行车安全性。

⑤采用前盘后鼓制动方式，标配ABS系统，实现车辆最佳制动效果。

⑥采用无内胎子午线轮胎。

（2）动力性好

①中国重汽EGR发动机：采用电控燃油喷射系统和冷却式废气再循环（EGR）技术，具有油品适应性强、动力强劲、燃料消耗量低、可靠性水平高等特点。

②科学匹配：低速大转矩发动机+大速比多挡变速器+小速比车桥，实现整车最佳匹配，既可满

足爬坡时的动力要求，又可满足平路、长途运输的高速要求。

（3）轻量化设计降低燃料消耗，提高运输效率

①铝合金壳体变速器：变速器前、中、后壳及输出轴后端盖均是铝合金壳体，比铁壳变速器质量减少90kg；采用强制润滑系统，有效提高齿轮寿命。

②轻量化单级减速驱动桥：驱动桥主减速锥齿轮选用奥利康齿制造，传动效率高；轮毂轴承选用轴承单元，使用寿命长，维修方便；采用强化型冲压焊接桥壳，强度高；增加齿轮润滑油滤清器，保证齿轮油的洁净度，提高齿轮和轴承的寿命。

③高强度轻量化车架：车架纵梁为单层结构高强度钢制造，车架采用大跨度横梁连接板和局部加强结构，受力更加均匀，在保证承载能力的前提下比原双层车架质量减少150kg。

④少片钢板弹簧悬架：前悬架板簧共3片，采用带复合衬套结构，同时采用高性能的橡胶副簧，可有效延长板簧使用寿命；后悬架板簧共5片，采用新型免维护平衡轴；前后稳定杆采用空心结构，提高了材料利用率。

（4）制造工艺、配套体系保证可靠性

采用国际先进的制造装备和工艺手段，应用国际知名品牌的总成部件，保证了车辆的高品质和高可靠性。

2 车辆尺寸参数

ZZ4257N3247C1型6×4半挂牵引车尺寸参数如图7所示。

a)正面图

b)侧面图

图6 ZZ4257N3247C1型6×4半挂牵引车

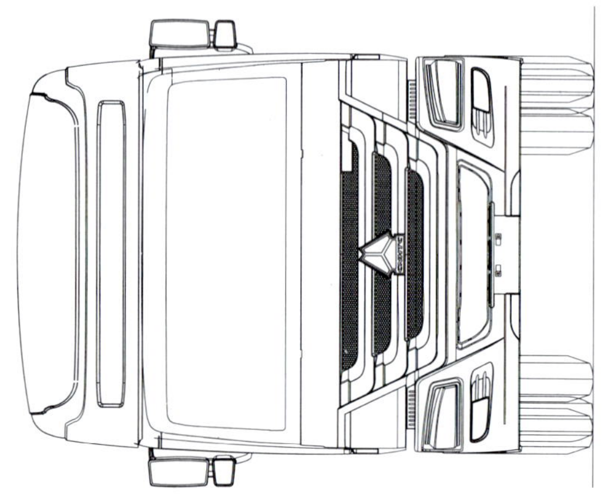

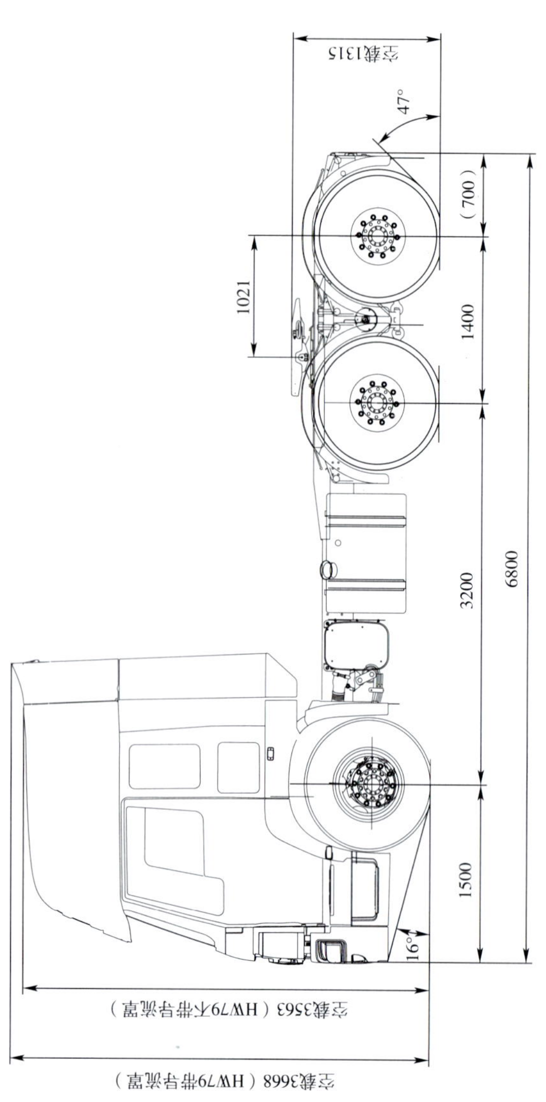

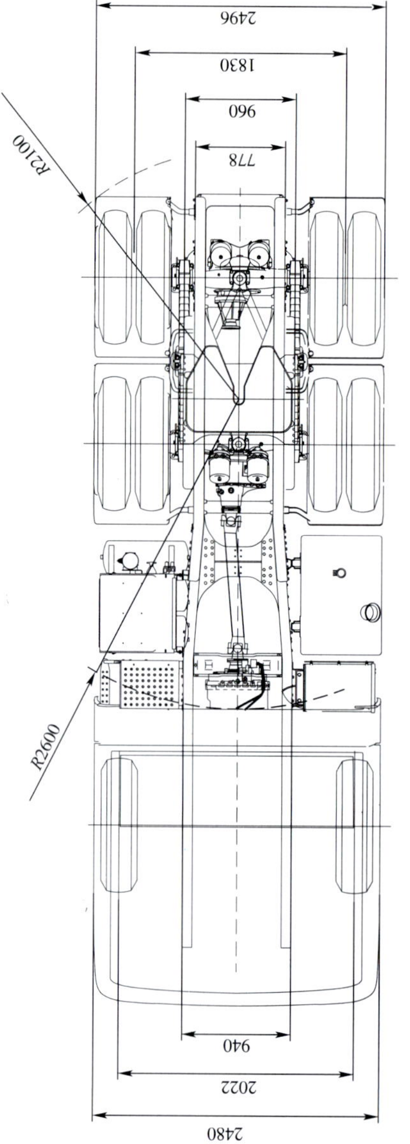

图7 车辆尺寸参数图（单位：mm）

3 车辆主要总成配置

ZZ4257N3247C1型6×4半挂牵引车主要总成配置如表3所示。

车辆主要总成配置表　　表3

车辆型号	ZZ4257N3247C1	达标车型编号	Q0102317
主要总成配置	规格/型号	生产厂家	
驾驶室总成（高顶/低顶）	HW79（高顶）	中国重汽集团济南卡车股份有限公司	
底盘总成	ZZ4257N3247C1	中国重汽集团济南卡车股份有限公司	
发动机总成	WD615.96E	中国重型汽车集团有限公司	
变速器总成	HW12	中国重型汽车集团有限公司	
离合器总成	430B	中国重型汽车集团有限公司	
前轴总成	VPD060QB	中国重型汽车集团有限公司	
中、后轴总成	MCY13Q	中国重型汽车集团有限公司	
燃油箱总成	RV550002	中国重型汽车集团有限公司	
牵引座总成	36DV	约斯特（上海）汽车部件有限公司	
ABS装置	446 004 6300	威伯科汽车控制系统（上海）有限公司	
轮胎	315/80R22.5	三角轮胎股份有限公司	
缓速控制装置	C-EVB	中国重型汽车集团有限公司	
气制动连接器	WG9000360170/ WG9000360177	上饶碧海汽车配件有限公司 瑞立集团有限公司 芜湖盛力科技股份有限公司	
带有行车记录仪的GPS	VR2023	上海本安仪表系统有限公司	
制动器总成	20/ϕ410×220	中国重型汽车集团有限公司	

四 中国重汽集团济宁商用车有限公司

中国重汽集团济宁商用车有限公司（图1）成立于2005年，是中国重汽集团有限公司的全资子公司。公司坐落于济宁市国家级高新技术产业开发区，工业园占地面积1000余亩，拥有职工1000多人，是济宁市重点支持发展的大型汽车项目，是济宁市汽车工业的龙头企业。

图1　中国重汽集团济宁商用车有限公司

公司具备年生产整车5万辆能力，拥有完整的整车生产工艺和手段。公司主要产品："豪瀚"、"豪运"系列重型、中重型汽车以及矿山专用汽车，适用于长途运输、工程建设、矿山生产等国民经济生产领域，在国内外市场上具有较强的竞争实力。

公司"十二五"发展目标：实现整车年产销5万辆以上，立足重型汽车产品，扩展市场份额，创国际知名品牌；拓宽产品覆盖范围，提高企业抗风险能力；加强产品质量控制，使产品质量达到国际先进水平；进行生产线扩建和工艺优化，进一步扩大产能；降低整车成本，持续推进精益化生产；把济宁商用车有限公司建设成为具有行业影响力的重型汽车生产基地。

① ZZ4185N3516C1B型4×2半挂牵引车

ZZ4185N3516C1B型4×2半挂牵引车是（图2）为高速物流和港口运输客户量身定做的国Ⅲ排放标准产品，在动力性、经济性、可靠性、舒适性和安全性方面性能优越。

1 车辆主要技术特点

（1）动力配置与轻量化技术

①采用中国重汽WD615系列发动机，大转矩储备系数，保证了发动机具有良好的燃油经济性能；低速大转矩发动机+大传动比变速器+小传动比驱动桥，既可满足爬坡时的动力要求，又可满足平路、长途运输的高速要求。

②轻量化技术：新技术车架、轻量化悬架，前、后少片钢板弹簧结构；铝合金壳体变速器；小传动比单级减速驱动桥，在保证强度的同时，最大限度减轻整车质量。

③驾驶室前围为17°倾角，充分运用空气动力学原理，有效减少空气阻力，稳定车身，降低油耗。

（2）舒适性及电气技术

驾驶室标配4点全浮式悬架，配备可根据人的体重及路面情况自动调整座椅刚度的空气气囊座椅。标配奔驰技术自动空调、大液晶仪表；电动门窗玻璃升降器。标配上下可翻转超宽卧铺，超大杂物箱。

（3）安全性

采用奔驰技术驾驶室结构，宽大的前风窗玻璃、后风窗玻璃及组合后视镜，消除视野盲区；全面采用WABCO ABS最新技术升级版，最大限度保证行车安全；采用前盘后鼓制动方式，提高制动稳定性。采用发动机排气门辅助制动技术（EVB），有效控制车速，提高制动器寿命，减少轮胎磨损。

（4）可靠性

公司拥有一流的生产流水线和关键设备，大量采用包括ZF转向机、VOSS接头、WABCO ABS等国际知名品牌产品，以提高产品可靠性。

（5）经济性

通过优化空气组件匹配设计，使整车具有较低的风阻系数；根据不同工况需求，通过动力总成系统的优化匹配，使整车燃油经济性持续改善。

2 车辆尺寸参数

ZZ4185N3516C1B型4×2半挂牵引车尺寸参数如图3所示。

a)正面图

b)侧面图

图2　ZZ4185N3516C1B型4×2半挂牵引车

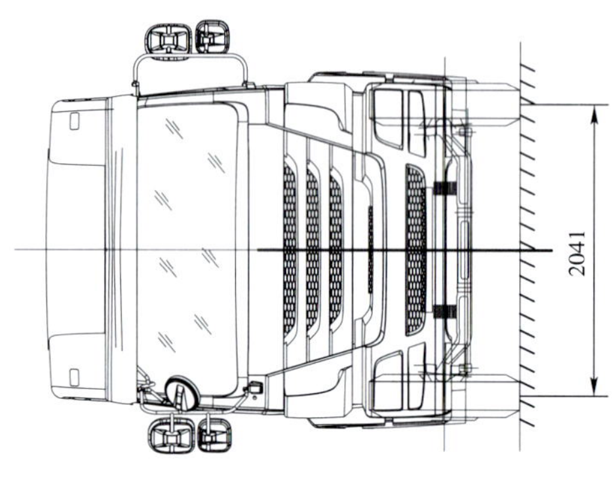

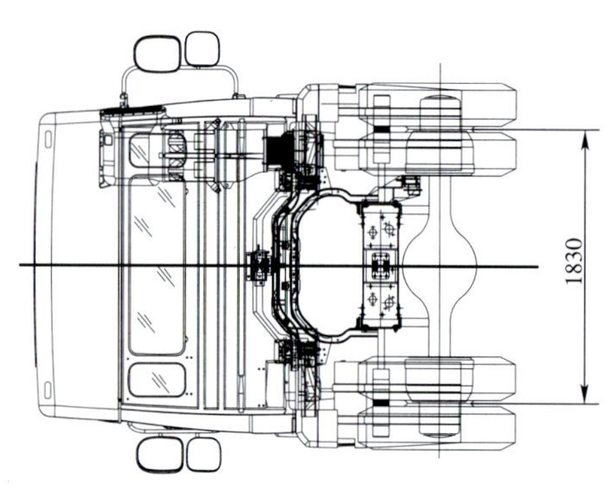

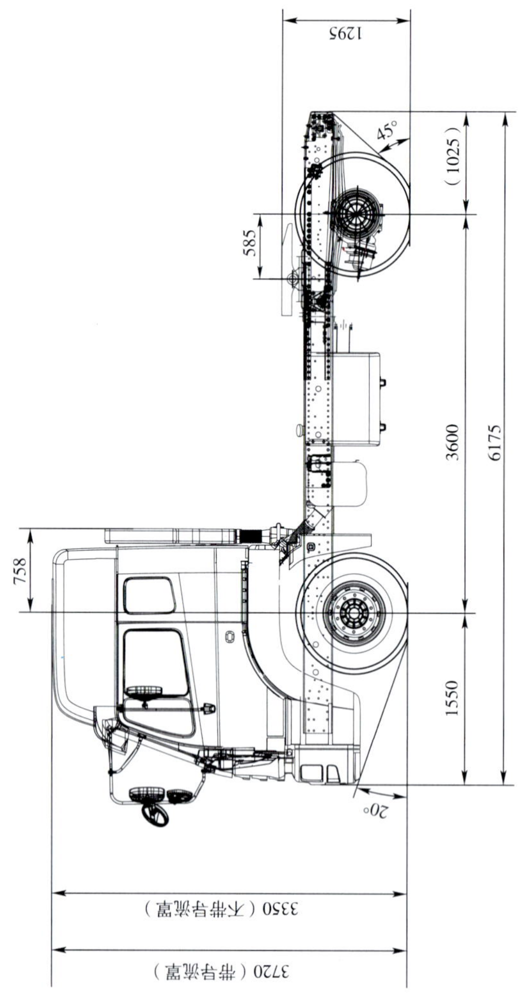

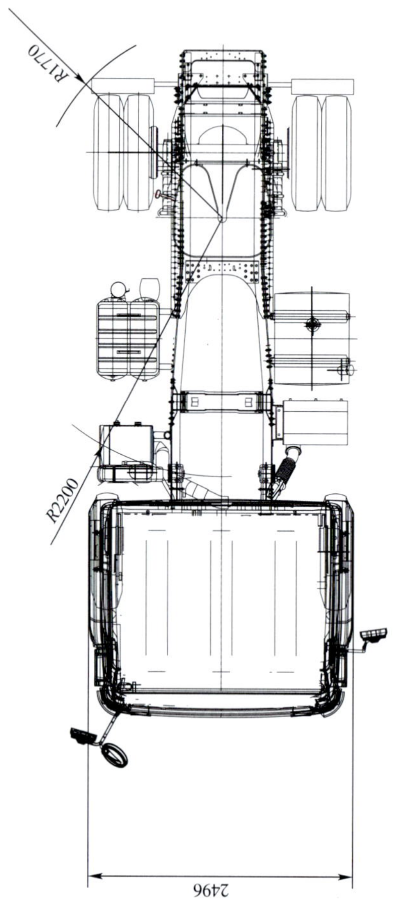

图3 车辆尺寸参数图（单位：mm）

3 车辆主要总成配置

ZZ4185N3516C1B型4×2半挂牵引车主要总成配置如表1所示。

车辆主要总成配置表　　表1

车辆型号	ZZ4185N3516C1B	达标车型编号	Q0192201
主要总成配置	规格/型号	生产厂家	
驾驶室总成（高顶/低顶）	H18（高顶）	中国重汽集团济宁商用车有限公司	
底盘总成	ZZ4185N3516C1B	中国重汽集团济宁商用车有限公司	
发动机总成	WD615.95E	中国重型汽车集团有限公司	
变速器总成	HW10	中国重型汽车集团有限公司	
离合器总成	430拉式	桂林福达零部件有限公司	
前轴总成	153桥	青特众力车桥有限公司	
中、后轴总成	ST13	中国重型汽车集团有限公司	
燃油箱总成	RV550001	中国重型汽车集团有限公司	
牵引座总成	36DV	约斯特（上海）汽车部件有限公司	
ABS装置	446 004 6300	威伯科汽车控制系统（中国）有限公司	
轮胎	11.00R20	青岛双星轮胎工业有限公司	
缓速控制装置	C-EVB	中国重型汽车集团有限公司	
气制动连接器	WG9000360170/ WG9000360177	上饶碧海汽车配件有限公司 瑞立集团有限公司 芜湖盛力科技股份有限公司	
带有行车记录仪的GPS	GA-2100C	山东济宁广安科技有限公司	
制动器总成	ϕ400×150mm/ϕ410×220mm	中国重型汽车集团有限公司	

2 ZZ4255N3246C1B型6×4半挂牵引车

ZZ4255N3246C1B型6×4半挂牵引车（图4）是为高速物流客户量身定做的国Ⅲ排放标准6×4产品，在动力性、经济性、可靠性、舒适性和安全性方面性能优越。

1 车辆主要技术特点

（1）动力配置与轻量化技术

①采用中国重汽WD615系列大功率发动机，大转矩储备系数，保证了发动机良好的燃油经济性能；低速大转矩发动机+大传动比变速器+小传动比驱动桥，既可满足爬坡时的动力要求，又可满足平路、长途运输的高速要求。

②轻量化技术：新技术车架、轻量化悬架，前、后少片钢板弹簧结构；铝合金壳体变速器；小传动比单级驱动桥，在保证强度的同时，最大限度减轻整车质量。

③驾驶室前围为17°倾角，充分运用空气动力学原理，有效缓冲空气阻力，稳定车身，降低油耗。

（2）多项舒适性新技术

驾驶室标配4点全浮式悬置；配备可根据人的体重及路面情况自动调整座椅刚度的空气气囊座椅。标配奔驰技术自动空调、大液晶仪表；电动门窗玻璃升降器。标配上下可翻转超宽卧铺，超大功能杂物箱。

（3）安全性

采用奔驰技术驾驶室结构；宽大的前风窗玻

璃、后风窗玻璃及组合后视镜，消除视线盲区；全面采用WABCO ABS最新技术升级版，最大限度保证行车安全；采用前盘后鼓制动方式，提供制动稳定性。采用发动机排气门辅助制动技术（EVB），有效控制车速，提高制动器寿命，减少轮胎磨损。装用无内胎子午线轮胎。

（4）可靠性

公司拥有一流的生产流水线和关键设备，大量采用包括：ZF转向机、VOSS接头、WABCO ABS等国际知名品牌产品，以提高产品可靠性。

（5）经济性

通过优化车身组件匹配设计，使整车具有超低的风阻系数；根据不同工况需求，通过动力总成系统的优化匹配，使整车燃油经济性持续改善。

2 车辆尺寸参数

ZZ4255N3246C1B型6×4半挂牵引车尺寸参数如图5所示。

a）正面图

b）侧面图

图4　ZZ4255N3246C1B型6×4半挂牵引车

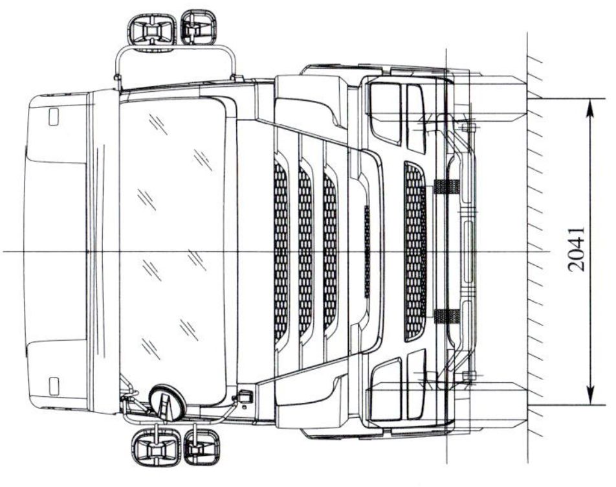

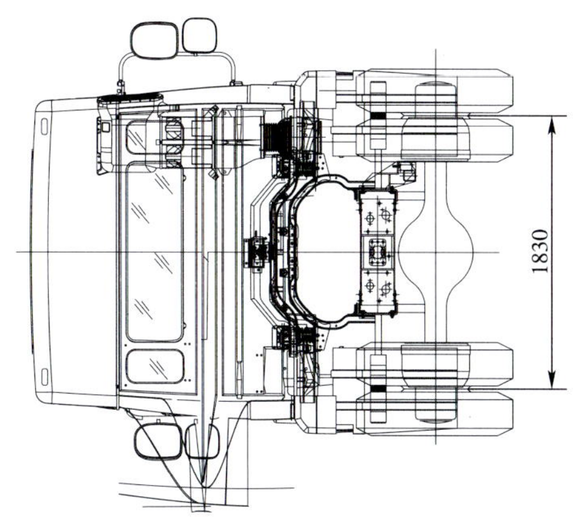

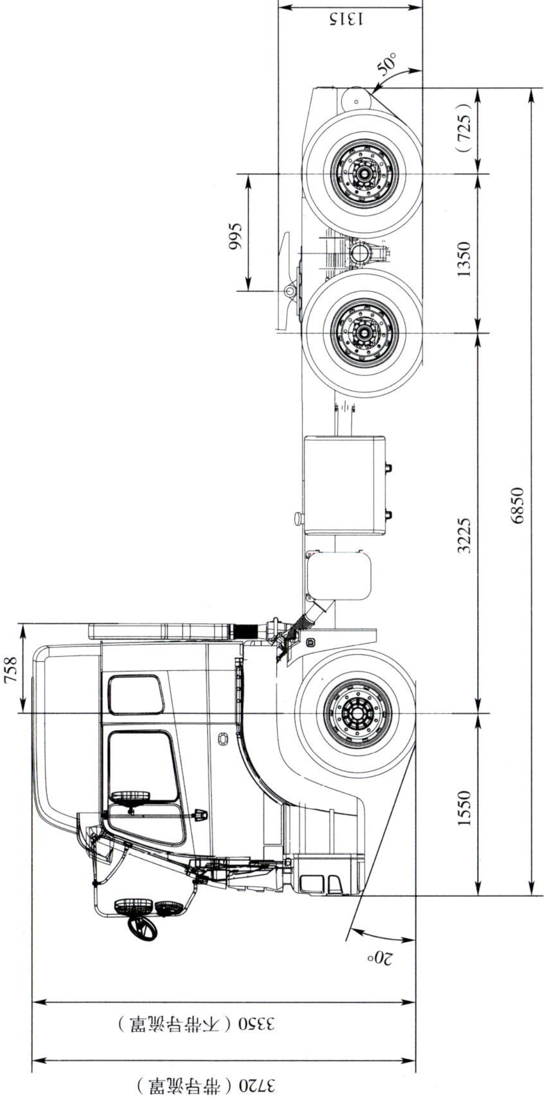

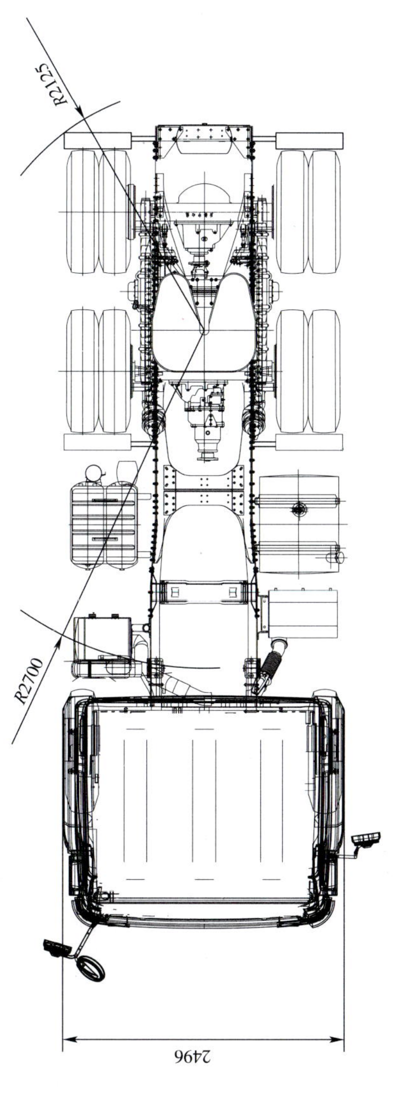

图5　车辆尺寸参数图（单位：mm）

3 车辆主要总成配置

ZZ4255N3246C1B型6×4半挂牵引车主要总成配置如表2所示。

车辆主要总成配置表

表2

车辆型号	ZZ4255N3246C1B	达标车型编号	Q0192340
主要总成配置	规格/型号	生产厂家	
驾驶室总成（高项/低项）	H18（高项）	中国重汽集团济宁商用车有限公司	
底盘总成	ZZ4255N3246C1B	中国重汽集团济宁商用车有限公司	
发动机总成	WD615.96E	中国重型汽车集团有限公司	
变速器总成	HW10	中国重型汽车集团有限公司	
离合器总成	430拉式	桂林福达零部件有限公司	
前轴总成	153桥	青特众力车桥有限公司	
中、后轴总成	ST13	中国重型汽车集团有限公司	
燃油箱总成	RV550001	中国重型汽车集团有限公司	
牵引座总成	36DV	约斯特（上海）汽车部件有限公司	
ABS装置	446 004 6300	威伯科汽车控制系统（中国）有限公司	
轮胎	295/80R22.5	青岛双星轮胎工业有限公司	
缓速控制装置	C-EVB	中国重型汽车集团有限公司	
气制动连接器	WG9000360170/ WG9000360177	上饶碧海汽车配件有限公司 瑞立集团有限公司 芜湖盛力科技股份有限公司	
带有行车记录仪的GPS	GA-2100C	山东济宁广安科技有限公司	
制动器总成	ϕ400×150/ϕ410×220	中国重型汽车集团有限公司	

五 东风汽车有限公司

东风汽车有限公司东风商用车公司（图1）位于湖北省十堰市，始建于1969年，历经42年的风雨征程，缔造了中国民族汽车品牌——东风，成为中国商用汽车企业的时代先锋。

图1　东风商用车公司

东风商用车42年的发展，经历了4个阶段：艰苦创业阶段（1969~1980年）；快速成长阶段（1981~1993年）；改革调整阶段（1994~2000年）；开放发展阶段（2001年至今）。

东风商用车公司是东风事业的发源地，是东风文化的传承者，承载着东风品牌的建设重任；承载着东风商用车品牌“中国第一，世界前三”的梦想。

东风商用车主要产品有“东风天龙”、“大力神”重型载货汽车系列和“东风天锦”中型载货汽车系列；东风商用车中、重型载货汽车系列产品销量连续7年位居中国汽车行业之首，总量超过500万辆。

愿景：备受信赖的公司。

使命：致力于汽车事业不断超越、致力于利益相关者价值的持续增长。

核心价值观：客户导向，诚信尽责，公正透明，崇尚业绩，追求卓越。

我们有这样一个梦想——中国的东风、世界的东风。我们要在中国市场成为品牌价值第一、运输业公认的最佳业务伙伴，在全球市场成为价值第一的中、重型商用车中国制造商。有着光荣传统并接受了良好训练的38000名员工正在为这个梦想而努力。

DFL4251AX12A型6×4半挂牵引车

DFL4251AX12A型6×4半挂牵引车是东风重点推广的天然气长途车型，可减少约40%的燃料成本，折合约15%的综合运输成本。

1 车辆主要技术特点

（1）基本特征

①基于东风天龙6×4成熟平台自主研发，技术成熟，可靠性高。

②东风自主研发新型大功率燃气发动机，满足欧Ⅳ排放水平，能源清洁，经济性好。

③整车轻量化设计，提高运输收益率。

（2）外观大气从容

采用自主研发专利设计天龙经典驾驶室，如图2所示。具备优良的空气动力学特性，大幅降低整车风阻，不但造型美观，更可在高速工况下节省燃油4%以上。

图2　天龙经典驾驶室

（3）驾乘舒适性好

①全浮式，前后机械减振，通道式仪表板、机械减振座椅、俯仰可调式转向盘，驾驶舒适。

②空间宽敞、卧铺宽厚，驾乘舒适。

（4）动力性、经济性优良

①东风自主研发EQRN385-40发动机，283kW，11L大排量，动力强劲，如图3所示。

②发动机采用稀燃、增压中冷、闭环电控喷射等先进技术，提升动力性、经济性。

图3　EQRN385-40发动机

③采用陕齿12挡大中心距、高可靠性变速器，操纵方便，换挡平顺，易于保持发动机最佳工作状态。

④整车采用多种减重技术，铝合金轮辋、高强度玻璃钢气瓶外框架、高强度车架（图4）等，减轻整备质量，大幅提升有效载荷。

图4　高强度车架

⑤采用315/80R22.5型无内胎子午线轮胎，抓地力强、承载能力大，有效提升经济性。

（5）安全性、续航能力、可靠性良好

①车辆加装ABS，强化安全性。

②采用知名品牌气瓶，具备自增压及稳压功能，专业设计可锁气瓶外框架，使用方便、安全、可靠。

③装备先进的拥有自增压和稳压功能的LNG大容量车用气瓶，最大续驶里程可达1000km以上。

④采用专用机油、换油里程3万km，提升可靠性。

DFL4251AX12A半挂牵引车如图5所示。

2 车辆尺寸参数

DFL4251AX12A型6×4半挂牵引车尺寸参数如图6所示。

a）正面图

b）侧面图

图5　DFL4251AX12A型6×4半挂牵引车

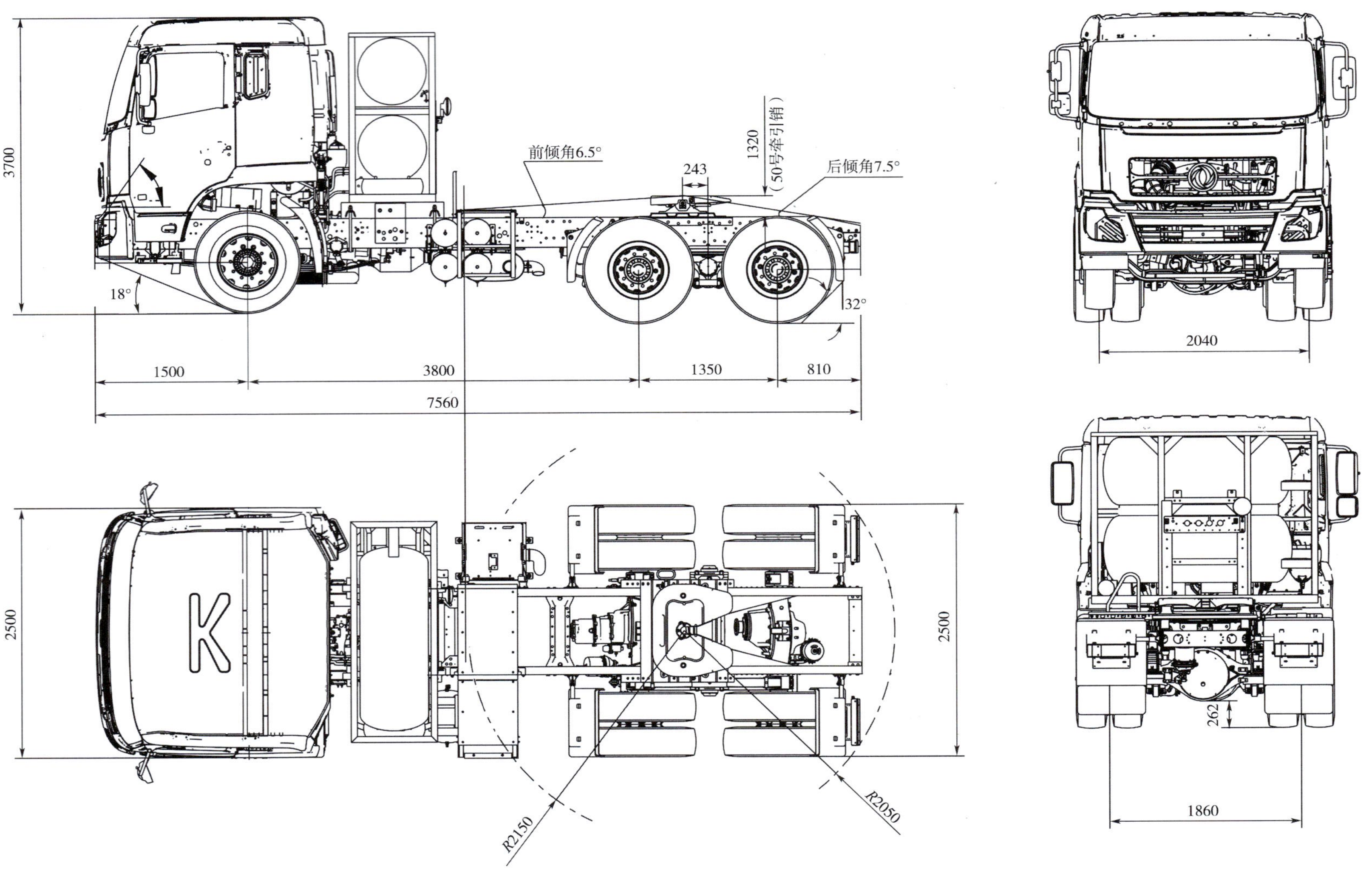

图6 车辆尺寸参数图（单位：mm）

3 车辆主要总成配置

DFL4251AX12A型6×4半挂牵引车主要总成配置如表1所示。

车辆主要总成配置表　　表1

车辆型号	DFL4251AX12A	达标车型编号	对于LNG暂不要求
主要总成配置	规格/型号	生产厂家	
驾驶室总成（高顶/低顶）	高顶	东风汽车有限公司	
底盘总成	DFL4251AX12A	东风汽车有限公司	
发动机总成	EQRN385-40	东风汽车有限公司	
变速器总成	12JSD180T	陕西法士特齿轮有限责任公司	
离合器总成	ϕ430	SACHS	
前轴总成	5t	东风车桥厂	
中、后轴总成	10t/10t	东风车桥厂	
LNG气瓶总成	富瑞450L	张家港富瑞特种装备股份有限公司	
牵引座总成	50#	东风汽车有限公司	
ABS装置	4S/4M（3631010)	东风科技股份有限公司 威伯科汽车控制系统（中国）有限公司	
轮胎	315/80R22.5	风神轮胎股份有限公司	
缓速控制装置	ECU	Voith	
气制动连接器	气制动螺旋尼龙管	河北亚大汽车塑料制品有限公司	
带有行车记录仪的GPS	DFGPS	武汉东电投资管理有限公司	
制动器总成	ϕ400x150（前桥） ϕ410X220（后桥）	东风车桥厂	

六 一汽解放青岛汽车有限公司

一汽解放青岛汽车有限公司（简称青汽公司，如图1），是一汽解放汽车有限公司的全资子公司，国家大一型企业，青岛市重点发展的十大企业集团之一。企业现有8个职能部、7个生产车间、1个分厂（成都分厂）、1个全资子公司（上海浦东一汽解放专用车有限公司），员工5000多人。

图1 一汽解放青岛汽车有限公司

青汽公司始建于1968年，主导产品为解放牌中、重型柴油载货汽车及其各种专用车和改装车系列产品，是解放载货汽车两大生产基地之一。经过40多年的不断发展，青汽公司已累计产销汽车近100万辆，产品销往全国各地，并出口南非、伊朗、越南等30多个国家和地区。为国家和地方创造税收近30亿元，为做强解放民族品牌，促进地方经济发展做出了积极的贡献。

特别是2010年，青汽公司年产销量达到创纪录的14万辆，销售收入达到256亿元，被评为青岛市2010年十大经济事件之一和2010年青岛市工业经济超万亿领军企业，创造了青汽公司发展史上新的辉煌。

为加速青汽公司发展，提升青汽公司综合实力，2011年8月9日，一汽青岛商用车基地项目奠基启动。根据规划，青汽公司将在青岛市汽车及零部件工业功能区，建设年产20万辆商用车项目。项目占地约2300亩，分两期建设。其中，项目一期规划中重型载货汽车10万辆，总投资24.6亿元，占地1700亩，建设冲压、焊装、涂装、总装四大工艺齐全的生产厂区。一期项目计划于2013年底前投产。一期建成后，项目二期将择机建设10万辆轻型车工厂。

放眼未来，青汽公司将以新基地建设为契机，加速技术升级，提升制造质量，加大产销规模，为实现“十二五”良好发展，做强解放自主品牌不懈努力！

CA4259P2K2T1EA80型6×4半挂牵引车

CA4259P2K2T1EA80型6×4半挂牵引车（图2）是一汽解放青岛汽车有限公司生产的6×4半挂牵引车，该车型是在新大威2010版平台上根据甩挂运输技术要求进行设计，具有低油耗、舒适性高、可靠性高等特点。

1 车辆主要技术参数

（1）发动机

①锡柴CA6DM2-42E3发动机，11L排量，4气门顶置凸轮轴，带发动机排气制动，低速大转矩，起步、爬坡更有力，加速性能好。

②采用4气门顶置凸轮轴结构，对称结构汽缸体的重型柴油机。

③发动机的动力性高，经济性良好，可靠性高。

（2）离合器

装配伊顿（EATON）ϕ430mm进口离合器，可传递转矩大，摩擦片耐磨寿命长，减振性能和NVH性能更好。

（3）悬架系统

①后悬架V型推力杆结构。

②优化少片钢板弹簧结构设计。

③提高整车操稳平顺性。

（4）动力经济性

①装配无内胎子午线轮胎，承载性更好，滚阻更低，燃油消耗低。

②满载最高车速达110km/h以上，满足高速物流运输的需求。

③600L大油箱，续驶里程长，可达1700km。

（5）舒适性

①采用新大威10版驾驶室，平地板设计，4点全浮式空气悬置，气压调节座椅，大空间；800mm超宽卧铺，打造“移动之家”。

②四辐转向盘。环绕式仪表，保证了整车美观、可靠，操作舒适。

③驾驶室进行降噪处理，比普通车降低噪声2dB以上。

（6）轻量化技术

①铝合金轮辋，铝合金储气筒，铝合金油箱，无内胎子午线轮胎。

②铝合金轮辋相比普通轮辋整车可实现减重143kg。无内胎子午线轮胎每条轮胎（较子午胎）质量减少30kg，整车自重共减少330kg。

（7）整车运行、油耗低

①除发动机匹配4气门的节油发动机外，还配备12挡（带超速挡)变速器，高速、山区国道路面和工况，适应性广。

②采用进口离合器和成熟可靠的457后桥，提高可靠性和经济性。

③带GPS的行车记录仪，方便导航，便于车辆管理。

2 车辆尺寸参数

CA4259P2K2T1EA80型6×4半挂牵引车尺寸参数如图3所示。

a)正面图

b)侧面图

图2 CA4259P2K2T1EA80型6×4半挂牵引车

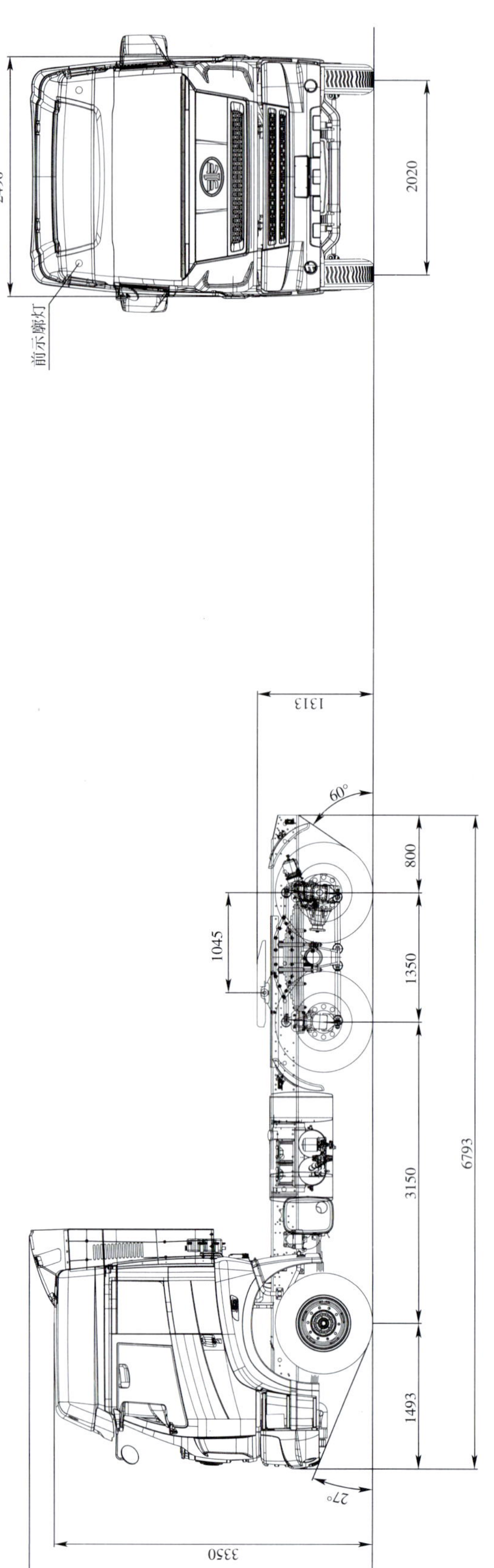

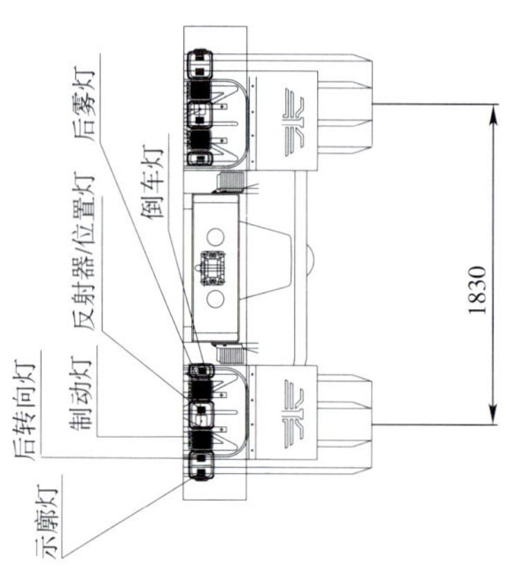

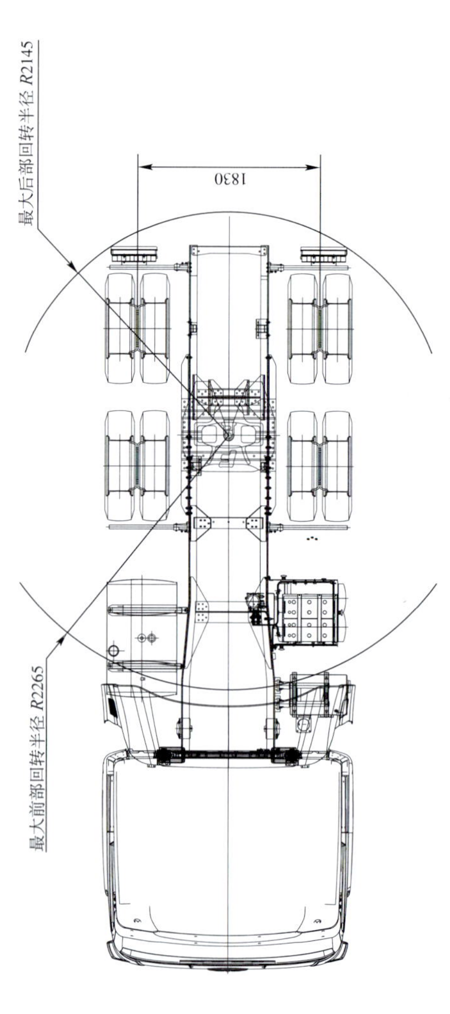

图3 车辆尺寸参数图（单位：mm）

3 车辆主要总成配置

CA4259P2K2T1EA80型6×4半挂牵引车主要总成配置如表1所示。

车辆主要总成配置表 表1

车辆型号	CA4259P2K2T1EA80	达标车型编号	Q0141831
主要总成配置	规格/型号	生产厂家	
驾驶室总成（高顶/低顶）	新大威2010版平地板高顶环绕内饰全浮天窗加长150驾驶室	一汽解放青岛汽车有限公司	
底盘总成	CA4259P2K2T1EA80	一汽解放青岛汽车有限公司	
发动机总成	锡柴CA6DM2-42E3	一汽解放公司无锡柴油机厂	
变速器总成	陕齿12JSD200TA	陕西法士特齿轮有限责任公司	
离合器总成	伊顿ϕ430	伊顿工业（无锡）有限公司	
前轴总成	7t	青岛海通车桥有限公司	
中、后轴总成	13t	一汽解放有限公司车桥分公司 山东蓬翔汽车有限公司车桥厂 青岛青特众力车桥有限公司	
燃油箱总成	600L/1101015-D858S	青岛众意汽车零部件有限公司	
牵引座总成	50号	青岛城阳联谊机械有限公司	
ABS装置	4S4M/VIE ABS-II	上海万捷汽车控制系统有限公司	
轮胎	12R22.5	山东玲珑轮胎股份有限公司	
缓速控制装置	发动机制动 发动机排气制动	一汽解放公司无锡柴油机厂 瑞立科技有限公司	
气制动连接器	3520015/20A242	万安科技有限公司	
带有行车记录仪的GPS	JL203A	航天科技控股集团股份有限公司	
制动器总成	3514010-D160	万安科技有限公司	

七 陕西汽车集团有限责任公司

陕西汽车集团有限责任公司（简称陕汽，图1），总部位于陕西省西安市。中国第一辆“延安”SX250重型军用越野车诞生在陕汽，彻底结束了我军“有炮无车”的历史。“延安”重型军用越野车先后参加了35周年、50周年和60周年国庆阅兵仪式，受到国务院和中央军委的多次嘉奖。建厂至今，共生产各类汽车60余万辆。

图1 陕西汽车集团有限责任公司

陕汽主要从事商用车和汽车零部件的开发、生产、销售及相关的汽车服务贸易和金融业务，是国家选型对比试验后保留的唯一指定装备，是我军的重型军用越野车生产基地和首批汽车出口基地企业，也是我国西北地区最大的制造型企业和唯一的新能源商用车生产企业。

近年来，陕汽推进服务型制造模式，加快技术创新，充分发挥产学研合作优势，形成了重型军用越野车、重型载货汽车、中型载货汽车、大中型客车、中轻型载货汽车、微型车、新能源汽车、重型车桥、微型车桥、康明斯发动机及汽车零部件等多品种、宽系列的产品格局。并拥有“延安”、“德龙”、“奥龙”、“欧舒特”、“华山”、“福家”等自主品牌。

在新能源领域，陕汽成功开发出CNG、LNG大功率天然气重型载货汽车、CNG、LNG客车底盘、双燃料、混合动力、电动微型车和低速纯电动车型等新能源汽车产品。

展望未来，按照“做强重载货汽车，做大商用车，培育新的增长点，实现可持续发展”的战略，陕汽将加快产业结构调整步伐，在继续做好重型汽车发展的同时，力求形成重、中、轻、微以及大客车等产品系列的科学组合，把陕汽建成国际一流的服务型汽车企业集团。

① SX4257NR324Z型6×4半挂牵引车

SX4257NR324Z型6×4半挂牵引车是陕汽集团引进德国MAN技术经过升级而成的中高端产品，采用陕汽集团特有黄金产业链的动力总成资源，配备“天行健”车联网系统，在安全性、可靠性、舒适性、动力性、经济性等方面具有较大的优势。

1 车辆主要技术特点

（1）低油耗

①动力匹配优化，潍柴省油柴油机+法士特12挡（带超速挡）变速器+汉德13tMAN技术单级减速桥。

②动力总成优化，潍柴D转速柴油机（额定转速1900γ/min），低速大转矩。第二代博世电控高压喷射系统，更精准燃油喷射，更优化雾化燃烧系统，动力避开高转速高油耗区域，经济转速更宽广。通过研究不同轮胎滚动阻力，匹配更加节油的315/80R22.5无内胎子午线轮胎，经济性更好。

③动力附件配置优化，潍柴低转速省油动力配合燃油水寒宝+电磁离合风扇+自卸荷空气压缩机+WP多功率省油开关+优化供油MAP图。

④“天行健”车队管理，通过天行健车联网服务系统，车载智能终端（智尊、智雅版）管理网站、呼叫中心三大系统，提供车队管理，清晰掌控驾驶员行为和油耗数据，协助企业改善驾驶员行为，降低车辆油耗。

（2）车体轻

①高强度轻量化车架系统，德国MAN技术新结构高强度变宽单层车架（前940mm，后850mm如图2所示）；通过优化设计和有限元分析，使车架质量减少3%。

图2　变宽单层车架

②高强度轻量化悬架系统，欧洲领先全新前、后少片钢板弹簧（轻量化断开式平衡轴）悬架如图3所示。

图3　悬架系统

（3）高可靠性

①德国MAN技术，军车品质，德龙F3000整车技术源自欧洲MAN平台，融入纯正的欧洲“血统”。

②“黄金”产业链。发动机搭载潍柴最新动力平台，合理匹配，专门定制。专供陕汽潍柴低转速省油柴油机80万km无大修。法士特大中心距变速器，独特主箱双中间轴结构，副箱采用细高斜齿设计，中心距由148.18mm加大为155mm，寿命提高2~3倍。汉德MAN技术7.5t前轴和13t单级桥，成熟可靠。

③智能化电器。油气管路全面升级，全面升级后整车CAN总线系统，配合车身中央控制器，提高了整车电器系统通信的可靠性；底盘系统通过油气电管路模块化分装设计，整车整合布置，优化管路

走向，提高管路防护能力，借助整车阀体全面升级和整合，可靠性大幅提升。

（4）安全性

驾驶室内外装备安全环保，德龙F3000驾驶室应用原装德国MAN升级模具，车身采用高强度屈服张力板材，德国ABB等知名机器人激光无缝焊接技术，如图4所示。钢性骨架缓冲结构；通过欧洲“ECE -R29”严格碰撞试验检测，加装窄体驾驶室防撞横梁，配合ABS+WEVB发动机制动系统，有效高达55%制动效能，捍卫人车安全；美国VISTEON（伟世通）内饰（如图5所示），绿色材质，低碳环保。

图4　机器人焊接

图5　VISTEON（伟世通）内饰

（5）舒适性

①驾驶室标配四点全浮式空气悬架。

②标配可根据人体自重和路面情况自动调节座椅刚度的空气气囊座椅。

③标配电动门窗。

④标配电控自动恒温空调。

SX4257NR324Z型6×4半挂牵引车如图6所示。

2 车辆尺寸参数

SX4257NR324Z型6×4半挂牵引车尺寸参数，如图7所示。

a）正面图

b）侧面图

图6　SX4257NR324Z型6×4半挂牵引车

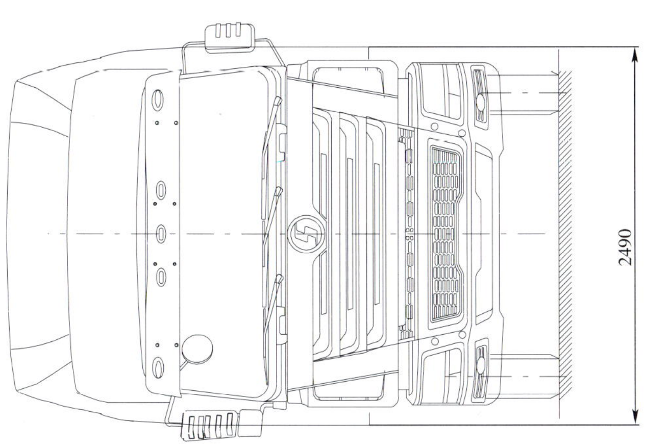

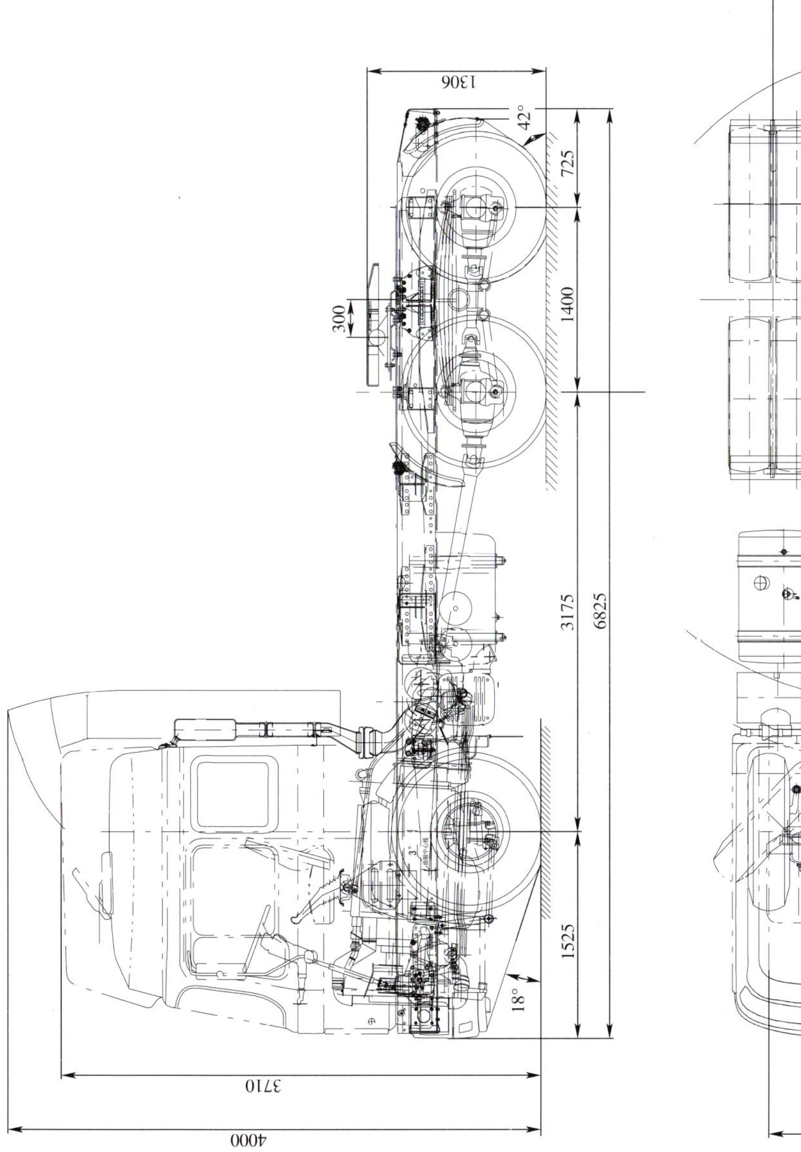

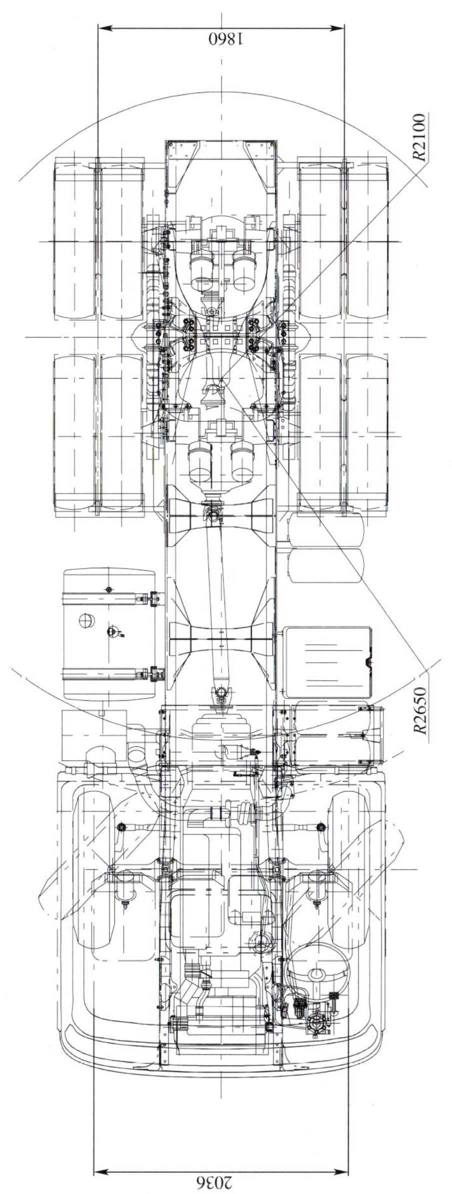

图7　车辆尺寸参数图（单位：mm）

3 车辆主要总成配置

SX4257NR324Z型6×4半挂牵引车主要总成配置如表1所示。

车辆主要总成配置表　　表1

车辆型号	SX4257NR324Z	达标车型编号	Q0050537
主要总成配置	规格/型号	生产厂家	
驾驶室总成（高顶/低顶）	高顶	陕西重型汽车有限公司	
底盘总成	SX4257NR324Z	陕西重型汽车有限公司	
发动机总成	WP12.375N	潍柴动力股份有限公司	
变速器总成	12JSD160TA	陕西法士特齿轮有限公司	
离合器总成	ϕ430mm膜片弹簧离合器	桂林福达股份有限公司	
前轴总成	MAN7.5t前轴	陕西汉德车桥有限公司	
中、后轴总成	MAN13t级单级桥	陕西汉德车桥有限公司	
燃油箱总成	DZ9114552740	西安德仕汽车零部件有限责任公司	
牵引座总成	JSK35DV2	约斯特（中国）汽车部件有限公司	
ABS装置	ZQFB-V	西安正昌电子有限公司	
轮胎	315/80R22.5 16PR	双钱轮胎	
缓速控制装置	WEVB辅助排气制动	潍柴动力股份有限公司	
气制动连接器	与挂车气路连接接口外径ϕ25.5mm，内径ϕ15mm	玉环江南机电有限公司	
带有行车记录仪的GPS	HQG-BOS-3107	杭州鸿泉数字设备有限公司	
制动器总成	前轴：ϕ410×160mm 后桥：ϕ410×220mm	陕西汉德车桥有限公司	

2 SX4256NT384TLZ型6×4半挂牵引车

SX4256NT384TLZ型6×4半挂牵引车是全面应用陕汽柴油车优化技术提升成果，整车质量更轻、燃气消耗更低、可靠性更高。德龙F3000天然气牵引车标配天行健智雅版智能服务终端，在安全性、可靠性、舒适性、动力性、经济性等方面具有较大的优势。

1 车辆主要技术特点

（1）可靠性

①凭借潍柴WP12天然气发动机（如图8所示）、法士特大中心距变速器（如图9所示）、汉德顶级驱动桥总成（如图10所示），品质可靠。

②变宽度车架（如图11所示），车辆稳定性更好，气瓶布置更合理。

（2）动力性

①采用潍柴WP12NG380E40发动机，功率高达280kW。

②最高车速可达100km/h以上，完全满足高速物流运输需求。

（3）安全性

①驾驶室内外装备安全环保，德龙F3000驾驶室应用原装德国MAN升级模具，车身采用高强度屈服张力板材，德国ABB等知名机器人激光无缝焊接技术（如图12所示），钢性骨架缓冲结构；通过欧洲“ECE-R29”严格碰撞试验检测，加装窄体驾驶室防撞横梁，捍卫人车安全；美国VISTEON（伟世通）内饰（如图13所示），绿色材质，低碳环保。

图8　潍柴WP12天然气发动机

图9　法士特大中心距变速器

图10　汉德驱动桥

图11　变宽度车架

图12　机器人焊接

图13　VISTEON（伟世通）内饰

②天然气辛烷值高，抗爆性好，不易发生燃烧和爆炸。

③天然气与空气混合气体的爆炸极限为5%～15%，比柴油与空气混合后爆炸极限（1.5%～4.5%）高2.3～9倍。

④气瓶安全可靠，经跌落试验（高9m自由落体）、550℃火烧试验，气瓶安全阀2小时内不起跳。

（4）经济性

①使用天然气相比传统柴油可节省燃料成本40%以上。

②创新LNG自增压技术（如图14所示），完美融合成本和技术，应用美国伍德沃德WoodWard2.0电控燃气发动机技术，控制更精确，可靠性更高。

图14　自增压LNG气瓶

③动力匹配优化，采用最佳动力匹配方案，使天然气消耗更低。

④天行健车载终端（如图15所示）通过驾驶员行为方案分析，持续改进驾驶员不良驾驶行为，协助用户高效节能驾驶，减少成本支出。

图15　天行健智雅版车载终端

（5）舒适性

①驾驶室标配4点全浮式空气悬架。

②标配可根据人体自重和路面情况自动调节座椅刚度的空气气囊座椅。

③标配电动门窗。

④标配电控自动恒温空调。

SX4256NT384TLZ半挂牵引车如图16所示。

2 车辆尺寸参数

SX4256NT384TLZ型6×4半挂牵引车尺寸参数如图17所示。

a)正面图

b)侧面图

图16　SX4256NT384TLZ型6×4半挂牵引车

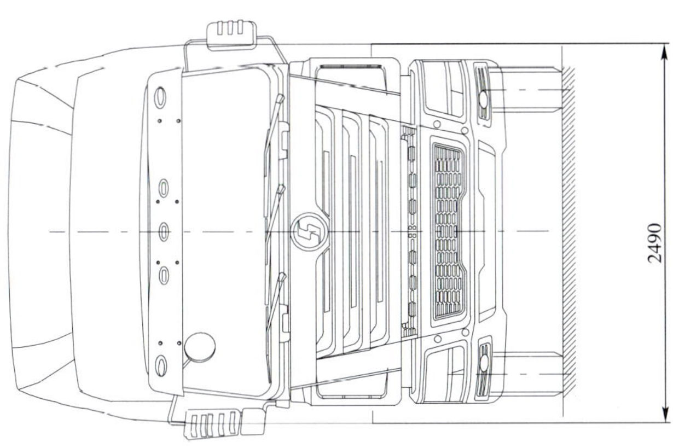

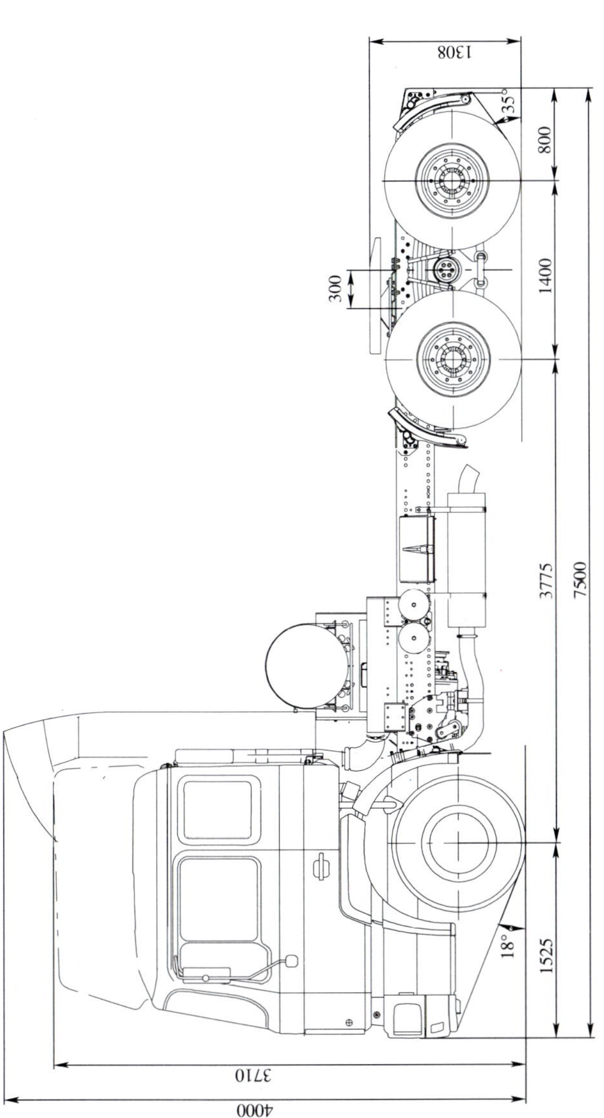

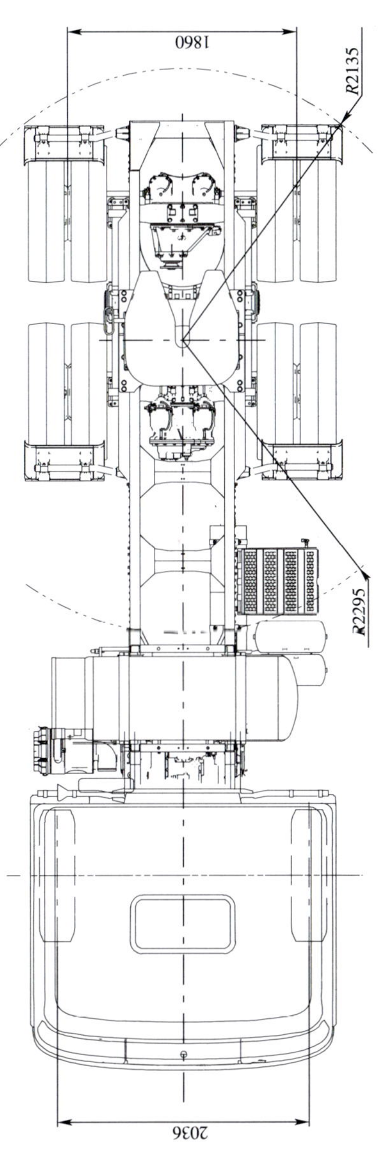

图17　车辆尺寸参数图（单位：mm）

③ 车辆主要总成配置

SX4256NT384TLZ型6×4半挂车主要总成配置如表2所示。

车辆主要总成配置表　　表2

车辆型号	SX4256NT384TLZ	达标车型编号	LNG车型暂不要求
主要总成配置	规格/型号	生产厂家	
驾驶室总成（高顶/低顶）	高顶	陕西重型汽车有限公司	
底盘总成	SX4256NT384TLZ	陕西重型汽车有限公司	
发动机总成	WP12NG380E40	潍柴动力股份有限公司	
变速器总成	12JSD160TA	陕西法士特齿轮有限公司	
离合器总成	ϕ430mm膜片弹簧离合器	桂林福达股份有限公司	
前轴总成	MAN7.5t前轴	陕西汉德车桥有限公司	
后轴总成	MAN13t级单级桥	陕西汉德车桥有限公司	
LNG气瓶总成	CDPW600-450-1.59	西安德森新能源装备有限公司	
牵引座总成	JSK35DV2	约斯特（中国）汽车部件有限公司	
ABS装置	ZQFB-V	西安正昌电子有限公司	
轮胎	12R22.5 16PR	山东玲珑轮胎股份有限公司	
缓速控制装置	排气制动	济南百惠汽车零部件有限责任公司	
气制动连接器	与挂车气路连接接口外径ϕ25.5mm，内径ϕ15mm	玉环江南机电有限公司	
带有行车记录仪的GPS	HQG-BOS-3107	杭州鸿泉数字设备有限公司	
制动器总成	前轴：ϕ410mm×160mm 后桥：ϕ410mm×220mm	陕西汉德车桥有限公司	

3 SX4187GR361型4×2半挂牵引车

SX4187GR361型4×2半挂牵引车是陕汽集团打造的轻量经济型重型载货汽车，采用陕汽集团特有“黄金”产业链的动力总成资源，配备“天行健”车联网系统，在安全性、可靠性、舒适性、动力性、经济性等方面具有较大的优势。

① 车辆主要技术特点

（1）车体轻

①全新宽2240mm轻量化驾驶室，欧洲低风阻V型设计理念，车身浑然一体。

②车架宽850mm直大梁结构，低碳合金钢6000t液压机一次冲压成型，车架质量更轻、屈服强度提高近50%，承载力、稳定性及抗扭性更高。

③新一代高强度材料，少片钢板弹簧结构设计，如图18所示。在保证车辆承载能力的同时，增加了行驶的平顺性。

图18　少片钢板弹簧

④可选轻量化配置：铝壳变速器（如图19所示）、铝合金轮辋、铝合金油箱、轻量化牵引座（如图20所示）、铝合金储气筒，使其质量更轻。

图19 铝壳变速器

图20 轻量化牵引座

（2）低油耗

①模块化设计，潍柴轻量化WP10型发动机，对燃烧系统、供油系统进行了优化，配合大截面进气道，三级中置式滤清系统，燃油雾化效果更好，燃烧更充分，整车油耗更低，是雷霆动力与燃油经济的完美统一。

②依据工况，通过CRUISE软件优化实验，提供合理化动力匹配方案，整车动力传输效率提高30%，经济车速更高，整车油耗更低。通过研究不同轮胎滚动阻力，匹配更加节油型12R22.5无内胎子午线轮胎，经济性更好。

③配备天行健车联网服务系统，通过车载智能终端（智尊、智雅版）、管理网站、呼叫中心三大系统，提供车队管理，清晰掌控驾驶员行为和油耗数据，协助企业改善驾驶员行为，降低车辆油耗。

（3）可靠性

①搭载潍柴WP10系列发动机，历经8万小时台架试验和整车运行道路试验，其可靠性等技术指标明显提高。

②法士特9挡变速器，如图21所示。独特的主箱双中间轴、副箱双中间轴结构设计，噪声更低、传动效率更好、使用寿命更长。

图21 法士特大中心距变速器

③汉德MAN技术前轴和驱动桥（如图22所示），采用“管式内涨式冷成型”技术。

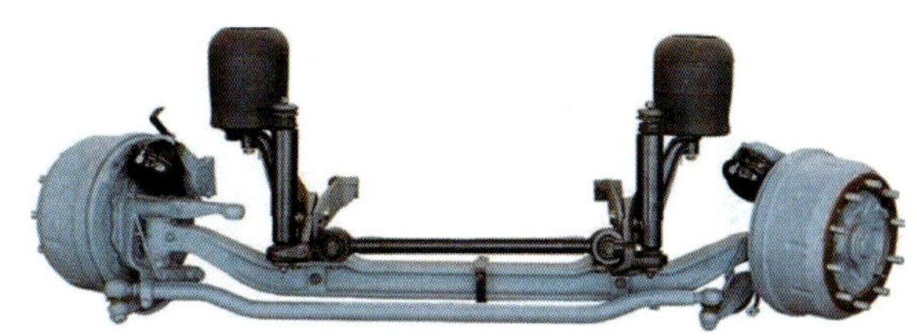

a)汉德MAN前轴

b)汉德MAN驱动桥

图22 汉德MAN技术前轴和驱动桥

④实施驾驶室和车架全浸式阴极电泳处理技术，耐腐蚀性好，抗振性好，整车防腐能力和产品质量引领行业标准。

（4）舒适性

①T形环岛式仪表台；集成自动空调、自动车窗、步进电机仪表、大后窗，超宽卧铺和可调转向盘，如图23所示。国际化设计理念，使驾驶控制更方便。

图23　M3000驾驶室内饰

②标配可根据人体自重和路面情况自动调节座椅刚度的空气气囊座椅，减小驾驶员劳动强度，体现人性化设计。

③车门双密封条，独有的驾驶室封闭设计，有效降低噪声及微尘进入，尽享静谧洁净驾乘空间；自动恒温空调配合定时外循环和活性炭空气过滤系统，洁净清新，心系驾驶员健康。

④流线型整体式后视镜，配合3个示廓灯、2个示廓灯的遮阳罩，带转向灯功能的挡泥板和组合式前照灯系统，视野更开阔，行车更安全。

SX4187GR361半挂牵引车如图24所示。

2 车辆尺寸参数

SX4187GR361型4×2半挂牵引车尺寸参数如图25所示。

a)正面图

b)侧面图

图24　SX4187GR361型4×2半挂牵引车

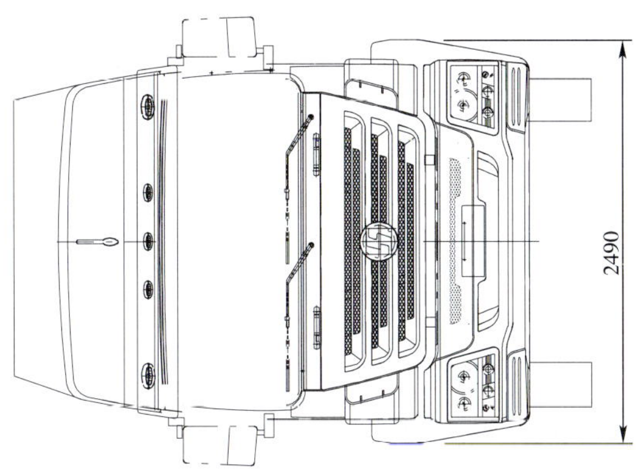

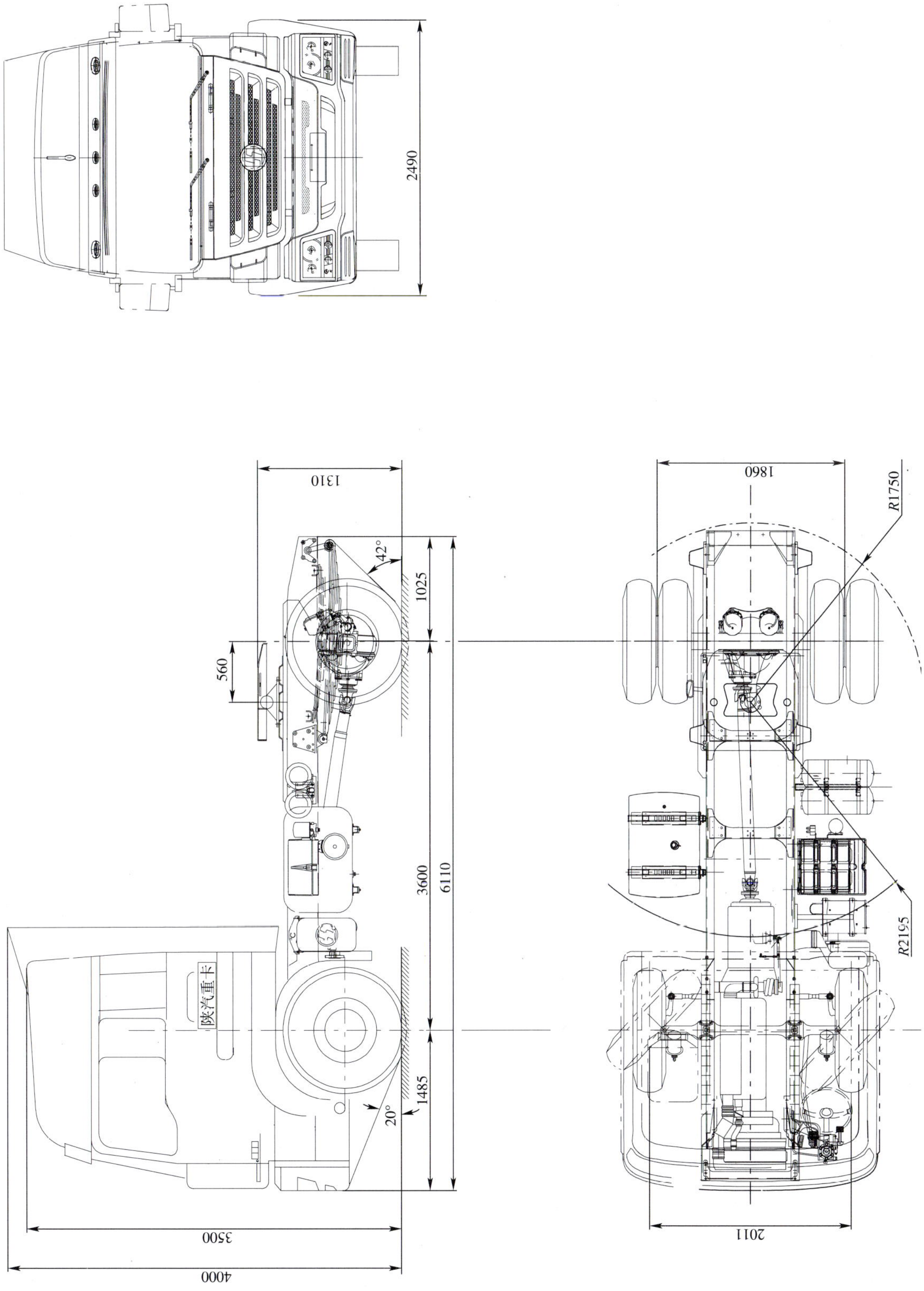

图25　车辆尺寸参数图（单位：mm）

3 车辆主要总成配置

SX4187GR361型4×2半挂牵引车主要总成配置如表3所示。

车辆主要总成配置表　　表3

车辆型号	SX4187GR361	达标车型编号	Q0191030
主要总成配置	规格/型号	生产厂家	
驾驶室总成（高项/低项）	高项	湖北齐星汽车车身股份有限公司	
底盘总成	SX4187GR361	陕西重型汽车有限公司	
发动机总成	WP10.290E32	潍柴动力股份有限公司	
变速器总成	9JS135	陕西法士特齿轮有限公司	
离合器总成	ϕ430mm膜片弹簧离合器	桂林福达股份有限公司	
前轴总成	MAN5.5t前轴	陕西汉德车桥有限公司	
后轴总成	MAN13t级单级桥	陕西汉德车桥有限公司	
燃油箱总成	DZ9114552740	西安德仕汽车零部件有限责任公司	
牵引座总成	JSK35DV2	约斯特（中国）汽车部件有限公司	
ABS装置	ZQFB-V	西安正昌电子有限公司	
轮胎	12R22.5 18PR	山东玲珑轮胎股份有限公司	
缓速控制装置	WEVB辅助排气制动	潍柴动力股份有限公司	
气制动连接器	与挂车气路连接接口外径ϕ25.5mm，内径ϕ15mm	玉环江南机电有限公司	
带有行车记录仪的GPS	HQG-BOS-3107	杭州鸿泉数字设备有限公司	
制动器总成	前轴：ϕ400mm×150mm 后桥：ϕ410mm×220mm	陕西汉德车桥有限公司	

4 SX4186GR361TL型4×2半挂牵引车

SX4186GR361TL型4×2半挂牵引车是全面应用陕汽轻量化经济型重型载货汽车优势，生产的天然气汽车，整车自重更轻、气耗更低、可靠性更高。采用陕汽集团特有“黄金”产业链的动力总成资源，配备“天行健”车联网系统，在安全性、可靠性、舒适性、动力性、经济性等方面具有较大的优势。

1 车辆主要技术特点

（1）车体轻

①整车采用宽2240mm轻量化窄体驾驶室，欧洲低风阻V型设计理念，车身浑然一体。

②车架采用进口高强度合金钢，经6000t液压机一次冲压成型，通过CAE模拟优化设计，采用宽850mm直大梁车架结构，使车架质量更轻、屈服强度提高近50%。

③高强度轻量化悬架系统；应用少片钢板弹簧设计理念，新一代高强度材料少片钢板弹簧结构设计，在保证车辆承载能力的同时，增加了行驶的平顺性，有效降低整车质量。

④轻量化设计动力总成；采用质量更轻的潍柴WP10型天然气发动机，匹配轻量化设计而成的汉德MAN5.5t前轴。

（2）低气耗

①创新LNG自增压技术，如图26所示。完美融合成本和技术，装备WP10NG系列最新天然气发动机，应用美国WoodWard2.0电控燃气发动机技术，控制更精确，可靠性更高。

图26　自增压LNG气瓶

②动力匹配优化，采用最佳动力匹配方案，使气耗更低。

③天行健车载终端通过驾驶员行为方案分析，持续改进驾驶员不良驾驶行为，协助用户高效节能驾驶，减少成本支出。

（3）可靠性

整车核心总成源自陕汽黄金产业链，装备潍柴发动机，法士特大中心距变速器，如图27所示。

图27　法士特大中心距变速

（4）舒适性

①驾驶室采用T形环岛式仪表台；集成自动空调，自动车窗，步进电机仪表，大后窗，超宽卧铺和可调转向盘，如图28所示。国际化设计理念，使驾驶控制更方便。

②标配可根据人体自重和路面情况自动调节座椅刚度的空气气囊座椅，减小驾驶员劳动强度，体现人性化设计。

③车门双密封条，独有的驾驶室封闭设计，有效降低噪声及微尘进入，尽享静谧洁净驾乘空间；自动恒温空调配合定时外循环和活性炭空气过滤系统，洁净清新，心系驾驶员健康。

④流线型整体式后视镜，配合3个示廓灯、2个示廓灯的遮阳罩，带转向灯功能的挡泥板和组合式前照灯系统，视野更开阔，行车更安全。

图28　M3000驾驶室内饰

SX4186GR361TL型4×2半挂牵引车如图29所示。

2 车辆尺寸参数

SX4186GR361TL型4×2半挂牵引车尺寸参数如图30所示。

a)正面图

b)侧面图

图29　SX4186GR361TL型4×2半挂牵引车

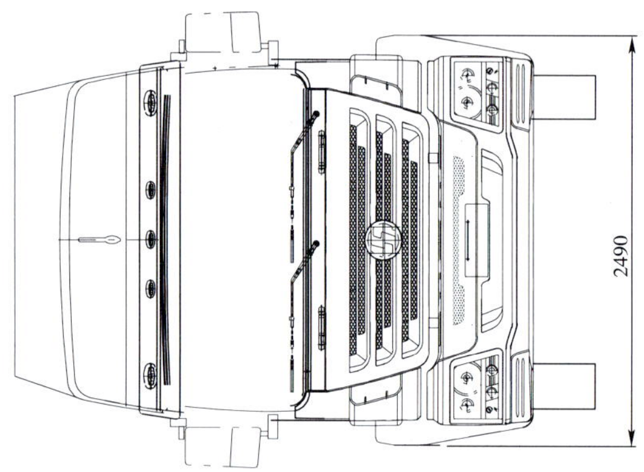

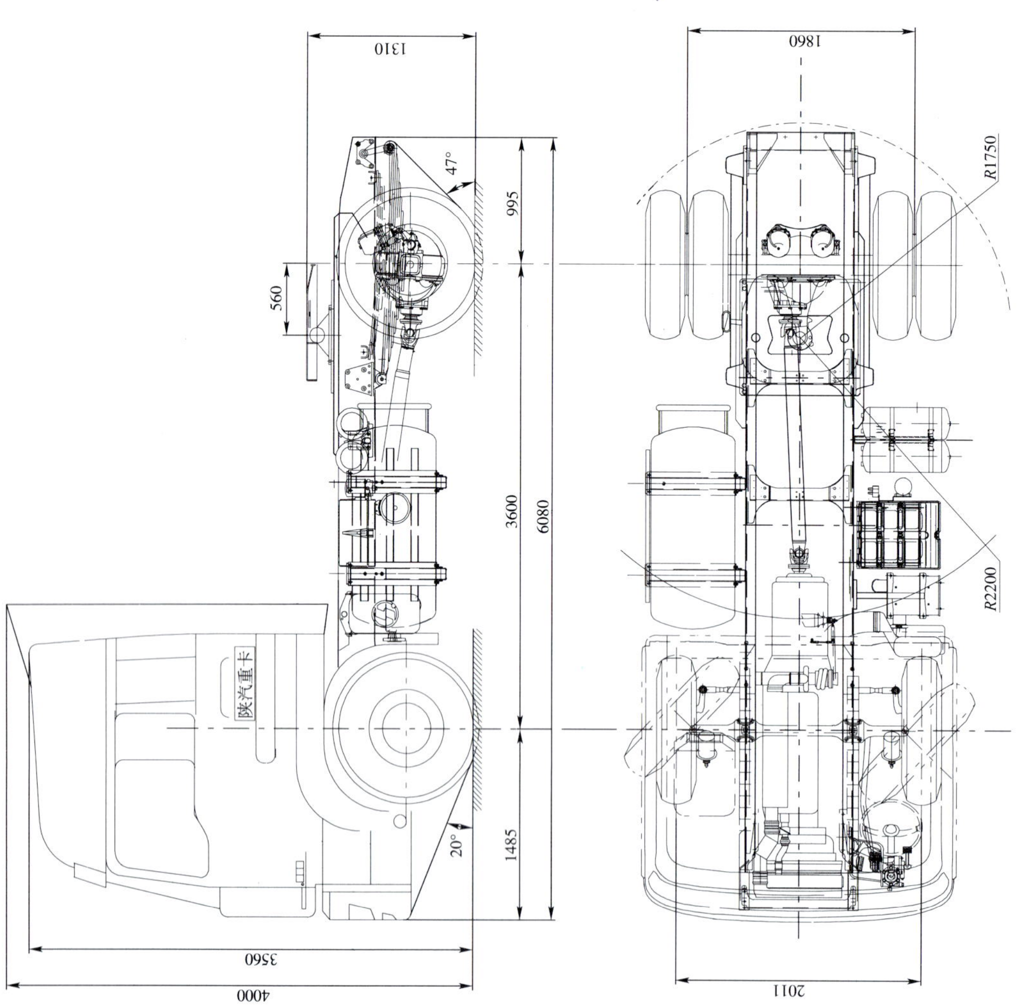

图30　车辆尺寸参数图（单位：mm）

3 车辆主要总成配置

SX4186GR361TL型4×2半挂牵引车主要总成配置，如表4所示。

车辆主要总成配置表　　表4

车辆型号	SX4186GR361TL	达标车型编号	LNG车型暂不要求
主要总成配置	规格/型号	生产厂家	
驾驶室总成（高顶/低顶）	高顶	湖北齐星汽车车身股份有限公司	
底盘总成	SX4186GR361TL	陕西重型汽车有限公司	
发动机总成	WP10NG336E40	潍柴动力股份有限公司	
变速器总成	9JS135	陕西法士特齿轮有限公司	
离合器总成	ϕ430mm膜片弹簧离合器	桂林福达股份有限公司	
前轴总成	MAN5.5t前轴	陕西汉德车桥有限公司	
后轴总成	MAN13t级单级桥	陕西汉德车桥有限公司	
LNG气瓶总成	CDPW600-450-1.59	西安德森新能源装备有限公司	
牵引座总成	JSK35DV2	中国第一汽车集团公司四平专用汽车厂	
ABS装置	ZQFB-V	西安正昌电子有限公司	
轮胎	12R22.5 18PR	山东玲珑轮胎股份有限公司	
缓速控制装置	排气制动	济南百惠汽车零部件有限责任公司	
气制动连接器	与挂车气路连接接口外径ϕ25.5mm，内径ϕ15mm	玉环江南机电有限公司	
带有行车记录仪的GPS	HQG-BOS-3107	杭州鸿泉数字设备有限公司	
制动器总成	前轴：ϕ400mm×150mm 后桥：ϕ410mm×220mm	陕西汉德车桥有限公司	

八 上汽依维柯红岩商用车有限公司

上汽依维柯红岩商用车有限公司（简称红岩公司，图1）是由上汽依维柯商用车投资有限公司与重庆机电控股（集团）公司共同投资成立的重型汽车生产企业。

图1　上汽依维柯红岩商用车有限公司

红岩公司位于重庆市北部新区，注册资本13亿元。现已投资20多亿元在重庆北部新区新建年产8万辆整车生产基地，并继续着力打造拥有特色红岩桥、ZF转向器等关键零部件的双桥生产基地，成为我国举足轻重的重型汽车制造基地之一。

红岩公司前身是四川汽车制造厂，是20世纪60年代中期经国务院批准，引进法国贝利埃军车技术兴建的我国第一个高起点重型军用越野汽车生产基地，有着40多年重型汽车专业制造经验。

2006年9月18日，在中、意两国总理的共同见证下，股东方正式签署《上汽依维柯商用车投资有限公司与重庆重型汽车集团有限责任公司重型汽车战略合作协议》；2007年6月15日，上汽依维柯红岩商用车有限公司正式挂牌成立，揭开了合资公司新的发展篇章。

红岩公司现有职工6000余人，16个部门，1个技术中心，专业技术人员1100多人，其中高级工程师180多人，国家级汽车专家6人。

合资公司引进了具有国际先进水平和竞争力的依维柯品牌原型车技术，按照国家的产业政策，生产依维柯品牌的高端车，满足高端市场需求；采用依维柯公司的许可技术，利用现有的平台，开发多款技术先进、实用、安全和具有成本优势的“红岩”品牌重型车，满足中端市场需求；在现有的平台上，结合依维柯公司的先进技术，继续提升自主“红岩”产品，使其尾气排放达到国Ⅲ及以上标准。

红岩公司坚持“坚韧、人本、卓越、奉献”的价值观，通过3~5年的努力，实现整车和整车关键零部件的主营业务收入超过250亿元人民币的经营目标。把红岩公司建成为一个国内领先、国际一流、具有良好社会形象、实现企业与员工和谐共赢的重型汽车样板企业。最终实现“铸就商用车领域成功企业的典范”的企业愿景。

① CQ4254HTVG324V型6×4半挂牵引车

CQ4254HTVG324V型6×4半挂牵引车是引进意大利获“欧洲之星”殊荣的IVECO “STRALIS”系列产品重型载货汽车技术，核心零部件采用IVECO原装配件，整车制造完全按照IVECO的标准，保证车辆使用可靠性；该车在中国经过3年120项的适应性改进，主要零部件经过严格的欧洲标准测试，可靠性高。

1 车辆主要技术特点

（1）人性化的驾驶室

①由法拉利设计师精心设计，更符合东方人的体型；IVECO的品牌技术，IVECO的原配驾驶室和CURSOR发动机。

②低噪声设计给驾驶员创造好的心情和工作环境。

③欧洲成熟CAN总线技术，仪表板显示信息丰富，驾驶员随时掌握整车状况。

④宽大驾乘空间，驾驶视野好，被誉为“全景工作室”，高顶驾驶室最大内空高度达到2.2m。

⑤驾驶室采用全钢结构，铁皮最厚达到1.5mm，为驾乘人员提供精心保护。

（2）欧洲卓越澎湃动力

①CURSOR发动机是IVECO的原配动力。采用博世第三代高压共轨等世界先进发动机技术，具有功率大、维护周期长的优点。

②CURSOR发动机辅助制动效能优异，为用户提供了更好的安全保障。卓越的制动性能有效降低制动摩擦片的磨损。

（3）轻量化高强度车架

①高强度的低碳合金钢轻量化车架，前宽后窄结构，采用变截面单层大梁，总成优化设计。

②IVECO标准严格台架试验验证，完成3万km实验场综合道路测试，超负荷变载荷弯曲累计10万次试验，不开裂，不变形；扭曲试验每个角度10万次，不开裂，良好的品质保证了其使用寿命的增加；大幅度提高抗扭曲和抗冲击能力，屈服强度提高近50%。

（4）V形推力杆后平衡悬架

有效防止车桥移位，一般的直推力杆只能防止中后桥前后移位，V形推力杆后平衡悬架可以防止中后桥前后移位和左右移位。

（5）抛物线少片钢板弹簧设计

采用了抛物线少片钢板弹簧，有效减轻车身质量；在保证车辆承载能力的同时也提高了行驶的平顺性、舒适性。

CQ4254HTVG324V半挂牵引车如图2所示。

2 车辆尺寸参数

CQ4254HTVG324V型6×4半挂牵引车尺寸参数如图3所示。

a)正面图

b)侧面图

图2　CQ4254HTVG324V型6×4半挂牵引车

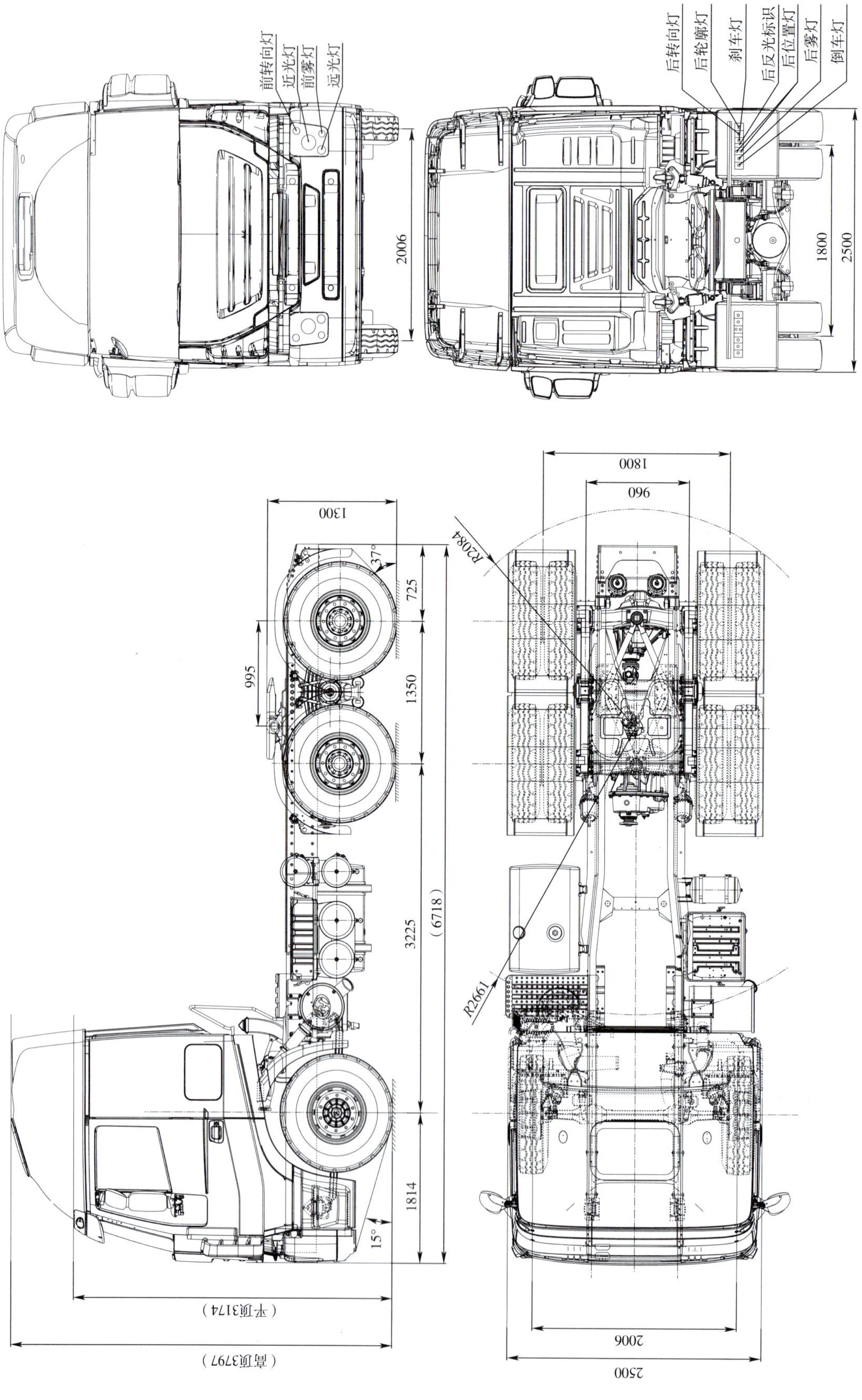

图3　车辆尺寸参数图（单位：mm）

3 车辆主要总成配置

CQ4254HTVG324V型6×4半挂牵引车主要总成配置如表1所示。

车辆主要总成配置表　　表1

车辆型号	CQ4254HTVG324V	达标车型编号	Q0141551
主要总成配置	规格/型号	生产厂家	
驾驶室总成	高顶/H	上汽依维柯红岩商用车有限公司	
底盘总成	CQ425HTVG324V	上汽依维柯红岩商用车有限公司	
发动机总成	F2CE0681B*B052	上汽菲亚特红岩动力总成有限公司	
变速器总成	12JS160TA	陕西法士特齿轮有限公司	
离合器总成	ϕ430mm/1601-400000	桂林福达股份有限公司	
前轴总成	5801308675	上汽依维柯红岩商用车有限公司	
中、后轴总成	中桥5801361161 后桥5801362189	上汽依维柯红岩商用车有限公司	
燃油箱总成	400L/1101-500401	重庆三工机电制造有限公司	
牵引座总成	BH-QD50E	镇江市宝华半挂车配件有限公司	
ABS装置	446 004 310 0	WABCO	
轮胎	315/80R22.5	固铂成山（山东）轮胎有限公司 山东玲珑轮胎有限公司 青岛黄海橡胶股份有限公司 杭州中策橡胶有限公司	
缓速控制装置	气门制动+3506-16180 （排气制动碟阀）	上汽菲亚特红岩动力总成有限公司 四川柯世达汽车配件有限公司	
气制动连接器	CZ9100369008 CZ9100369009	玉环江南机电有限公司	
带有行车记录仪的GPS	ZD-R03 HF-7201 BNT4000HG	广州兆达电子科技有限公司 北京华力创通科技股份有限公司 成都亿盟恒信科技有限公司	
制动器总成	后焊接制动蹄HZ9000340070 后制动鼓HZ9112340006	重庆市双桥区中帝汽车配件制造有限公司 湖北全力机械集团股份有限公司 四川省富邦钒钛制动鼓有限公司	

2 CQ4184HTVG351V型4×2半挂牵引车

CQ4184HTVG351V型4×2半挂牵引车是引进意大利获“欧洲之星”殊荣的IVECO “STRALIS”系列产品重型载货汽车技术，核心零部件采用IVECO原装配件，整车制造完全按照IVECO的标准，保证车辆使用可靠性；该车在中国经过3年120项的适应性改进，主要零部件经过严格的欧洲标准测试，可靠性高。

1 车辆主要技术特点

（1）人性化的驾驶室

①由法拉利设计师精心设计，更符合东方人的体型；IVECO的品牌技术，IVECO的原配驾驶室和CURSOR发动机。

②低噪声设计给驾驶员创造好的心情和工作

环境。

③欧洲成熟CAN总线技术，仪表板显示信息丰富，驾驶员随时掌握整车状况。

④宽大驾乘空间，驾驶视线好，被誉为“全景工作室”，高顶驾驶室最大内空高度达到2.2m。

⑤驾驶室采用全钢结构，铁皮最厚达到1.5mm，为驾乘人员提供精心保护。

（2）欧洲卓越澎湃动力

①CURSOR发动机是IVECO的原配动力。采用博世第三代高压共轨等世界先进发动机技术，具有功率大、维护周期长的优点。

②CURSOR发动机辅助制动效能优异，为用户提供了更好的安全保障。卓越的制动性能有效降低制动摩擦片的磨损。

（3）轻量化高强度车架

①高强度的低碳合金钢轻量化车架，前宽后窄结构，采用变截面单层大梁，总成优化设计。

②IVECO标准严格台架实验验证，完成3万km实验场综合道路测试，超负荷变载荷弯曲累计10万次试验，不开裂，不变形；扭曲试验每个角度10万次，不开裂，良好的品质保证了其使用寿命的增加；大幅度提高抗扭曲和抗冲击能力，屈服强度提高近50%。

（4）抛物线少片钢板弹簧设计

采用了抛物线少片钢板弹簧，有效减轻车身质量。在保证车辆承载能力的同时也提高了行驶的平顺性、舒适性。

CQ4184HTVG351V型4×2半挂牵引车如图4所示。

2 车辆尺寸参数

CQ4184HTVG351V型4×2半挂牵引车尺寸参数如图5所示。

a）正面图

b）侧面图

图4　CQ4184HTVG351V型4×2半挂牵引车

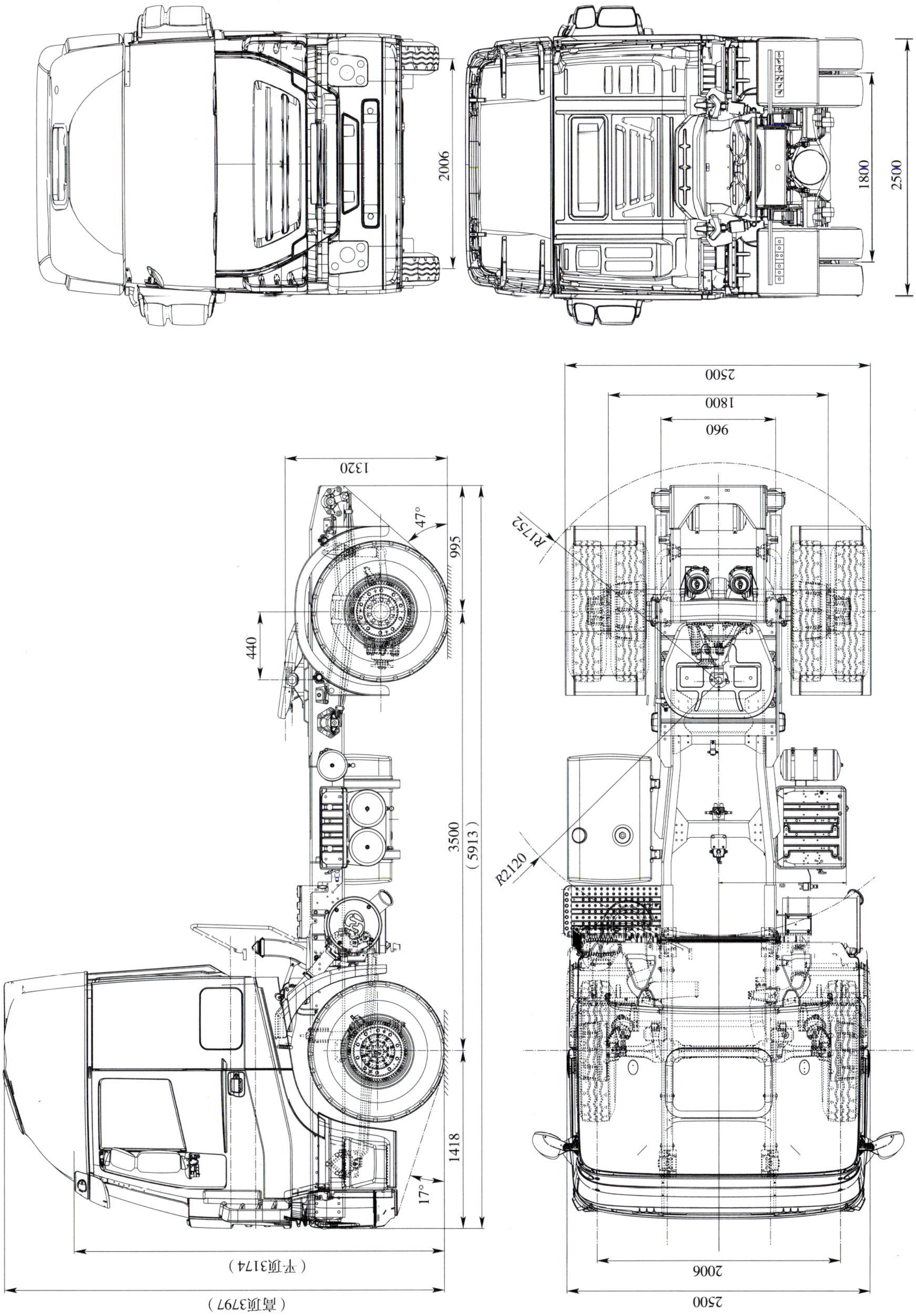

图5 车辆尺寸参数图（单位：mm）

③ 车辆主要总成配置

CQ4184HTVG351V型4×2半挂牵引车主要总成配置如表2所示。

车辆主要总成配置表 表2

车辆型号	CQ4184HTVG351V	达标车型编号	Q0160605
主要总成配置	规格/型号	生产厂家	
驾驶室总成	高顶/H	上汽依维柯红岩商用车有限公司	
底盘总成	CQ4184HTVG351V	上汽依维柯红岩商用车有限公司	
发动机总成	F2CE0681B*B052	上汽菲亚特红岩动力总成有限公司	
变速器总成	12JS160TA	陕西法士特齿轮有限公司	
离合器总成	ϕ430mm/1601–400000	桂林福达股份有限公司	
前轴总成	5801308675	上汽依维柯红岩商用车有限公司	
后轴总成	5801361147	上汽依维柯红岩商用车有限公司	
燃油箱总成	400L/1101-500401	重庆三工机电制造有限公司	
牵引座总成	BH-QD50E	镇江市宝华半挂车配件有限公司	
ABS装置	446 004 310 0	WABCO	
轮胎	295/80R22.5	固铂成山（山东）轮胎有限公司 山东玲珑轮胎有限公司 青岛黄海橡胶股份有限公司 杭州中策橡胶有限公司	
缓速控制装置	排气制动+3506–16180 （排气制动碟阀）	上汽菲亚特红岩动力总成有限公司 四川柯世达汽车配件有限公司	
气制动连接器	CZ9100369008 CZ9100369009	玉环江南机电有限公司	
带有行车记录仪的GPS	ZD–R03 HF–7201 BNT4000HG	广州兆达电子科技有限公司 北京华力创通科技股份有限公司 成都亿盟恒信科技有限公司	
制动器总成	后焊接制动蹄HZ9000340070 后制动鼓HZ9112340006	重庆市双桥区中帝汽车配件制造有限公司 湖北全力机械集团股份有限公司 四川省富邦钒钛制动鼓有限公司	

九 北京福田戴姆勒汽车有限公司

北京福田戴姆勒汽车有限公司（以下简称福田戴姆勒汽车，图1）是北汽福田汽车股份有限公司与德国戴姆勒股份公司及戴姆勒东北亚投资有限公司合资设立的一家中外合资企业。该公司于2012年2月18日成立，2012年7月1日正式运营。该公司注册资本56亿元人民币，福田汽车和戴姆勒双方的股比为50：50，该公司现有在册员工5864人，注册地址设在中国北京市怀柔区红螺东路21号。

图1 北京福田戴姆勒汽车有限公司

北京福田戴姆勒汽车有限公司生产的产品包括：欧曼牌中、重型载货汽车；排放达到欧V标准的戴姆勒OM457重型汽车柴油发动机。

北京福田戴姆勒汽车有限公司下设董事会办公室、11个职能部门以及技术中心、欧曼工厂、发动机工厂、营销公司4个运营作业部。

北京福田戴姆勒汽车有限公司生产的欧曼品牌产品未来可以通过戴姆勒的营销网络进行海外销售，同时国产的戴姆勒重型汽车发动机可以装备到欧曼重型载货汽车上，提升欧曼重型载货汽车在中国以及新兴市场的竞争力，从而可以实现合资双方在国内、国外两个市场的互补和利益分享。

北京福田戴姆勒汽车有限公司通过了ISO 9001:2008版质量管理体系认证、国家军标质量管理体系（ISO 9001B:2009）认证、环境/职业健康安全管理体系（GB/T 24001—2004、GB/T-28001—2001）认证。

本着“塑造一流品质，追求顾客满意”的质量方针，北京福田戴姆勒汽车有限公司产品开发瞄准高标准，生产高质量产品，而且售后服务网络覆盖全国；北京福田戴姆勒汽车有限公司积极承担社会责任，注重环保、职工健康安全建设，被国家安全生产监督管理总局授予“一级安全生产标准化制造企业”。福田戴姆勒汽车将一如既往地弘扬创新精神，追求社会、股东和员工更加满意！

BJ4183SLFKA-6型4×2半挂牵引车

BJ4183SLFKA-6型4×2半挂牵引车（图2）采用了WP12.336N发动机＋12JSD180TA变速器＋13T/4.38斯太尔后桥优化配置，采用ϕ430mm单片拉式膜片弹簧离合器，前宽后窄车架。

北京福田戴姆勒汽车有限公司与发动机厂共同针对该车型动力系统进行了优化匹配开发，同时采用了新结构、新技术进行了轻量化设计，使整车动力性、经济性得到了进一步提升。

该车型采用国内成熟的发动机总成，发动机可靠性高，大修里程突破120万km；变速器采用了大中心距的结构，车辆在起步、重载爬坡等恶劣环境下行驶，能够更好地保护齿轮，故障更少，出勤率更高。

1 车辆主要技术特点

（1）整车采用多项节油技术

本车型采用了节油版动力总成，性能进一步优化，包括低转速、大转矩、优化燃烧、精确控制喷油，使经济性更好；配置进一步提升，包括电磁恒温扇、燃油水寒宝、节能空压机、WP多功率省油开关。

（2）整车优化设计

①通过对动力系统的再优化匹配设计，对驾驶室独特的流线造型，提高驾驶室舒适性配置，节能环保。

②适宜全天候和多地域使用。以高速公路为主，环境温度-30℃～40℃、海拔3000m以下的全国各地区均适宜使用。

（3）采用了轻量化设计技术

采用了多项新结构、新技术，使整车质量更轻。

2 车辆尺寸参数

BJ4183SLFKA-6型4×2半挂牵引车尺寸参数如图3所示。

a)正面图

b)侧面图

图2　BJ4183SLFKA-6型4×2半挂牵引车

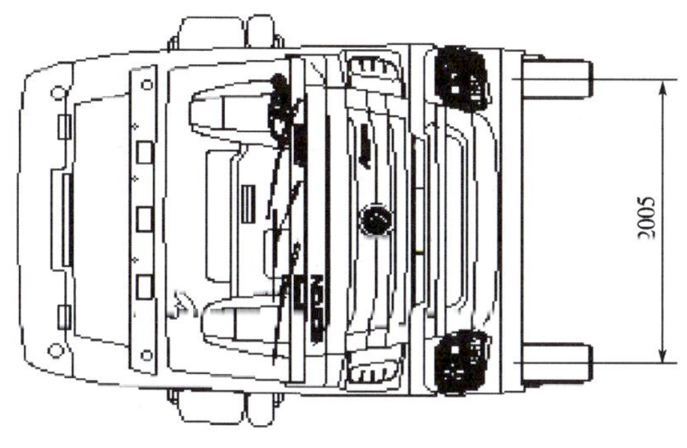

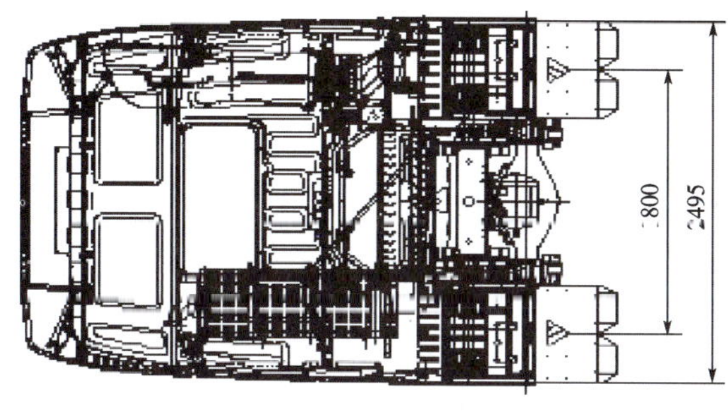

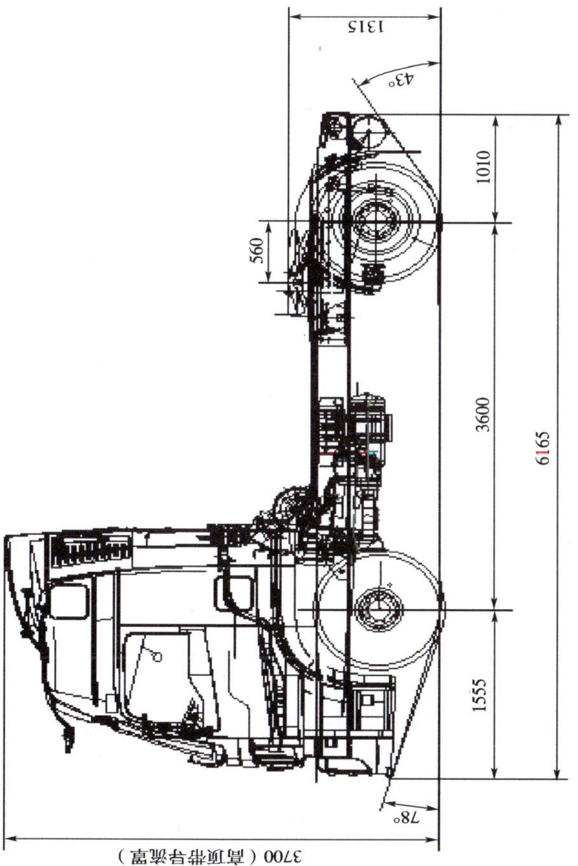

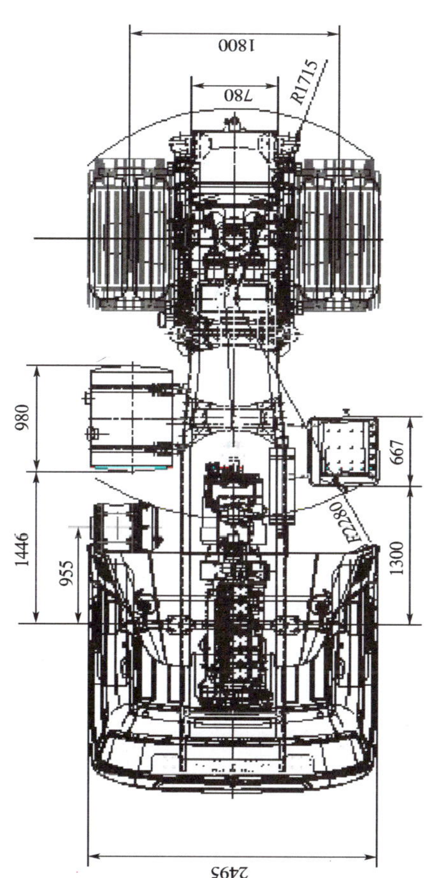

图3　车辆尺寸参数图（单位：mm）

3 车辆主要总成配置

BJ4183SLFKA-6型4×2半挂牵引车主要总成配置如表1所示。

车辆主要总成配置表　　表1

车辆型号	BJ4183SLFKA-6	达标车型编号 Q0130684
主要总成配置	规格/型号	生产厂家
驾驶室总成（高顶/低顶）	2490高顶	北京福田戴姆勒汽车有限公司
底盘总成	BJ4183SLFKA-6	北京福田戴姆勒汽车有限公司
发动机总成	WP12.336N	潍柴动力股份有限公司
变速器总成	12JSD180TA	陕西法士特齿轮有限责任公司
离合器总成	ϕ430mm，拉式膜片弹簧离合器	安融（北京）国际机电有限公司
前轴总成	6.5t	北京三环恒力车桥有限公司 青岛青特众力车桥有限公司
后轴总成	13t/4.38	青岛青特众力车桥有限公司 安徽安凯福田曙光车桥有限公司
燃油箱总成	420L/YX420DEE	诸城市海得威机械有限公司 山东阳光泰利科技有限公司
牵引座总成	50#（QD50D）	镇江市宝华半挂车配件有限公司
ABS装置	4S/4M（3550X-1010）	WABCO/东风电子科技股份有限公司
轮胎	12R22.5　18PR	佳通轮胎（中国）投资有限公司 山东玲珑轮胎股份有限公司 杭州中策橡胶有限公司 青岛双星轮胎工业有限公司
缓速控制装置	发动机排气制动	潍柴动力股份有限公司 济南百惠汽车零部件有限公司 浙江亿日气动科技有限公司
气制动连接器	蝶形接头	青岛青特众力车桥有限公司
带有行车记录仪的GPS	HVT100BD1	上海航盛实业有限公司
制动器总成	G-40-F	北京三环恒力车桥有限公司

十 包头北奔重型汽车有限公司

包头北奔重型汽车有限公司（图1）总部设在包头市，拥有总资产35.43亿元，总占地面积达190万m^2。自1988年引进德国奔驰公司8~20t整车的全套生产技术和工艺装备，1996年正式通过国家验收以来，公司在上级部门及地方政府的关怀和支持下，经过十几年的发展，达到了年产重卡10万台的生产能力，快速成长为一个跨包头、重庆、蓬莱、北京、新疆五地，集重型汽车、客车、改装车、车身、车桥、变速器、客车底盘等整车及大部件研发、生产、销售、服务为一体的现代化大型商用车企业。

图1 包头北奔重型汽车有限公司

多年来，公司牢牢把握“技术先进、质量可靠、绿色环保、物有所值”的北奔重卡品牌内涵，及“安全、可靠、高效、节油”的产品内涵，在对引进技术及国内外高新技术进行消化吸收的同时，根据市场需求不断进行自主创新，载质量8~25t、牵引质量30~60t，包括载货、自卸、牵引、专用底盘等多系列共计千余种车型，涵盖了重型汽车（N_3类）的全部范围，可以满足购买者的不同需求。目前广泛用于邮政、石油、化工、铁路、公路、物流、抢险、银行、港口、水电、林业、消防、城市建设、电视转播等民用领域，同时迅速覆盖占国内重型车购买力80%以上的中小企业及私营运输户市场。产品远销俄罗斯、埃及、巴基斯坦、新加坡、阿联酋、沙特、哈萨克斯坦、叙利亚、南非、苏丹、阿曼、蒙古、泰国、印度尼西亚、孟加拉、古巴等百余个国家。其中，标志着公司北奔重型汽车产品升级换代且具有自主知识产权的“V3”系列新车型于2010年成功上市，并已迅速占领市场。

公司于1997年通过GB/T 19001—1994和GJB/Z 9001—96军民品质量体系认证；2003年又通过了ISO 9001—2000标准和GJB 9001A—2001标准军民品质量体系认证，同年取得GB/T 19002完善计量检测体系合格证书并通过了国家汽车产品CCC认证；2004年公司通过了ISO 14001环境管理体系认证。

ND42512B32J7型6×4半挂牵引车

ND42512B32J7型6×4牵引车是以欧洲现行产品为标杆开发而成的系列产品之一，结合目前北奔重汽最成熟的NG80平台及最先进的V3驾驶室技术，整车采用模块化设计思想，并利用CAE分析技术进行优化、轻量化设计，适用于中长途运输。该车的设计既采用了国内外领先的公路型牵引车设计理念，又结合中国运输工况及驾驶人驾乘习惯，是北奔重型汽车有限公司于2010年推出的一款集安全、经济、舒适、高效、美观、环保的主打公路型牵引车。

1 车辆主要技术特点

（1）车架承载能力大、可靠性高

在成熟的NG80平台下，通过专利技术改造重型汽车前部为非整体式局部加宽车架，如图2所示，能够实现重型车辆车架前部安装散热器、中冷器、风扇部位加宽的需要，满足了空调冷凝器在中冷器前端面集成的空间要求；为车辆前部防钻装置提供了安装支撑，增加前下部防钻装置，满足ECE R93 要求。

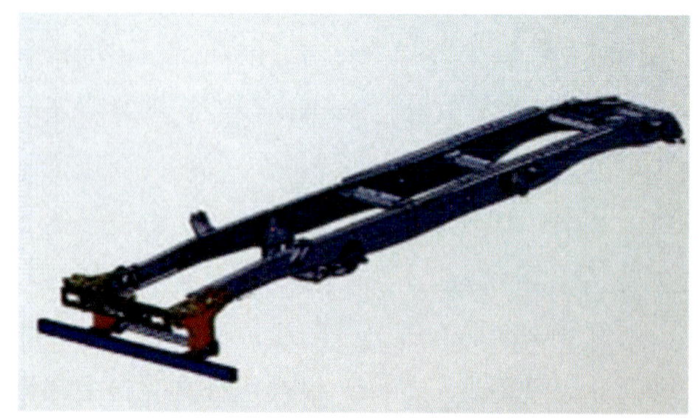

图2　非整体式局部加宽车架

（2）动力系统技术成熟、经济性好、可靠性高

动力系统，如图3所示，采用了潍柴发动机与陕齿变速器的黄金组合，成熟的技术、良好的匹配，大幅度提升了整车的经济性、可靠性。同时由于车辆设计之初，大量采用了模块化设计理念，可以灵活地根据客户需要选配其他动力组合从而提升了产品的市场适应性。

a)潍柴发动机

b)陕齿变速器

图3　动力系统

（3）驾驶室美观人性化、安全性、舒适性、可靠性高

V3新驾驶室，如图4所示是包头北奔重型汽车有限公司研制的新一代重型汽车驾驶室，全新的白车身、全新的内、外饰，匹配北奔优化底盘。丰富的配置组合，舒适惬意的空间让工作变成旅行，倾心打造安全、舒适、耐久的新一代重型汽车!

（4）电器操控系统可靠性高、自动化程度高

整车采用了CAN总线控制技术，西门子总线系统，具有短路保护和断路诊断及功率测试功能（部分），如果出现短路和断路等则组合仪表

会自动报警提醒驾驶员。组合仪表采用西门子独有专利的步进电机控制，精度高，稳定性好，寿命长，故障率低，能大大降低仪表故障率高的现象。液晶显示屏采用橙色背光，主要用于车辆信息显示，发动机，整车线路，ABS等系统的故障报警，能大大减少故障检修的时间。电器操控系统如图5所示。

图4　V3驾驶室

图5　电器操控系统

装配符合推荐车型技术要求的行驶记录仪，采用大容量数据采集技术和存储技术，能详细记录车辆行驶里程、行驶时间、最高车速等工作状况，自动生成图形和数据，进行统计、比较、分析，极大地方便了用户（管理部门）根据所记录的数据对车辆进行有效的管理。同时，为交通管理部门准确了解界定交通事故发生的原因和公正处理提供了科学、权威的依据。对保证车辆行驶安全，具有重要的意义，同时产品通过了国家3C认证和E-MARK认证。

（5）制动系统安全性高、可靠性高、制动效能强、热稳定性良好、噪声小

标配ABS，如图 6 所示，满足车辆在空载和满载时进行安全制动；阀类正常使用情况下，可靠性寿命不低于100万次；制动系统压力为不小于10Bar。制动性能符合目前ECE　R13标准规定及GB 12676、GB 7258中的规定。

图6　制动系统

（6）悬挂系统采用了断开式平衡悬架和少片簧的结构。

①采用V形推力杆结构，主要承受横向力，保证车桥定位稳定、准确，可省掉限位板，装配简化；杆内的橡胶球铰减振降噪，免维护寿命长。

②可选装液压筒式减振器，更好地吸收来自地面的冲击，使振动能量迅速衰减。

③变刚度设计的橡胶支座，使得空载偏频降低，满载时缓减板簧与车桥之间的冲击与振动，提高了整车的平顺性。

④带有稳定杆的结构，增加整车的抗侧倾能力，提高整车的稳定性。

⑤优化板簧结构设计，降低主片应力，有效保护主片板簧，使整体板簧刚度增加，如图7所示。

⑥平衡轴由锻造工艺改进为铸造工艺，模具成

本低、开发周期短。

⑦由于没有贯通式平衡轴，使得传动轴运动空间增大，可解决传动轴与平衡轴干涉问题。

⑧限位行程的加大有效降低重载时驱动桥所受的冲击，降低了桥壳弯曲和漏油的几率。

⑨悬架质量轻，较传统悬架减轻约50kg，增加整车的承载量，提高了运营效益。

⑩匹配设计模块化，可实现761、860两种车架的匹配。

ND42512B32J7型6×4半挂牵引车如图8所示。

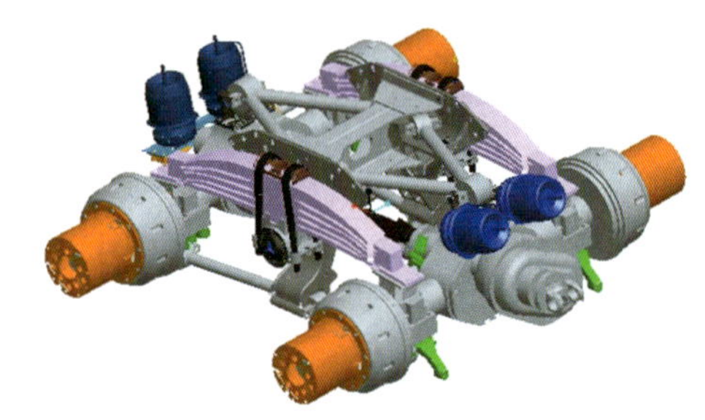

图7　悬架系统

2 车辆尺寸参数

ND42512B32J7型6×4半挂牵引车尺寸参数如图9所示。

a)正面图

b)侧面图

图8　ND42512B32J7型6×4半挂牵引车

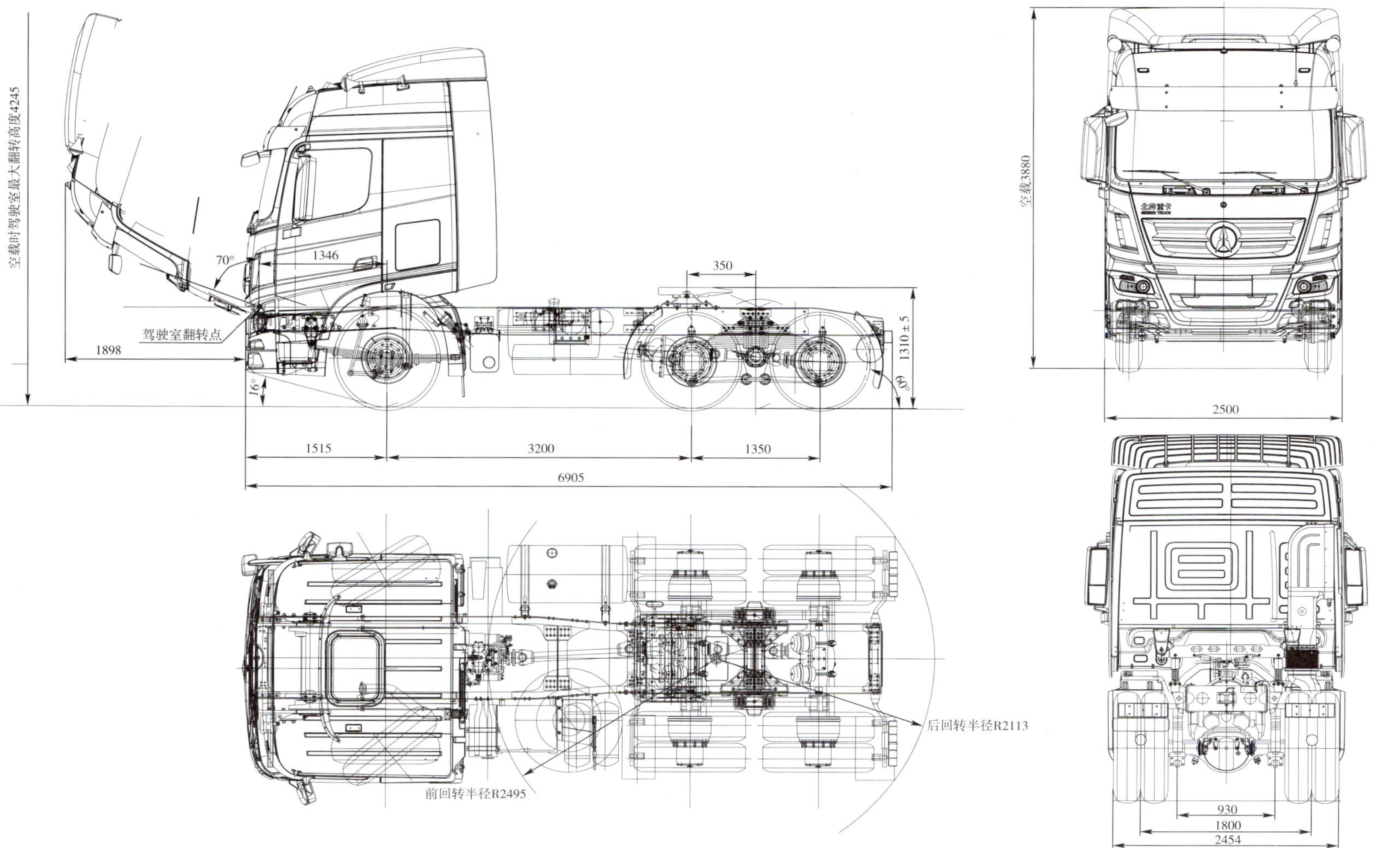

图9 车辆尺寸参数图（单位：mm）

3 车辆主要总成配置

ND42512B32J7型6×4半挂牵引车主要总成配置如表1所示。

车辆主要总成配置表　　表1

车辆型号	ND42512B32J7	达标车型编号	Q0190329
主要总成配置	规格/型号	生产厂家	
驾驶室总成（高顶/低顶）	高顶	包头北奔重型汽车有限公司	
底盘总成	ND42512B32J7	包头北奔重型汽车有限公司	
发动机总成	WP10.380E32	维柴动力股份有限公司	
变速器总成	12JS200TA	法士特齿轮有限公司	
离合器总成	Valeo430	萨克斯汽车零部件系统（上海）有限公司	
前轴总成	VL4/10D-6.5	包头北奔重型汽车有限公司	
中、后轴总成	HD8/14DG-13/4.11	山东蓬翔汽车有限公司	
燃油箱总成	300L/276 470 00 01	青岛普天汽车配件有限公司	
牵引座总成	50#/500 370 00 02	约斯特（中国）汽车部件有限公司	
ABS装置	ABS-E 4S/4M	威伯科汽车控制系统（中国）有限公司	
轮胎	315/80R22.5	三角轮胎有限公司	
缓速控制装置	发动机排气辅助制动	维柴动力股份有限公司	
气制动连接器	掌式气制动接头（带限位装置）	浙江瑞立集团	
带有行车记录仪的GPS	HVT100-车载终端	上海航盛实业有限公司	
制动器总成	前桥：规格 410×160×18 后桥：规格 400×200×18	包头北奔重型汽车有限公司车桥公司 山东鹏翔汽车有限公司	

十一 广汽日野汽车有限公司

广汽日野汽车有限公司（图1）是由广州汽车集团股份有限公司与日野自动车株式会社各按50%出资共同设立的合资企业，成立于2007年11月28日，注册资金15亿元，按照“一个项目、二个基地”的方式重组广州羊城汽车有限公司和沈阳沈飞日野汽车制造有限公司。从化基地主要生产日野牌重型汽车、牵引车及羊城牌系列轻型汽车和驱动桥等关键总成，计划首期形成年产重型汽车2万台、轻型汽车3万台的规模。沈阳基地则在保留现有商用客车系列产品的基础上引进日野多功能量产商用客车，计划年产客车整车4000辆、底盘5000台。

广汽日野产品引进日本日野先进技术，针对中国市场进行全新设计和开发，采用先进的新技术、新材料、新工艺，为重型汽车系列产品的先进性、可靠性提供了完美的品质保证，成功地促进了日野核心技术与当今国内卡车最先进制造技术的全面结合，品质与日本日野同步，打造出世界一流商用车。

2009年9月21日，广汽日野从化工厂正式竣工投产，首款700系列重型汽车成功下线。2010年11月，广汽日野国Ⅳ牵引车顺利通过香港环保署废气和噪声排放型式核准认证，获得在香港上牌运营的资格；广汽日野700系列重型汽车6×4牵引车和混凝土搅拌车在第三届中国国际卡车节油大赛中分别获得了各自组别节油冠军。凭着高可靠性、高出勤率、低故障和高性价比等产品特性，以及贴心周到的售后服务，广汽日野在国内商用车市场树立了良好的口碑，产品自下线不久便赢得众多客户的青睐，迅速得到市场的认可。

公司目前已通过ISO 9000：2008质量管理体系认证，并于2012年4月经省经信委、清洁生产中心审核验收，被评为广东省清洁生产企业。

广汽日野以创建世界级商用车企业为宗旨，以提供用户满意的产品为己任，为中国商用车行业做出积极贡献。

YC4251SS2PK型6×4半挂牵引车

YC4251SS2PK型6×4半挂牵引车（图2）是广汽日野汽车有限公司700系列重型载货汽车产品。具有高品质高出勤率、舒适安全、节油环保等优点。

1 车辆主要技术特点

（1）发动机的主要参数。

①发动机型号：P11C-UR。

②发动机型式：直列，水冷，四冲程，增压中冷，电控高压共轨。

③额定功率及转速280（kW）/2100（r/min）。

（2）P11C-UR发动机特点

①先进的日本电装（DENSO）电控高压共轨喷射系统：高性能、高可靠、低油耗、低噪声、低排放。

②高次方函数凸轮型线：配气系统更高可靠性、更低机械振动噪声。

③IHI独特的径向、轴向混流式增压器：高混流效率、低油耗、大功率。

2 车辆尺寸参数

YC4251SS2PK型6×4半挂牵引车尺寸参数如图3所示。

a)正面图

b)侧面图

图2 YC4251SS2PK型6×4半挂牵引车

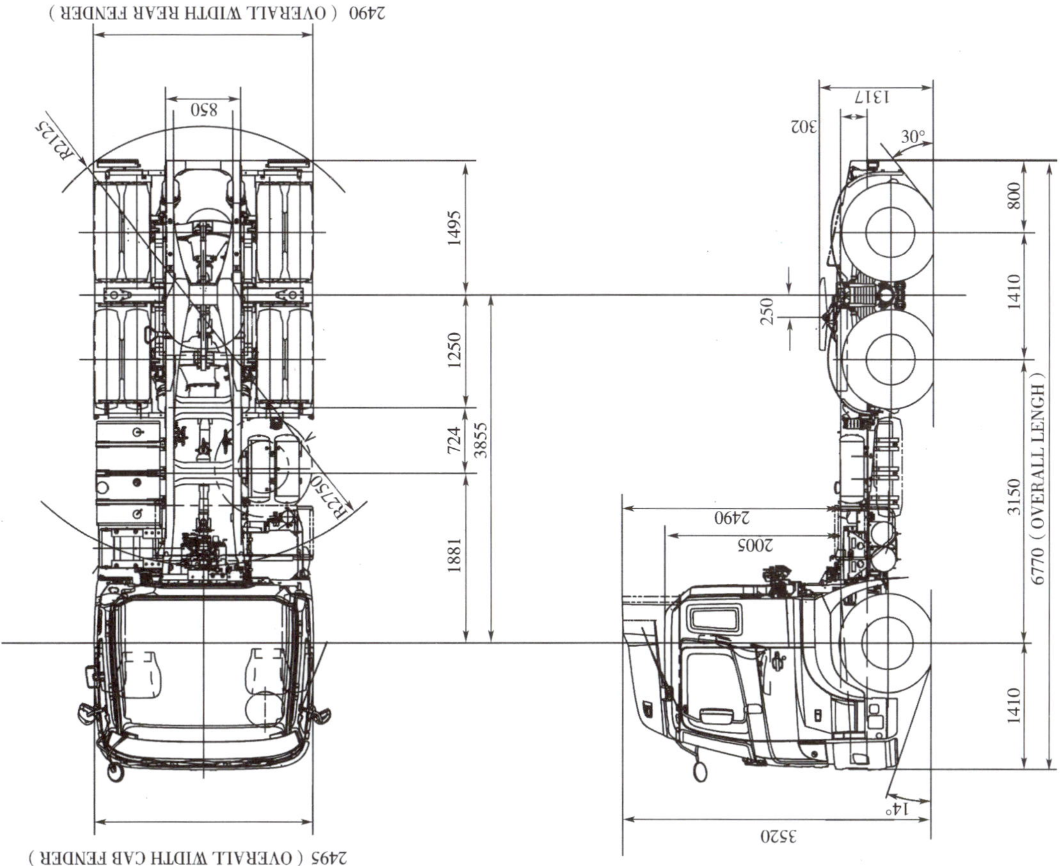

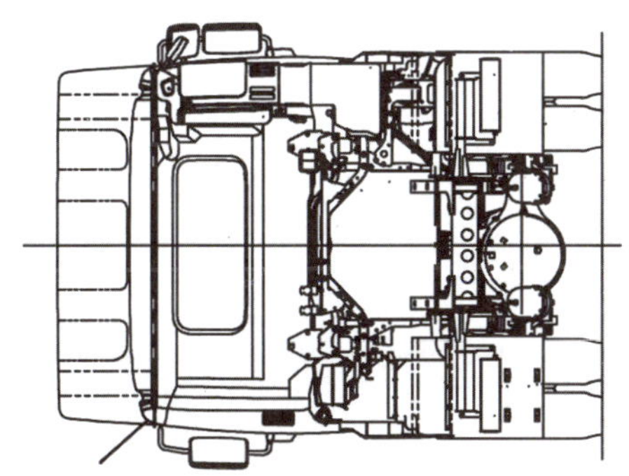

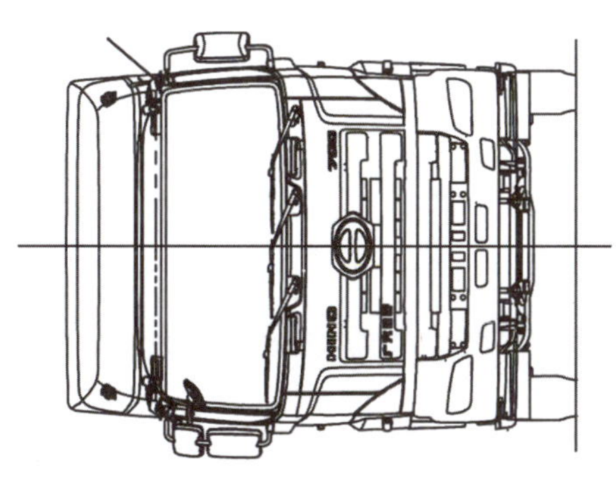

图3　车辆尺寸参数图（单位：mm）

3 车辆主要总成配置

YC4251SS2PK型6×4半挂牵引车主要总成配置如表1所示。

车辆主要总成配置表　　表1

车辆型号	YC4251SS2PK	达标车型编号	Q0090942
主要总成配置	规格/型号	生产厂家	
驾驶室总成（高顶/低顶）	700型（高顶）	广汽日野汽车有限公司	
底盘总成	YC4251SS2PK	广汽日野汽车有限公司	
发动机总成	P11C-UR	上海日野发动机有限公司	
变速器总成	ZF16S1650	采埃孚传动技术（杭州）有限公司	
离合器总成	DSF-430	爱思帝（重庆）驱动系统有限公司	
前轴总成	30ZS16D-00005	东风德纳车桥有限公司	
中、后轴总成	THD18	广汽日野汽车有限公司	
燃油箱总成	1101ZB1-001	湖北通达股份有限公司	
牵引座总成	FW78Q1	广东富华工程机械制造有限公司	
ABS装置	89540-E0040	WABCO	
轮胎	295/80R22.5	住友橡胶（常熟）有限公司	
缓速控制装置	—	—	
气制动连接器	S470VE0010/S470VE0020	艾伦（无锡）商用车部件有限公司	
带有行车记录仪的GPS	HQA-BOS-3102	杭州鸿泉数字设备有限公司	
制动器总成（前/后）	ϕ480mm×180mm/ ϕ480mm×285mm	东风德纳车桥有限公司 东风德纳车桥有限公司 广汽日野汽车有限公司	

十二　东风柳州汽车有限公司

东风柳州汽车有限公司（图1）是东风汽车集团股份有限公司和柳州市工业控股有限公司共同持股的有限责任公司，是中国国家大型一档企业和ISO 9001质量体系认证企业、国家3C认证企业。公司现有员工3000多人，资产总值60.77亿元，占地面积101.3万m^2，已形成年产8万商用车、20万乘用车的生产能力，拥有“乘龙汽车”、“霸龙重卡”、“风行汽车”等品牌。

图1　东风柳州汽车有限公司

东风柳州汽车有限公司创立于1954年，1969年开始生产汽车，是广西首家汽车生产企业；1981年加入东风汽车集团，成为集团中主要成员之一；1997年率先在集团中实现股份制改革，按公司制要求建立现代企业制度。

东风柳州汽车有限公司注重把握市场的脉搏，重视客户需求，不断开发适应市场发展、满足市场需求的高品质产品，营销、服务网络遍布全国，并打入国际市场，产品远销东盟、非洲、中东等地区。

东风柳州汽车有限公司不断借鉴、引进国内外汽车的先进设计理念、先进管理经验和先进科学技术，产品推陈出新，在东风汽车有限公司的整体发展蓝图和事业计划中，东风柳汽正向商用车、乘用车两方面发展。

在商用车方面努力向重型车、轻型车两头拓展，重点发展重型牵引车、重型自卸车及其他重型专用车。在乘用车方面以高档轻型MPV和多功能家庭轿车两驾马车推动乘用车的可持续性发展。2009年，东风柳汽销售收入突破70亿元大关；2010年销售收入取得超过120亿元的辉煌业绩；2011年，销售收入再创130亿元的新高。

随着2010年10万辆商用车新基地的奠基、8万辆乘用车扩能改造项目竣工及2011年10万辆乘用车新基地的建设，“十二五”发展期间，乘用车将推出数款新车，进入包括都市SUV等细分市场，商用车更是适应市场需求，开发上百种新车型，到2015年，东风柳州汽车有限公司将力争成为年产销商用车10万辆，乘用车20万辆的中国主流汽车企业。

霸龙康明斯M7C（LZ4257QDC）6×4半挂牵引车

霸龙康明斯M7C（LZ4257QDC）6×4半挂牵引车是东风柳州汽车有限公司与国际知名厂家康明斯强强联合，为中国运输行业量身打造的一款高效物流用车，如图2所示。

1 车辆主要技术特点

（1）省油，新一代节油重卡

①采用康明斯ISL9.5-380E30 发动机，应用多项节油技术，节油效果国内领先，同时排量提升，动力性能更出色。

②2012年9月份荣获第五届中国国际卡车节油大赛冠军。

（2）高效，最高经济车速达105km/h

①大扭矩发动机+带超速挡铝合金变速器+ 小速比后桥,经济车速75～105km/h，匹配最优。

②整车自重8.18t，较竞品轻近500kg!

（3）可靠，最高品质打造，80万km无大修

①采用康明斯发动机、WABCO制动阀、弗列加新型防水塑料空滤、约斯特牵引座、法士特变速器、伊顿拉式离合器等一系列国际知名品牌技术，充分享受高端物流商用车的高端品质。

②整车保修36个月不限里程，挑战行业可靠性最高标准。

（4）安全，全面符合欧洲安全法规，通过德国TUV认证

国内首创“龙骨式框架结构”驾驶室，符合欧洲安全标准（ECE R29）通过了德国TUV认证。

（5）舒适，大空间平地板驾驶室，移动的家

①采用平地板设计，进一步增强空间感，方便长途行车时司机交换。

②折叠式茶几、分段折叠式卧铺，方便卧铺下物品取放，丰富了卧铺的功能。

2 车辆尺寸参数

霸龙康明斯M7C（LZ4257QDC）6×4半挂牵引车尺寸参数如图3所示。

a)正面图

b)侧面图

图2　M7C（LZ4257QDC）型6×4半挂车

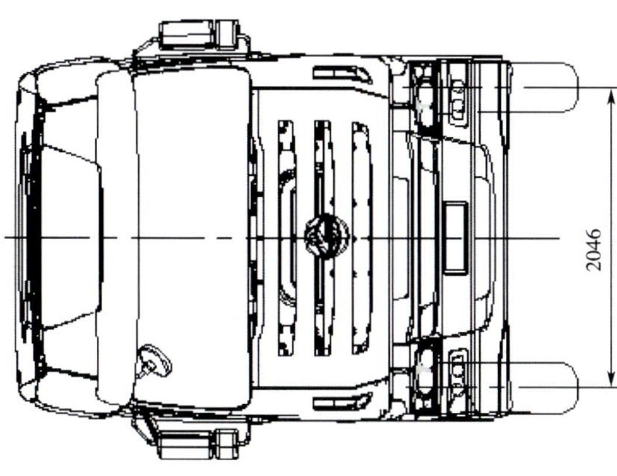

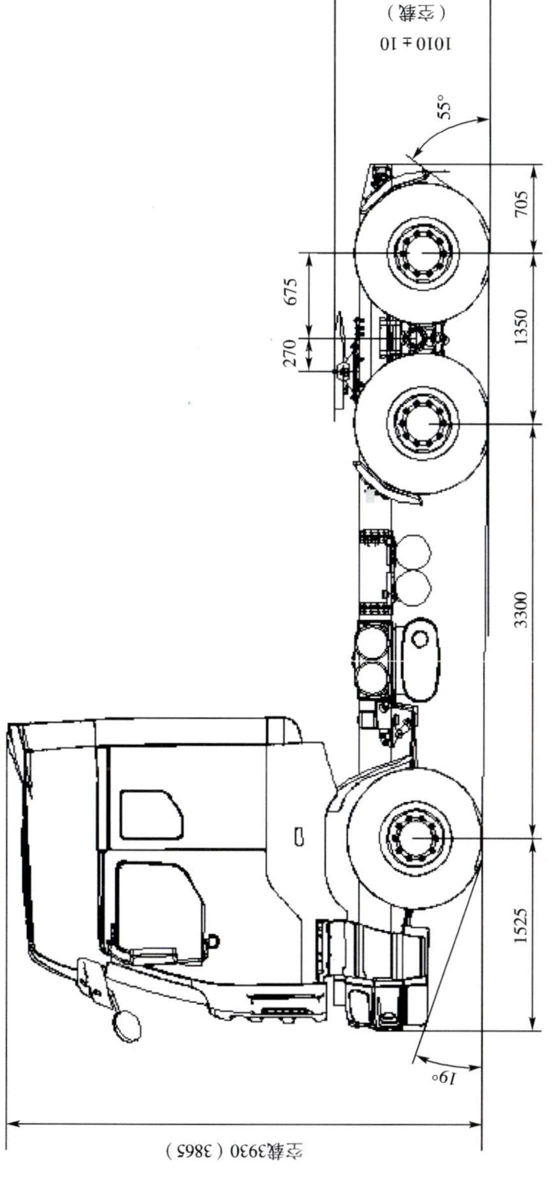

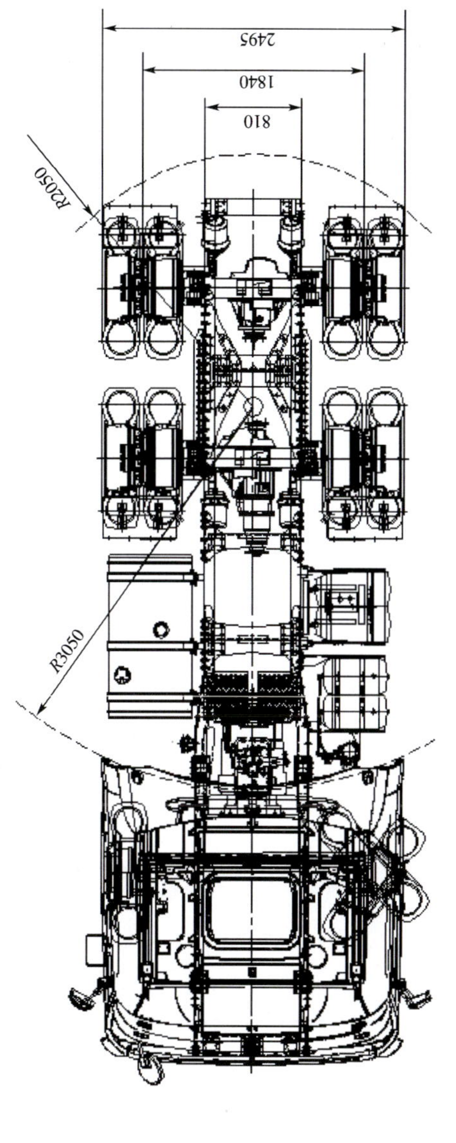

图3　车辆尺寸参数图（单位：mm）

3 车辆主要总成配置

霸龙康明斯M7C（LZ4257QDC）型6×4半挂牵引车主要总成配置如表1所示。

车辆主要总成配置表 表1

车辆型号	LZ4257QDC	达标车型编号	Q0200742
主要总成配置	规格/型号	生产厂家	
驾驶室总成（高顶/低顶）	平头排半、高顶/M7	东风柳州汽车有限公司	
底盘总成	LZ4257QDC	东风柳州汽车有限公司	
发动机总成	ISL9.5-380E30	东风康明斯发动机有限公司	
变速器总成	12JS160TA	陕西法士特齿轮有限责任公司	
离合器总成	¢430拉式	伊顿公司车辆集团（中国）	
前轴总成	5t级转向前轴	东风柳州汽车有限公司	
中、后桥总成	13t级单级减速双后桥（4.11）	东风柳州汽车有限公司	
燃油箱总成	1101-6001-1000	十堰恒融实业有限公司 柳州六和方盛机械有限公司	
牵引座总成	JSK35DV1（50号）	约斯特（中国）汽车部件有限公司	
ABS装置	3550X-1010（X表示升级序号）/446 004 XXX 0（XXX表示升级序号）	威伯科汽车控制系统（中国）有限公司	
轮胎	11.00R20	固铂成山（山东）轮胎有限公司 山东玲珑轮胎股份有限公司 佳通轮胎（中国）投资有限公司	
缓速控制装置	3541Z24-001/VN4331LL-3549020（排气制动）	东风电子科技股份有限公司汽车制动系统公司 浙江亿日气动科技有限公司	
气制动连接器	3521A-010，3521A-020	东风电子科技股份有限公司汽车制动系统公司	
带有行车记录仪的GPS	HVT100	上海航盛实业有限公司	
制动器总成	前制动器：ϕ400mm×150mm 后制动器：ϕ400mm×200mm	河南万向系统制动器有限公司 湖北三环制动器有限公司 江苏恒力制动器制造有限公司	

十三 安徽江淮汽车股份有限公司

安徽江淮汽车股份有限公司（简称“江淮汽车”，图1），是一家集商用车、乘用车及动力总成研发、制造、销售和服务于一体的综合型汽车厂商。公司前身是创建于1964年的合肥江淮汽车制造厂。1999年9月改制为股份制企业，隶属于安徽江淮汽车集团有限公司。

图1 安徽江淮汽车股份有限公司

公司占地面积460多万m²，拥有员工16000余人，具有年产63万辆整车、50万台发动机及相关核心零部件的生产能力。2011年，公司销售各类汽车超过46万辆，实现了连续21年以平均增长速度达40%的超快发展。

目前，江淮汽车已出口到南美、欧洲、非洲、亚洲等区域，与全球100多个国家建立了良好的合作关系，拥有近100家海外4S店，并在海外建立了13家KD工厂。在国际市场，江淮汽车已逐步形成了商用车、乘用车比翼齐飞的格局，轻型商用车连续10年保持中国品牌销量第一。重型商用车已在多个国际市场成为高端品牌，与世界一流重卡同台竞技，有力提升了江淮汽车和中国汽车产品的品牌形象。

江淮汽车公司中重型载货汽车事业部目前拥有两条国内领先的生产线，可实现全系列中重型汽车的生产能力，并具有年产10万台的生产能力。

公司长期坚持走质量效益型道路，持续深入推进精益生产，积极构筑民族汽车的品质和品牌优势，并于2010年10月21日荣获中国质量领域最高奖——“全国质量奖”。公司凭借着独具特色的企业文化，实现了连续21年飞速发展的“江汽现象”，受到了党和国家领导人的深切关怀和高度重视。吴邦国、贾庆林、周永康等党和国家领导人亲临公司视察，对公司的发展给予高度评价，并提出更高的要求。

面向未来，公司将始终保持“藐视一切困难，敢于竞争，敢于胜利”的新红军精神，始终如一的坚持“系统思考、团队学习、协调平衡、追求卓越”的核心理念，创新发展自主品牌，振兴民族汽车工业。

1 HFC4181K4R1T型4×2半挂牵引车

HFC4181K4R1T型4×2半挂牵引车是安徽江淮汽车股份有限公司生产的4×2半挂牵引车。该车型是江淮汽车整合国内、国际研究成果，结合中国牵引车实际使用工况，融合国内顶尖科技设计的高品质重卡，具有美观舒适，高安全性，高效率的特点。

1 车辆主要技术特点

（1）驾驶室美观、舒适、安全

①驾驶室由江淮汽车都灵研发中心独立研发，结合欧洲平头驾驶室的特点全新打造，融合国际潮流元素，整体造型美观。

②驾驶舱针对国人特点，在大量调研基础上，采用先进的人体工程学设计，功能区分布合理科学，做到“触手可得”。同时驾驶室拥有超大空间，适合长途物流运输，保证休息的舒适性，如图2所示。

a)功能分区合理

b)超大空间驾驶舱

图2　超大驾驶室

③顶级安全：驾驶室为国内同级别最“重”驾驶室。驾驶室采用局部加强结构，有四条高强钢支撑骨架，并采用悬浮驾驶室，碰撞时最大保障成员安全。驾驶室还通过了顶压、摆锤等测试（图3），

a)顶压测试

b)碰撞测试

图3　驾驶室安全测试

全面符合欧洲EEC法规。

（2）整车可靠性

①标配黄金传动系：采用国内成熟的动力传动系统，维修方便可靠。

②发动机采用潍柴针对江淮公司的专供机型，如图4所示。具有EVB排气辅助制动，大流量机油泵，加强型缸体等特殊设计。

③满载最高车速达105km/h以上，完全满足现代化快速甩挂物流的要求。

④车架安全：采用国内322mm车架，由6000t液压机采用模具液压成型，强度可靠。

⑤制动系统可靠：采用双回路制动系统，出气筒集成布置，匹配WABCO制动阀，整车彩色管路，可靠且便于维修。

⑥转向安全可靠：采用德国进口ZF方向机，匹配大孔径管路，转向桥自制，转向精度高，如图5所示。

HFC4181K4R1T型4×2半挂牵引车如图6所示。

2 车辆尺寸参数

HFC4181K4R1T型4×2半挂牵引车尺寸参数，如图7所示。

图4　潍柴发动机

图5　转向桥

a)正面图

b)侧面图

图6　HFC4181K4R1T型4×2半挂牵引车

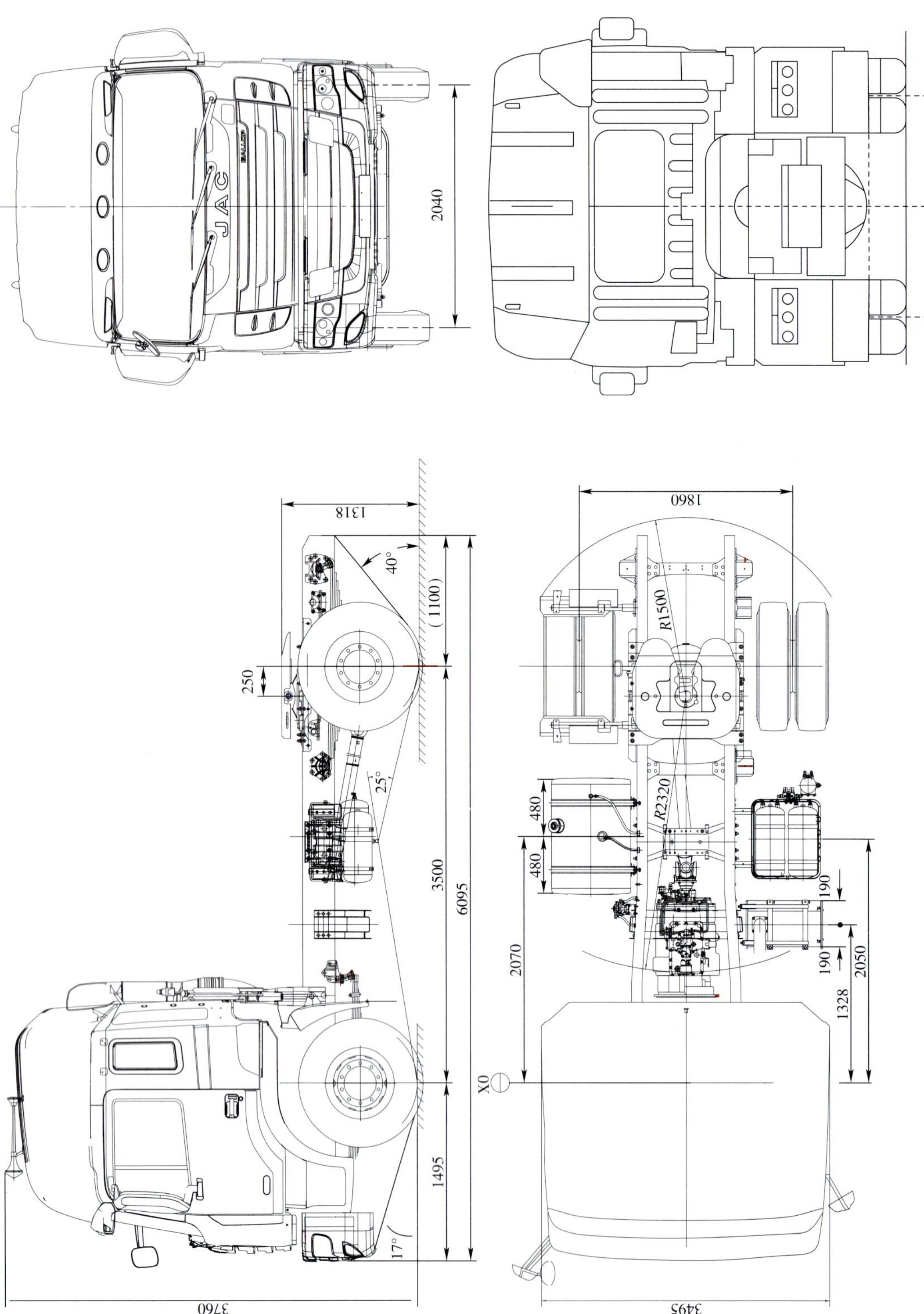

图7 车辆尺寸参数图（单位：mm）

3 车辆主要总成配置

HFC4181K4R1T型4×2半挂牵引车主要总成配置，如表1所示。

车辆主要总成配置表　　表1

车辆型号	HFC4181K4R1T	达标车型编号	Q0210027
主要总成配置	规格/型号	生产厂家	
驾驶室总成（高顶/低顶）	高顶带导流罩	安徽江淮汽车股份有限公司	
底盘总成	江淮自产底盘	安徽江淮汽车股份有限公司	
发动机总成	WP10.340E32	潍柴动力股份有限公司	
变速器总成	12JS160A	陕西法士特齿轮有限责任公司	
离合器总成	拉式ϕ430	桂林福达股份有限公司	
前轴总成	7.5t自产前桥	安徽江淮汽车股份有限公司	
中、后轴总成	斯太尔	安徽安凯福田曙光车桥有限公司	
燃油箱总成	400L铝制	青岛众意汽车零部件有限公司	
牵引座总成	QD50-15（50#）	镇江市宝华半挂车配件有限公司	
ABS装置	44600XXXX0	威伯科汽车控制系统（中国）有限公司	
轮胎	12R22.5 18PR	佳通轮胎股份有限公司	
缓速控制装置	排气辅助制动	浙江博力机电制造有限公司	
气制动连接器	58260接口	山东明水汽车配件厂	
带有行车记录仪的GPS	HB-R03	深圳市华宝电子科技有限公司	

② HFC4251KR1K3型6×4半挂牵引车

HFC4251KR1K3型半挂牵引车是安徽江淮汽车股份有限公司生产的6×4半挂牵引车。该车型是江淮汽车整合国内、国际先进技术，结合甩挂运输技术要求，精心打造的高品质重卡，在动力性、经济性和可靠性方面性能优越。

1 车辆主要技术特点

（1）整车匹配专业性

①和纳威斯达公司历时一年时间，全面采集国内路谱，形成强大的路谱数据库，指导整车匹配设计。

②集成江淮公司的底盘优势和技术积累，结合国内路谱和工况优化设计，提出大功率发动机+直接挡变速器+小传动比后桥，如图8所示，整车经济性优势明显。拥有潍柴动力+法士特变速箱+斯太尔桥的黄金传动系，匹配更合理，可靠性高。

③整车更轻：全面采用轻量化悬架，橡胶弹簧，铝合金变速器壳体，无内胎子午线轮胎，复合型耐磨板等先进技术，在保证整车可靠性同时，降低整车自重。

a)发动机

b)直接挡变速器

c)小传动比后桥

图8　传动系主要部件

（2）可靠性

①江淮汽车拥有大批国际顶尖生产流水线和关键设备，包括国际同步的机器人焊接，如图9所示，6000T油压机冲压车架等先进设备，如图10、图11所示，其制造装备和工艺水平领先。

②江淮重型载货汽车拥有顶级的配套体系，目前已与美国、日本、意大利等多个国家的知名企业建立了战略合作关系，其中不乏威伯科、贝尔、ZF等业内顶尖水平企业。

③整车验证，新产品均在试验场进行综合路况30万km强化试验，零部件进行10万次台架试验检测，确保产品品质。

HFC4251KR1K3型6×4半挂牵引车如图12所示。

图9　机器人焊接

2 车辆尺寸参数

HFC4251KR1K3型半挂牵引车尺寸参数，如图13所示。

图10　生产流水线

图11　6000T油压机

a)正面图

b)侧面图

图12　HFC4251KR1K3型6×4半挂牵引车

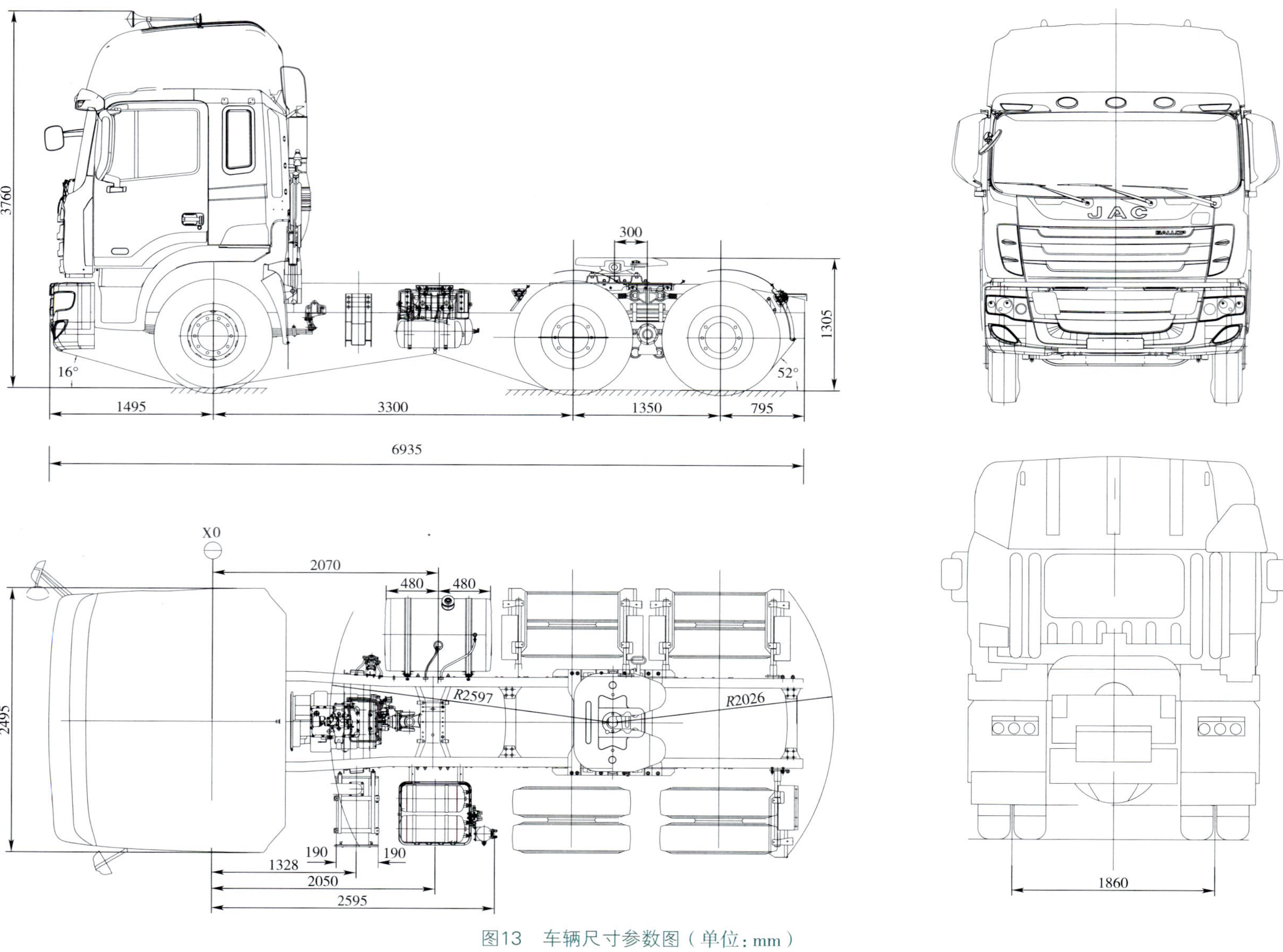

图13　车辆尺寸参数图（单位：mm）

3 车辆主要总成配置

HFC4251KR1K3型半挂牵引车主要总成配置，如表2所示。

车辆总成配置表　　表2

车辆型号	HFC4251KR1K3	达标车型编号	Q010016X
主要总成配置	规格/型号	生产厂家	
驾驶室总成（高顶/低顶）	高顶带导流罩	安徽江淮汽车股份有限公司	
底盘总成	江淮自产底盘	安徽江淮汽车股份有限公司	
发动机总成	WP10.375	潍柴动力股份有限公司	
变速器总成	12JS160TA	陕西法士特齿轮有限责任公司	
离合器总成	拉式ϕ430	桂林福达股份有限公司	
前桥总成	7.5t自产前桥	安徽江淮汽车股份有限公司	
中、后桥总成	斯太尔桥	安徽安凯福田曙光车桥有限公司	
燃油箱（LNG气瓶）总成	400L铝制	青岛众意汽车零部件有限公司	
牵引座总成	QD50-15（50#）	镇江市宝华半挂车配件有限公司	
ABS装置	44600XXXX0	威伯科汽车控制系统（中国）有限公司	
轮胎	11.00R20 16PR	佳通轮胎股份有限公司	
缓速控制装置	排气辅助制动	浙江博力机电制造有限公司	
气制动连接器	58260接头	山东明水汽车配件厂	
带有行车记录仪的GPS	HB-R03	深圳市华宝电子科技有限公司	

十四 奇瑞商用车（安徽）有限公司

奇瑞商用车（安徽）有限公司（图1）是奇瑞汽车有限公司的下属子公司。2006年4月份，由原芜湖一汽扬子汽车制造有限公司重组更名而来。同时一汽扬子公司的41个产品目录转入奇瑞商用车（安徽）有限公司。

图1　奇瑞商用车（安徽）有限公司

公司重组后，奇瑞商用车公司对N_1、N_2类产品的研发工作一直没有停止，2007年5月，公司研发试制出N_2类载货汽车及底盘。为响应响应国家汽车产业调整和振兴规划，全面实施自主品牌战略，做大做强。以自主创新为企业发展方向，加强产品开发能力建设；加强技术改造，提高研发水平；加快产品升级换代和结构调整。在原有N_1、N_2类产品平台基础上，扩充新的产品平台，自主研发出N_3类产品。

公司经营范围为汽车底盘、重型、中型、轻型汽车、面包车系列产品制造、组装，汽车零部件、总成、汽车辅助材料销售。其中重型卡车及零部件，定位于自主研发，打造国内市场高端重型汽车产品，主要包括牵引车、搅拌车、自卸车、粉罐车和NG车等。为了确保新建平台的生产能力，公司在原有生产能力的基础上进行了扩建，扩建项目一次规划，占地面积约3500亩，分期建设，其中，一期占地约1500亩，总投资达38亿元人民币，规划年生产3万辆重型载货汽车和5万台发动机，厂区建设内容含五大工艺车间、试车跑道、成品车停车场等，二期扩充至生产能力6万辆/年，三期扩充至生产能力12万辆/年。

公司已通过ISO/TS16949：2002质量管理体系认证。

1 SQR4181D6Z型4×2半挂牵引车

SQR4181D6Z型4×2半挂牵引车是我公司为满足甩挂车市场需求而新开发的车型。

1 车辆主要技术特点

（1）驾驶室

①采用欧式驾驶室设计风格，轿车化设计理念，驾驶室结构经过优化设计，坚固耐用，有效保证驾驶员及乘坐人员的人身安全，如图2所示。

图2　优化设计的驾驶室

②驾驶室空间大、舒适性好，加宽的卧铺尺寸，充分满足人居需求。

③驾驶室支承采用四点悬浮式设计，减少了颠簸与振动，大大提高了乘坐舒适性。

（2）动力系统

①配置联合动力生产的YC6K1034-40发动机，如图3所示，满足国Ⅳ排放标准，动力强劲、经济环保。

图3　发动机

②可靠性好，平均故障间隔里程10万km；B10寿命达100万km。

（3）底盘

①变速器、桥、悬架等关键总成采用国内优秀主流配套厂家产品。

②钢板弹簧特殊的淬火工艺保证悬架系统具有卓越的承载能力。

③设计合理的前后悬架的偏频值，使得整车的行驶平顺性得以提高，同时也带来了转向系统的性能提升，使得转向更加轻松、精准。

④后桥采用超强承载准双曲面齿轮，高品质焊接桥壳，差速齿轮精密锻造成型，带有特殊自锁功能的螺栓连接，确保后桥的可靠性；同时采用美国卡莱尔技术的摩擦片，耐磨强度非常好，降低噪声效果好，传动效率高，采用高可靠性的油封，密封效果好，可选换装TMK轴承，轴承寿命能得到极大的提高。

⑤车架选用B750高强度汽车专用大梁钢，在确保强度的同时降低了整车自重，采用意大利STAM辊型线，国内领先的生产工艺，承载性能大幅度提升。

⑥整车牵引座高度较低，能够最大限度满足各自类型货物运输的需求。

（4）电器

采用CAN总线技术，实现信息共享，简化线束和电器系统结构，降低安全隐患，降低整车自重，维修方便。

（5）整车轻量化

整车各个系统采用优化设计，实现了整车的轻量化要求，在不影响承载性能的情况下整车质量减少了800kg。

（6）模块化开发

车型实现模块化开发，加强整车可维修性，降低使用成本。

SQR4181D6Z型4×2半挂牵引车如图4所示。

a)正面图

b)侧面图

图4 SQR4181D6Z型4×2半挂牵引车

2 车辆尺寸参数

SQR4181D6Z型4×2半挂牵引车尺寸参数如图5所示。

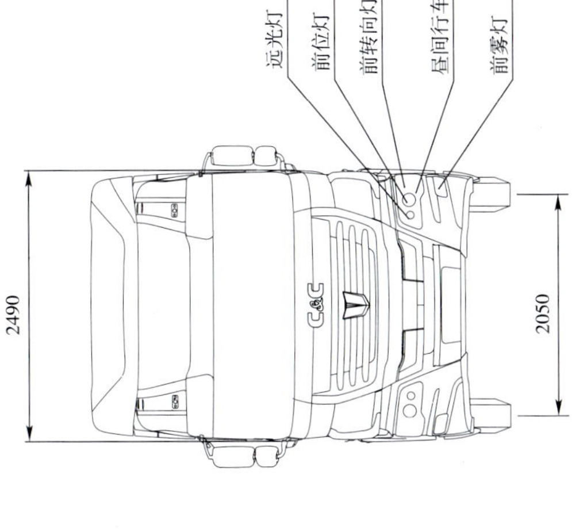

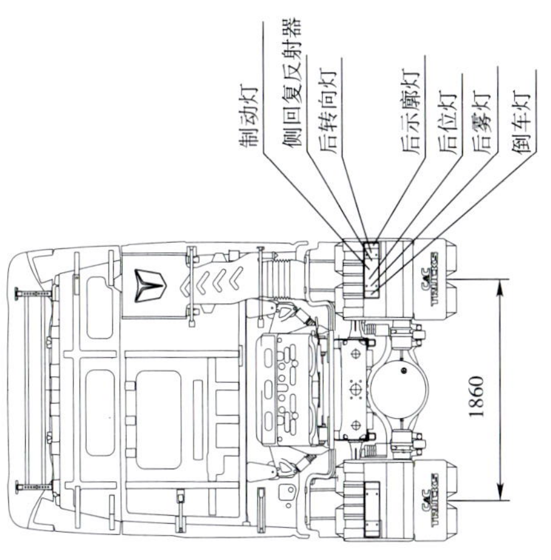

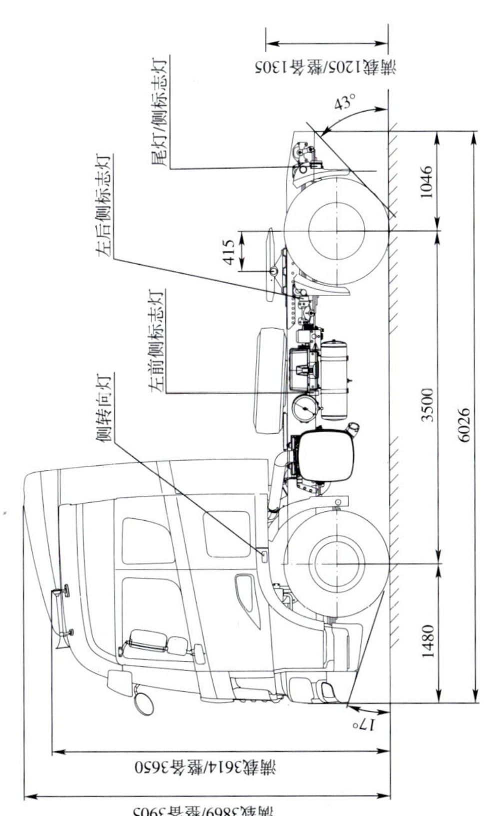

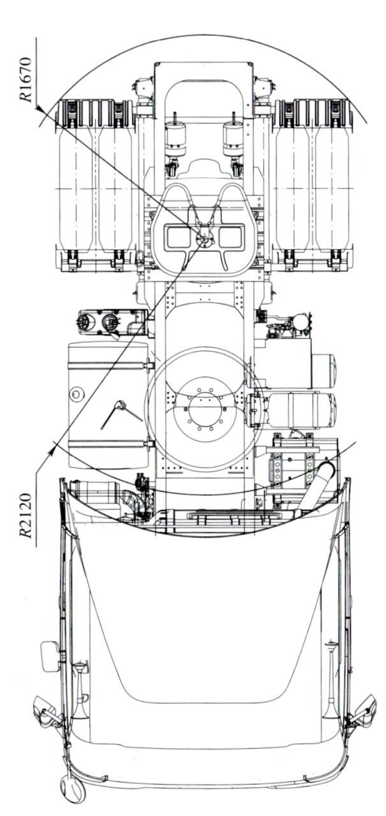

图5　车辆尺寸参数图（单位：mm）

3 车辆主要总成配置

SQR4181D6Z型4×2半挂牵引车主要总成配置如表1所示。

车辆主要总成配置表　　表1

车辆型号	SQR4181D6Z	达标车型编号	Q0201120
主要总成配置	规格/型号	生产厂家	
驾驶室总成（高顶/低顶）	100500000001（L41DA）	奇瑞商用车（安徽）有限公司	
底盘总成	U4T1BJ	奇瑞商用车（安徽）有限公司	
发动机总成	YC6K1034-40	广西玉柴机器股份有限公司	
变速器总成	12JS160TA	陕西法士特齿轮有限责任公司	
离合器总成	430拉式膜片弹簧	湖北三环离合器有限公司	
前桥总成	CNF-06	安凯福田曙光车桥有限公司	
中、后桥总成	13t	山东蓬翔汽车有限公司	
燃油箱（LNG气瓶）总成	100110100004（LYX400LJ）	新乡市陆鑫机械制造有限责任公司	
牵引座总成	50#	镇江市宝华半挂车配件有限公司	
ABS装置	0 486 107 007	克诺尔制动设备（上海）有限公司	
轮胎	12R22.5-16PR	三角轮胎股份有限公司	
缓速控制装置	100354900020	皆可博（苏州）车辆控制系统有限公司	
气制动连接器	100356100682/100356100683	浙江万安科技股份有限公司	
带有行车记录仪的GPS	100385000002	江苏罗思韦尔电气有限公司	
制动器总成	YF3501DA06J/SQ3502121-A01	武汉元丰汽车零部件有限公司 江苏恒力制动器制造有限公司	

2 SQR4250D6ZT4-3型6×4半挂牵引车

SQR4250D6ZT4-3型6×4半挂牵引车是我公司为满足甩挂车市场需求而新开发的车型。

1 车辆主要技术特点

（1）驾驶室

①采用欧式驾驶室设计风格，轿车化设计理念，驾驶室结构经过优化设计，坚固耐用，有效保证驾驶员及乘坐人员的人身安全，如图6所示。

②驾驶室空间大、舒适性好，加宽的卧铺尺寸，充分满足人居需求。

③驾驶室支承采用四点悬浮式设计，减少了颠簸与振动，大大提高了乘座的舒适性。

图6　优化设计的驾驶室

（2）动力系统

①配置联合动力生产的YC6K1038-30发动机，如图7所示。满足国Ⅲ排放标准，动力强劲、经济环保。

②可靠性好，平均故障间隔里程10万km; B10寿命达100万km 。

图7　发动机

（3）底盘

①变速器、桥、悬架等关键总成采用国内优秀主流配套厂家产品。

②钢板弹簧特殊的淬火工艺保证悬架系统具有卓越的承载能力。

③设计合理的前后悬架的偏频值，使得整车的行驶平顺性得以提高，同时也带来了转向系统的性能提升，使得转向更加轻松、精准。

④后桥采用超强承载准双曲面齿轮，高品质焊接桥壳，差速齿轮精密锻造成型，带有特殊自锁功能的螺栓连接，确保后桥的可靠性；同时采用美国卡莱尔技术的摩擦片，耐磨强度非常好，降低噪声效果好，传动效率高，采用高可靠性的油封，密封效果好，可选换装TMK轴承，轴承寿命能得到极大的提高。

⑤后悬架系统采用V型推力杆，增加整车抗侧倾能力，提高高速行车的安全性。

⑥车架选用B750高强度汽车专用大梁钢，在确保强度的同时降低了整车自重，采用意大利STAM辊型线，国内领先的生产工艺，承载性能大幅度提升。

⑦整车鞍座高度较低，能够最大限度满足各自类型货物运输的需求。

（4）电器

采用CAN总线技术，实现信息共享，简化线束和电器系统结构，降低安全隐患，降低整车自重，维修方便。

（5）整车轻量化

整车各个系统采用优化设计，实现了整车的轻量化要求，在不影响承载性能的情况下整车自重降低了800kg。

（6）模块化开发

车型实现模块化开发，加强整车可维修性，降低使用成本。

SQR4250D6ZT4-3型6×4半挂牵引车如图8所示。

2 车辆尺寸参数

SQR4250D6ZT4-3型6×4半挂牵引车尺寸参数如图9所示。

a）正面图

b）侧面图

图8　SQR4250D6ZT4-3型6×4半挂牵引车

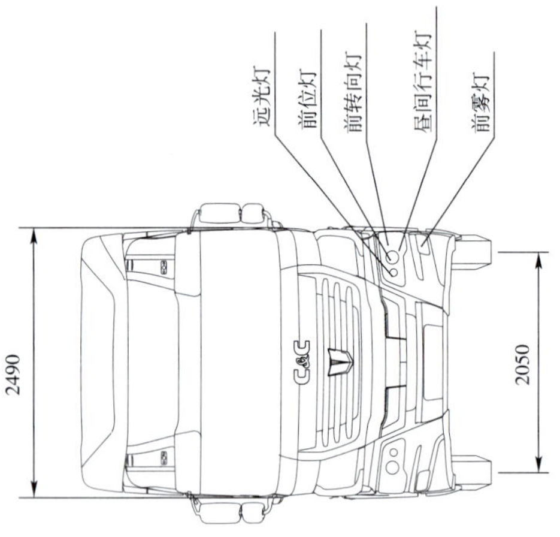

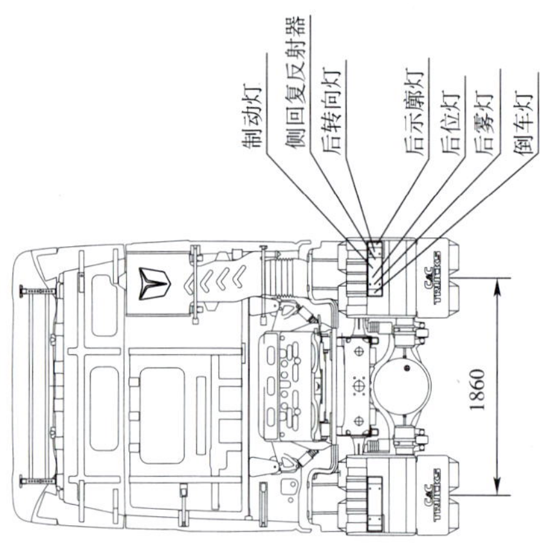

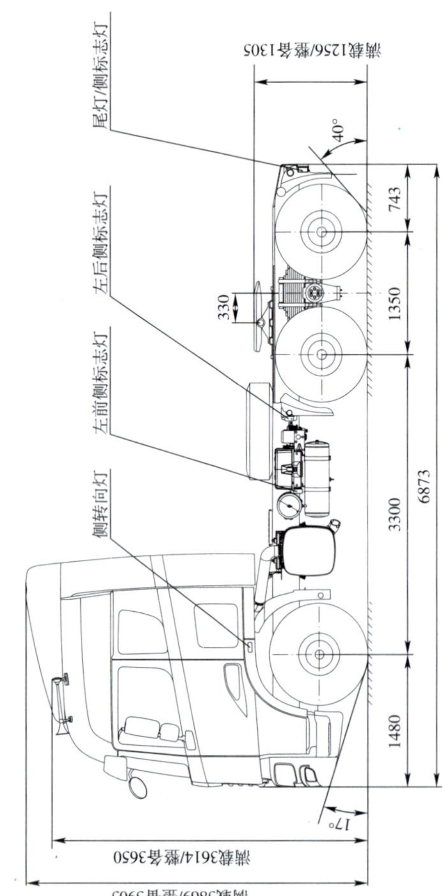

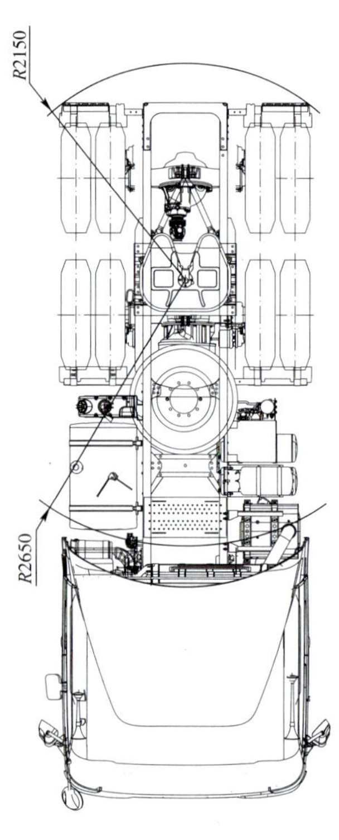

图9 车辆尺寸参数图（单位：mm）

3 车辆主要总成配置

SQR4250D6ZT4-3型6×4半挂牵引车主要总成配置如表2所示。

车辆总成配置表　　表2

车辆型号	SQR4250D6ZT4-3	达标车型编号	Q0152066
主要总成配置	规格/型号	生产厂家	
驾驶室总成（高顶/低顶）	100500000001（L41DA）	奇瑞商用车（安徽）有限公司	
底盘总成	U3T4BJ	奇瑞商用车（安徽）有限公司	
发动机总成	YC6K1038-30	广西玉柴机器股份有限公司	
变速器总成	12JS180TA	陕西法士特齿轮有限公司	
离合器总成	430拉式膜片弹簧	湖北三环离合器有限公司	
前桥总成	CNF-08	安徽安凯福田曙光车桥有限公司	
中、后桥总成	13t	山东蓬翔汽车有限公司	
燃油箱总成	PT-YX-03/DZ9114552790/2780/2740	青岛普天汽车配件有限公司	
牵引座总成	50#	镇江市宝华半挂车配件有限公司	
ABS装置	0 486 107 007	克诺尔制动设备（上海）有限公司	
轮胎	12R22.5-16PR	三角轮胎股份有限公司	
缓速控制装置	100354900020	皆可博（苏州）车辆控制系统有限公司	
气制动连接器	100356100682/100356100683	浙江万安科技股份有限公司	
带有行车记录仪的GPS	100385000002	江苏罗思韦尔电气有限公司	
制动器总成	SN7/ 3502391-4E	克诺尔制动设备（上海）有限公司 江苏恒力制动器制造有限公司	

十五 沃尔沃卡车（中国）

沃尔沃卡车（图1）隶属于沃尔沃集团，沃尔沃集团是世界领先的卡车、客车、建筑设备、船舶和工业应用领域的驱动系统的制造商和服务供应商，并提供金融和售后服务的全套解决方案。沃尔沃卡车始终秉持着“品质、安全、环保”的企业核心理念，致力于为具有专业需求的用户提供全面运输解决方案，提供由中型到重型的全系列卡车。产品在16个国家组装完成，销往全球140多个国家的2300家经销商及服务网点组成的业务网络，为客户的车队运营提供全方位服务。2011年，沃尔沃卡车全球销量超过11.5万台。

图1 沃尔沃卡车（中国）

沃尔沃卡车不断致力于提升卡车的安全，操控和节油等性能。拥有以安全著称，通过世界最严苛“防碰撞试验”的安全驾驶室及各项先进的主动安全技术，同时更以“高效节油”在全球享誉盛名，其FH/FM车型尤为适用于长途干线运输，受到众多快速运输企业所青睐，是高速货运航班的不二之选。沃尔沃卡车配备11D–13D直列六缸柴油发动机，配备先进的I–Shift系统及沃尔沃专利技术VEB，能够帮助车辆在充分发挥动力的同时获得最佳档位，从而实现高效节油。此外，沃尔沃卡车还采用了多项先进电子系统，如ACC（自适应巡航系统）、ECS（电子控制悬挂）、LCS（车道变换支持）、LKS（车道保持系统）、DAS（驾驶员提醒支持）等，代表了商用车领域安全性和操控性的最先进水平。

目前，沃尔沃卡车在中国拥有强大的售后服务体系，已设立接近50个服务站点，配备24小时运行的“沃尔沃应急服务中心400–8188–999”和成熟运营8年的“沃尔沃卡车全动感体验中心”，并在上海设有配件大库确保配件的及时有效供应。沃尔沃卡车更为物流企业提供量身定制的全面运输解决方案，包括物流测算，车队配置，油耗测算，驾驶员培训，金融支持等服务，为企业竞争力持续升级提供强大支持。至今，沃尔沃卡车的产品及服务网络在中国的公路运输领域受到广泛支持，并始终占据领导者地位。

此外，沃尔沃卡车关注卡车驾驶员能力培养，是沃尔沃卡车企业文化中人文关怀的深厚体现。沃尔沃卡车高效节油先锋评选已在中国连续举办五年，还包括驾驶员公开培训及节油宣传大使评选等活动，为卡车驾驶员提供了学习和提升驾驶技术的平台。

① FM 400 64T B型6×4半挂牵引车

FM 400 64T B型6×4半挂牵引车是危险品运输的推荐车型，如图2所示。

1 车辆主要技术特点

（1）高顶驾驶室凸现大气

驾驶室离地高度为3395mm，比其他中顶车辆高出近300mm，能够更加凸显企业的品牌形象。

（2）具备更多优势

①自重较轻，能够在国家法规允许范围内载重更多，为客户带来更多经济效益。

②具备更高安全性能，也具备更好驱动能力和制动能力，可以降低路面打滑现象。

③中国各地路况不均衡，存在较大差异性，6×4车型具备更好爬坡能力，适用于各种复杂路况。

（3）经济节能的单级减速后桥

相比同类车型所使用的多级减速后桥，具备显著的节油优势，同时大大减小轮胎磨损。

2 车辆尺寸参数

沃尔沃FM 400 64T B型6×4半挂牵引车尺寸参数如图3所示。

a)正面图

b)侧面图

图2　FM 400 64T B型6×4半挂牵引车

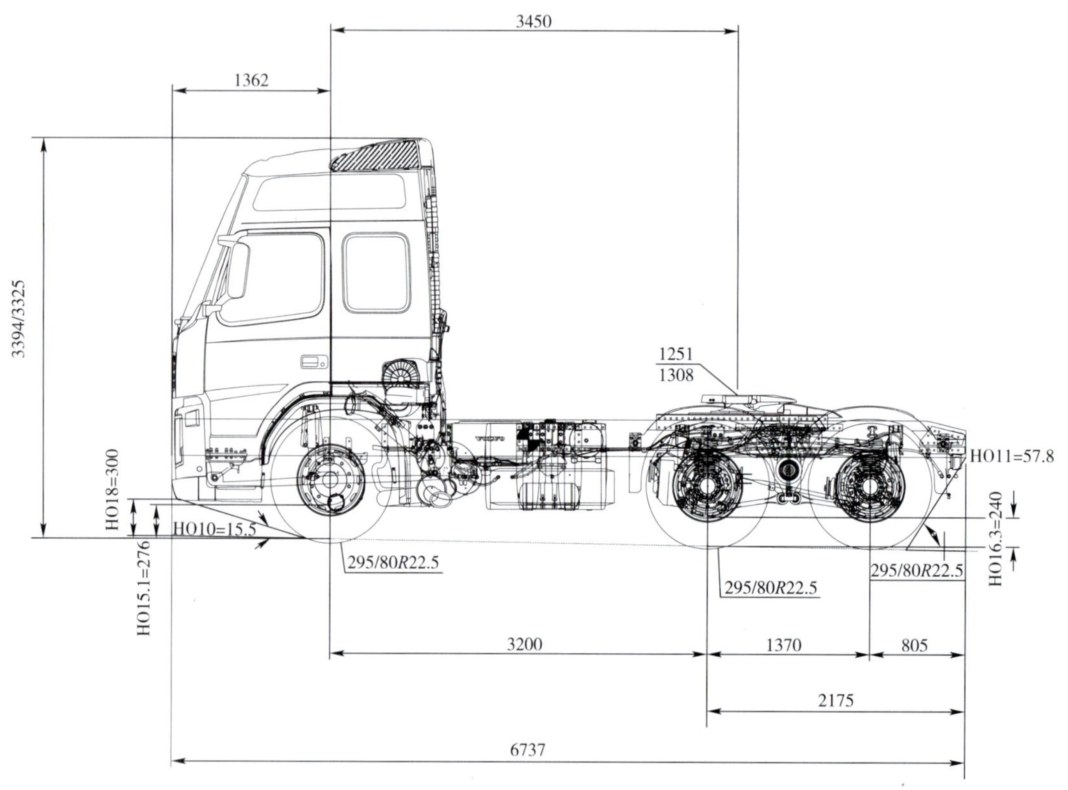

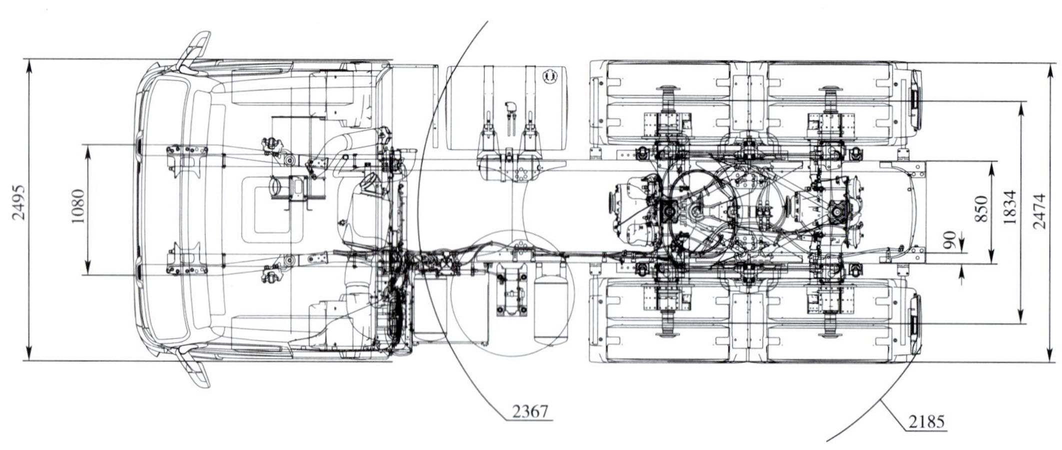

图3　车辆尺寸参数图（单位：mm）

3 车辆主要总成配置

FM 400 64T B型6×4半挂牵引车主要总成配置如表1所示。

车辆主要总成配置表 表1

车辆型号	FM 400 64T B	达标车型编号	Q0152496
主要总成配置	规格/型号	生产厂家	
驾驶室总成（高顶/低顶）	高顶	沃尔沃载货汽车公司	
底盘总成	FM400 64T B	沃尔沃载货汽车公司	
发动机总成	D13	沃尔沃动力系统公司	
变速器总成	AT2512C	沃尔沃载货汽车公司	
离合器总成	CS43B-O	沃尔沃载货汽车公司	
前轴总成	FAL7.1	沃尔沃载货汽车公司	
中、后轴总成	RS1356SV	沃尔沃载货汽车公司	
燃油箱总成	R405A71	沃尔沃载货汽车公司	
牵引座总成	5WT-JO	JOST	
ABS装置	4S/4M	WABCO	
轮胎	295/80R22.5	美国固特异轮胎橡胶公司 米其林（中国）投资有限公司	
缓速控制装置	VEB液力缓速	沃尔沃动力系统公司	
气制动连接器	TBC-EC	沃尔沃载货汽车公司	
带有行车记录仪的GPS	行之安GPS-200	云南钜野烽火台科技有限公司	
制动器总成	盘式制动	沃尔沃载货汽车公司	

② FM 400 42T B型4×2半挂牵引车

FM 400 42T B型4×2半挂牵引车是一款能力突出，动力强劲，高效节油，经久耐用的载货车，如图4所示。

1 车辆主要技术特点

（1）久经考验的发动机设计

直列六缸涡轮增压柴油发动机可以承受很高的峰值压力，且具有大功率、低油耗和环保的特点。

（2）智能I-Shift变速箱

沃尔沃自动换挡系统在舒适性和燃油经济性方面确立了新的标准。使用起来和自动变速器一样灵活方便，同时具有与手动变速器一样分级密集的传动比。

（3）低损耗后桥

①低摩擦损失。

②球墨铸铁铸造而成的后桥壳体。

③免维护车轮轴承。

④标配差速锁。

（4）为载货汽车提供稳定且轻量化的底盘结构

①适当高度实现高效运输。

②操控灵活、易于驾驶。

③蓄电池箱使质量分布更合理。

2 车辆尺寸参数

FM 400 42T B型4×2半挂牵引车尺寸参数如图5所示。

a)正面图

b)侧面图

图4 FM 400 42T B型4×2半挂牵引车

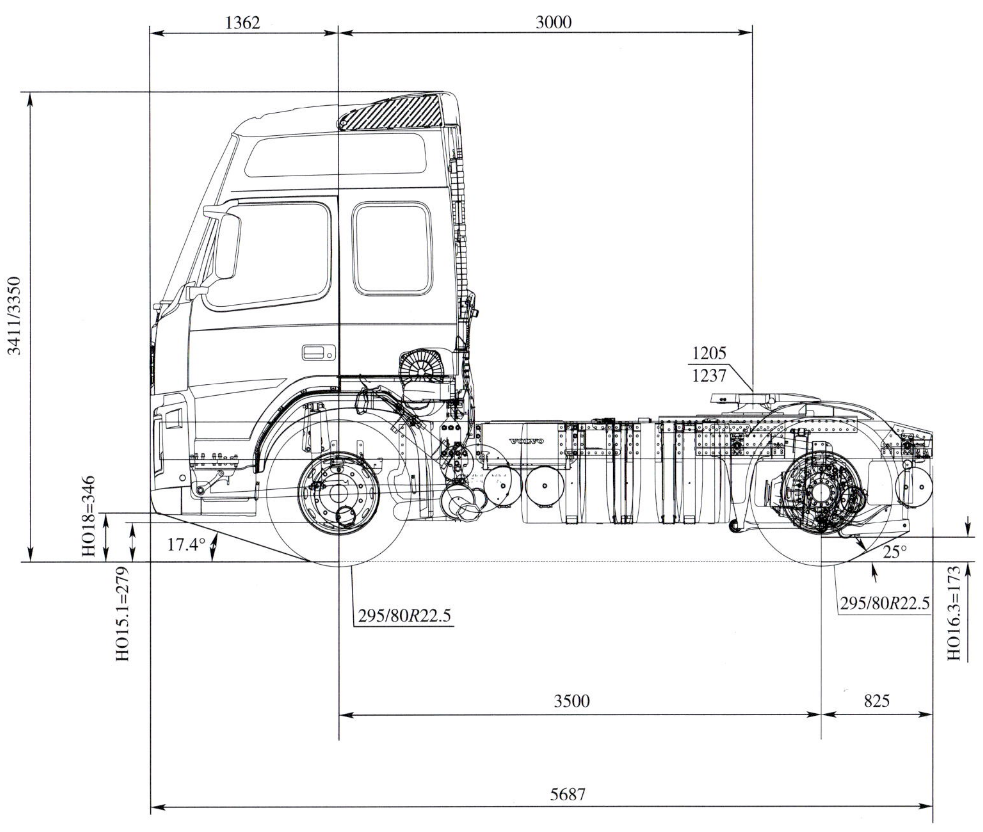

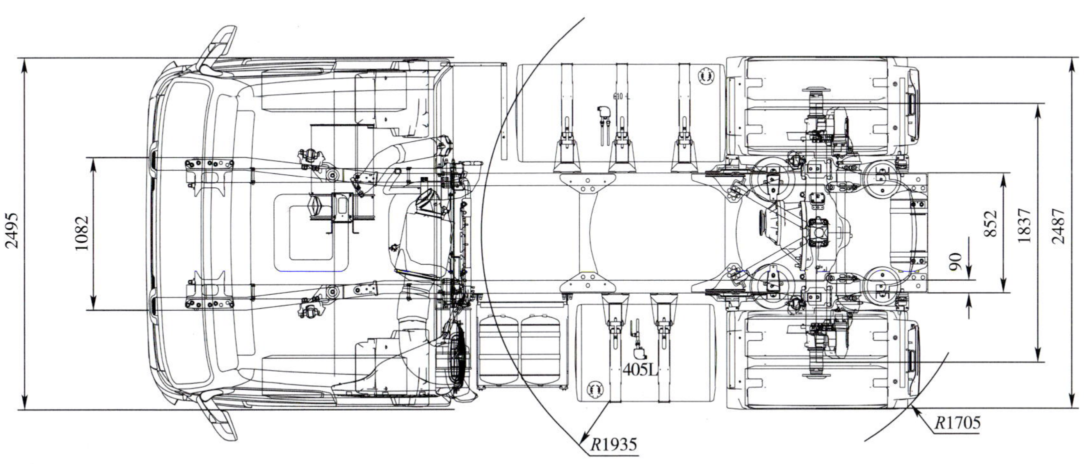

图5　车辆尺寸参数图（单位：mm）

3 车辆主要总成配置

FM 400 42T B型4×2半挂牵引车主要总成配置如表2所示。

车辆主要总成配置表 表2

车辆型号	FM 400 42T B	达标车型编号	Q016071X
主要总成配置	规格/型号	生产厂家	
驾驶室总成（高顶/低顶）	高顶	沃尔沃卡车公司	
底盘总成	FM400 42T B	沃尔沃卡车公司	
发动机总成	D13	沃尔沃动力系统公司	
变速器总成	AT2612D	沃尔沃卡车公司	
离合器总成	CS43B-O	沃尔沃卡车公司	
前轴总成	FAL7.5	沃尔沃卡车公司	
中、后轴总成	RS1356SV	沃尔沃卡车公司	
燃油箱总成	R610A71	沃尔沃卡车公司	
牵引座总成	5WT-JO	JOST	
ABS装置	4S/4M	WABCO	
轮胎	295/80R22.5	美国固特异轮胎橡胶公司 米其林（中国）投资有限公司	
缓速控制装置	VEB液力缓速	沃尔沃动力系统公司	
气制动连接器	TBC-EC	沃尔沃卡车公司	
带有行车记录仪的GPS	行之安GPS-200	云南钜野烽火台科技有限公司	
制动器总成	盘式制动	沃尔沃卡车公司	

十六　安徽华菱汽车有限公司

安徽华菱汽车有限公司（图1）是华菱星马汽车（集团）股份有限公司的全资子公司，于2003年5月注册成立，员工2000人，是国家重点支持企业，首批“国家汽车整车出口基地企业”，第四批科技部科技创新型试点企业，获得全国精神文明建设单位、全国五一劳动奖状，是国家倡导发展自主品牌、坚持自主创新的典范。

图1　安徽华菱汽车有限公司

公司设有省级技术中心、省级重型汽车底盘工程技术研究中心和国家批准的博士后科研工作站，工程技术人员450人；与国际一流研发机构有密切的技术合作关系，与清华大学、上海交通大学、湖南大学、合肥工业大学等国内知名高校建立了长期的产学研合作关系，具有很强的产品开发能力。

公司工艺装备先进，拥有建筑面积达12万m^2以上的冲压、焊装、涂装、总装4大工艺生产线，拥有先进的汽车试验检测设备，建成了先进的ERP信息管理系统、DMS销售管理系统、PLM技术开发信息管理系统、ERF生产管理系统和PFM销售服务信息系统，现已形成年产10万辆中、重型汽车的生产能力，产品远销东欧、北非、中东、中亚、东南亚、南美等60多个国家和地区。“十二五”末，将实现年产销重型汽车10万辆，年销售收入达300亿元。

华菱汽车驾驶室外观大气、稳重；车身首次采用了笼式骨架结构，进一步保证了驾乘人员的人身安全；内部空间宽敞，视野开阔，配置和设计人性化，驾乘更舒适。电气系统率先实现了CAN总线整车数字化控制系统，故障可自行诊断。主要总成均选用国内外成熟的配套总成，发动机配置可选装三菱、康明斯、斯太尔、上海日野、上柴和玉柴等发动机系列。整车产品经过汽车试验场10万km可靠性试验，并通过AUDIT评审，产品性能稳定，质量可靠，符合国家法规要求和环保标准，已达国际同类汽车产品先进水平。目前已形成以星凯马为代表的高端产品系列、以华菱重型载货汽车为代表的中高端产品系列、以华菱之星为代表的轻量化产品系列，能够满足国内外不同层次用户的需求。

1 HN4250G37CLM3型6×4半挂牵引车

HN4250G37CLM3型6×4半挂牵引车是安徽华菱汽车有限公司设计的自主品牌华菱重卡系列车型。

1 车辆主要技术特点

（1）动力系统

①采用国内领先的潍柴动力与陕齿变速箱组合，优化匹配华菱车桥，动力性、经济性、可靠性优越。

②发动机框架式机体结构，博士技术高压油泵，高强度、低噪声，装配WEVB排气门制动装置。冷却系统，采用新型铝制水箱，质量轻，散热能力强，可以匹配大功率发动机。中冷器管路布置优化，增加了功率，降低了油耗。

（2）车身特点

①驾驶室全新开发，采用众多的新技术、新工艺和新材料，是具有国内先进水平的驾驶室，如图2所示，驾驶室装饰完全可与轿车媲美，宽敞的驾驶室，舒适的卧铺，驾驶员的工作环境得到很大改善，疲劳程度大大减少，行车安全性随即提高。

②非承载式车身：有效减振；增强安全性和舒适性。

a)驾驶室外形

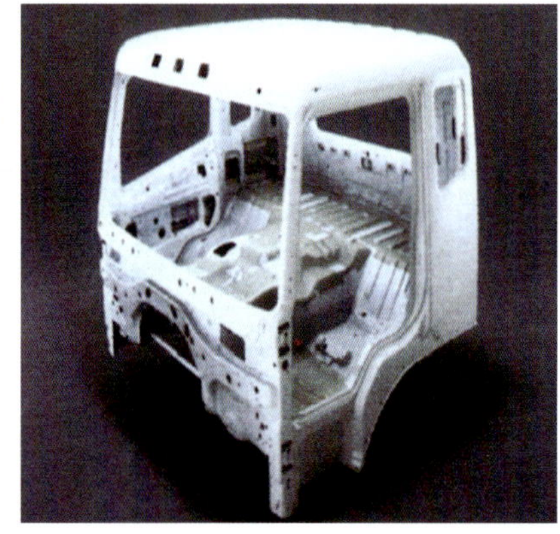
b)全钢化驾驶室

c)驾驶室装饰

图2 驾驶室

③全钢化冲压焊接驾驶室，增强车身强度。

④简洁美观的大型进气口，有利于通风散热。

⑤前保险杠为两段组合式，进气口、前照灯、下保险杠特征线条趋于一致，具有较强的整体感。

⑥电动门窗升降控制按钮，书刊匣，方便取放。

⑦车门防撞灯，提高夜间安全性。

⑧配装国内技术领先的高品质汽车空调系统，制冷量达到4150k。

（3）车架特点

华菱汽车在车架大梁用材上，采用了高强度板材，前宽后窄变截面车架结构。采用了“][”型结构的横梁，并在横梁两侧增加了大铸件连接，提高了平衡梁的整体强度，明显改善了横梁的抗冲击能力。

（4）底盘系统

①制动系统：选用WABCO公司的气制动元件，包括脚制动阀、手控阀、挂车阀、继动阀、干燥器（或APU）、四回路保护阀等，如图3所示。

②变速器及其操纵系统：轿车化短置变速杆，如图4所示，操作灵活、手感舒适我公司开发的各系列车型均采用了双H、远距离操纵方式，传动形式为硬杆传动。硬杆传动具有传动效率高；选、换档力小；受温度等环境因素影响小等优点。硬杆的传动效率可达到95%，只损失在杆端的球节及转轴处，在零部件出现磨损的情况下，仍能顺利的变挡。

③前桥：自制HLA级加强型前桥，技术先进、性能卓越可靠，可与日系车前桥相媲美。

a.承载能力不小于7.5t。

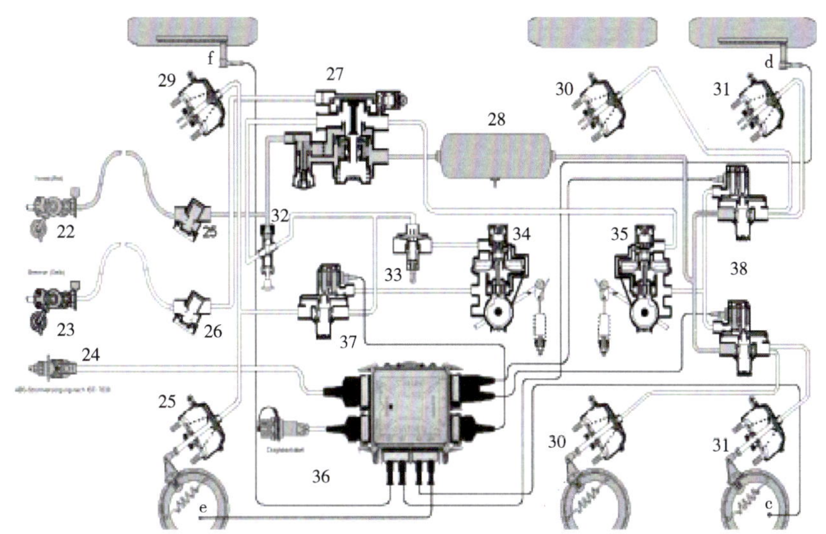

图3　制动系统

图4　短置变速杆

b.转向节：带滚针轴承（进口）转向轻便、灵活，代替国内的铜套结构。

c.手动臂，手动+ABS，自动臂，自动臂+ABS，盘式制动器等任你选择。

d.整体式锻造工字梁（16000t机械压力机一次锻造成型）。

④中后桥：

a.HLF1/G1单级减速桥。

b.承载能力：13000kg。

c.最大输出转矩：45000N·m。

d.可选传动比：3.73∶4；10∶4.3。

e.制动器规格：ϕ400×200。

⑤转向系统

a.高吸能式转向盘，降低了伤害程度，提高了安全性。

b.原装进口转向机，确保使用效率，提高了整车质量水平。

c.可调式转向盘，使驾驶更舒适、轻松。

d.采用进口日本CXZ51L转向器以及按照CXZ51L国产化后的转向器。型号：ZJ110。主要参数：缸径110mm，承载 8000kg，传动比23.27，臂轴转角96度，总圈数6~8，输入转矩6000N·m。

e.可匹配ZF转向机（如ZF8098）。

f.转向横拉杆：整体式，拆装方便。

g.转向管柱和可调机构焊接为一个总成，再由4条螺栓固定于驾驶室内，既方便了安装又节省了成本；转向盘可根据不同驾驶员要求前后、上下自由调节；调节机构的锁止装置采用三线螺纹，与国内同类产品的双线或单线螺纹相比，锁止手柄行程小，灵敏度高。

（5）轻量化设计

抛物线型变截面少片板簧、高强度单层梁车架、连接铸件优化设计、悬架系统优化设计、车桥优化设计等。

HN4250G37CLM3型6×4半挂牵引车如图5所示。

2 车辆尺寸参数

HN4250G37CLM3型6×4半挂牵引车尺寸参数如图6所示。

a)正面图

b)侧面图

图5 HN4250G37CLM3型6×4半挂牵引车

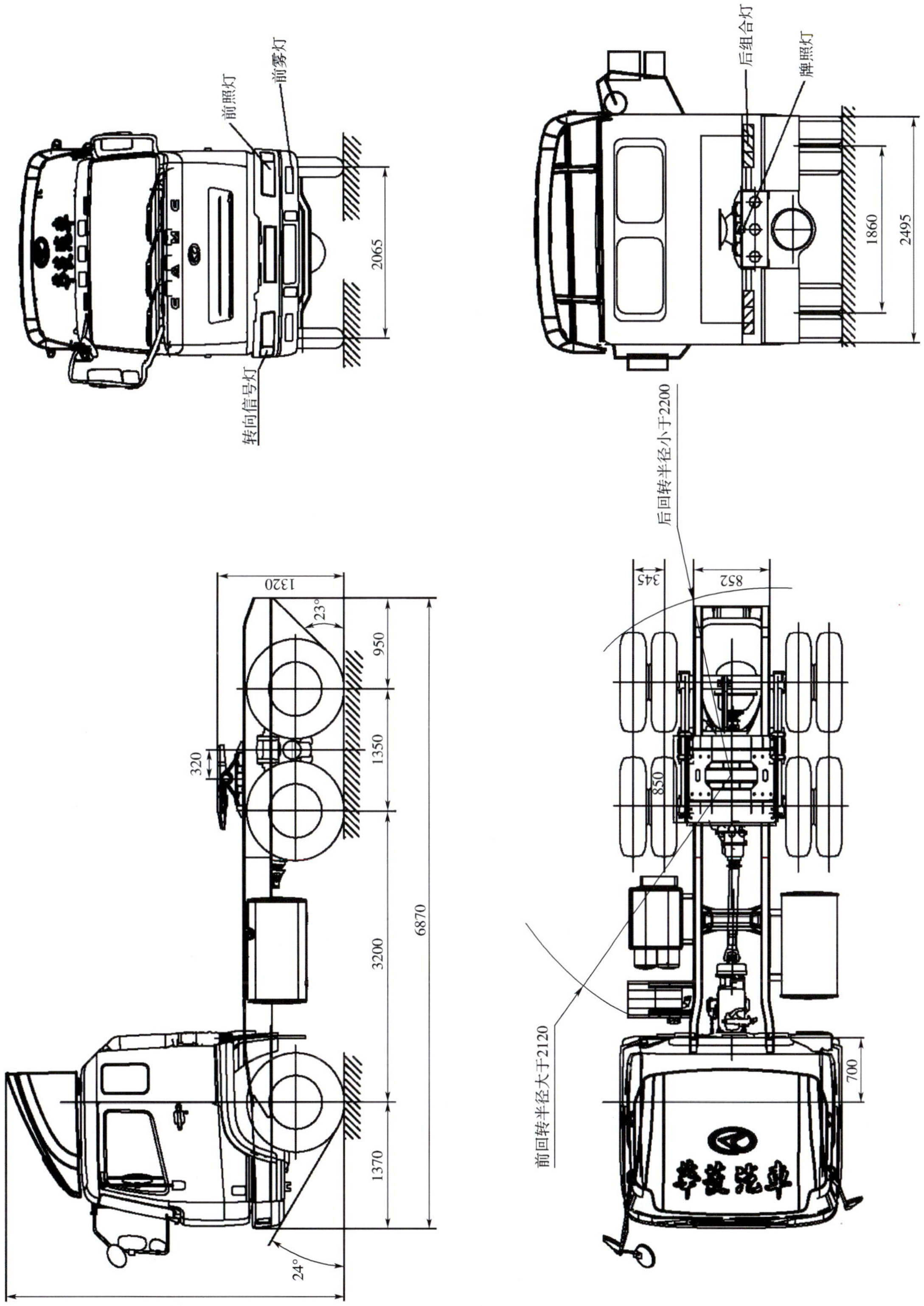

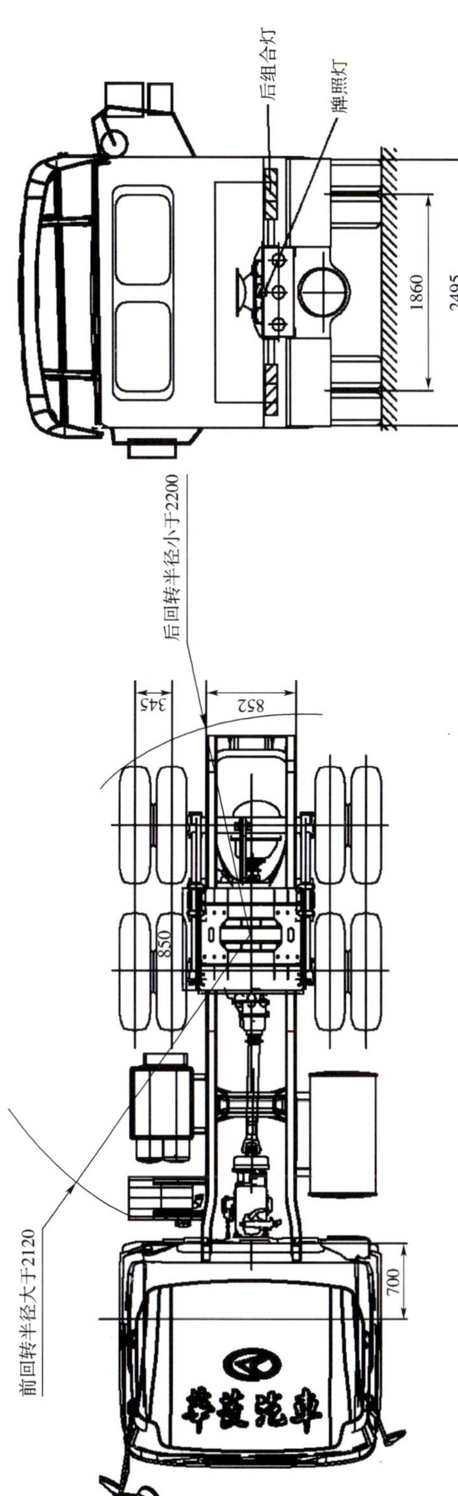

图6 车辆尺寸参数图（单位：mm）

3 车辆主要总成配置

HN4250G37CLM3型6×4半挂牵引车主要总成配置如表1所示。

车辆主要总成配置表　　表1

车辆型号	HN4250G37CLM3	达标车型编号	Q0140137
主要总成配置	规格/型号	生产厂家	
驾驶室总成（高顶/低顶）	低顶	安徽华菱汽车有限公司	
底盘总成	HN4250G37CLM3	安微华菱汽车有限公司	
发动机总成	WP10.375	潍柴动力股份有限公司	
变速器总成	12JS160TA	陕西法斯特齿轮有限公司	
离合器总成	FD430L30	桂林福达股份有限公司	
前桥总成	HLA	安徽华菱汽车有限公司	
中、后桥总成	HLF1/G1	安徽华菱汽车有限公司	
燃油箱（LNG气瓶）总成	654×564（380L）	蚌埠通达汽车零部件有限公司	
牵引座总成	BH-QD50D-173（50#）	镇江市宝华半挂车配件有限公司	
ABS装置	ABS-24V（4S/4M）	威伯科汽车控制系统（中国）有限公司	
轮胎	11.00R20	佳通轮胎（中国）投资有限公司	
缓速控制装置	—	—	
气制动连接器	3521FHDQ-010/020	东风电子科技有限公司	
带有行车记录仪的GPS	HVT100BD1	上海航盛实业有限公司	

2 HN4181P38C4M3型4×2半挂牵引车

HN4181P38C4M3型4×2半挂牵引车是安徽华菱汽车有限公司设计的自主品牌华菱重卡系列车型。

1 车辆主要技术特点

（1）动力系统

①采用国内领先的潍柴动力与陕齿变速箱组合，优化匹配华菱车桥，动力性、经济性、可靠性优越。

②发动机框架式机体结构，博士技术高压油泵，高强度、低噪声，装配WEVB排气门制动装置。冷却系统，采用新型铝制水箱，质量轻，散热能力强，可以匹配大功率发动机。中冷器管路布置优化，增加了功率，降低了油耗。

（2）车身特点

①驾驶室全新开发，采用众多的新技术、新工艺和新材料，是具有国内先进水平的驾驶室，如图7所示，驾驶室装饰完全可与轿车媲美，宽敞的驾驶室，舒适的卧铺，驾驶员的工作环境得到很大改善，疲劳程度大大减少，行车安全性随即提高。

②非承载式车身：有效减振；增强安全性和舒适性。

③全钢化冲压焊接驾驶室，增强车身强度。

④简洁美观的大型进气口，有利于通风散热。

⑤前保险杠为两段组合式，进气口、前照灯、下保险杠特征线条趋于一致，具有较强的整体感。

⑥电动门窗升降控制按钮，书刊匣，方便取放。

⑦车门防撞灯，提高夜间安全性。

⑧配装国内技术领先的高品质汽车空调系统，制冷量达到4150k。

a)驾驶室外形

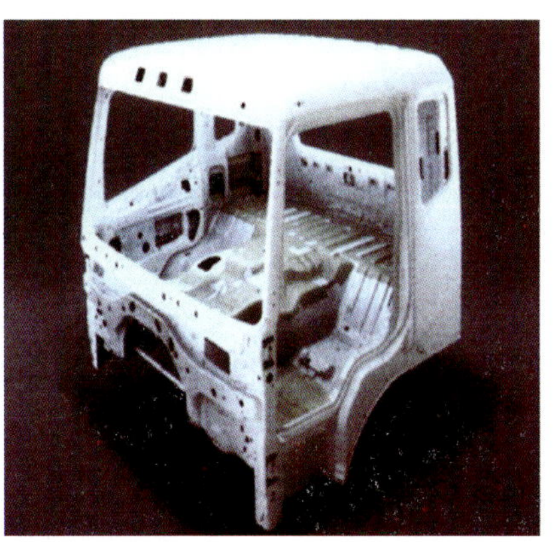

b)全钢化驾驶室

c)驾驶室装饰

图7 驾驶室

（3）车架特点

华菱汽车在车架大梁用材上，采用了高强度板材，前宽后窄变截面车架结构。采用了“】【”型结构的横梁，并在横梁两侧增加了大铸件连接，提高了平衡梁处的整体强度，明显改善了横梁的抗冲击能力。

（4）底盘系统

①制动系统：选用WABCO公司的气制动元件，包括脚制动阀、手控阀、挂车阀、继动阀、干燥器（或APU）、四回路保护阀等，如图8所示。

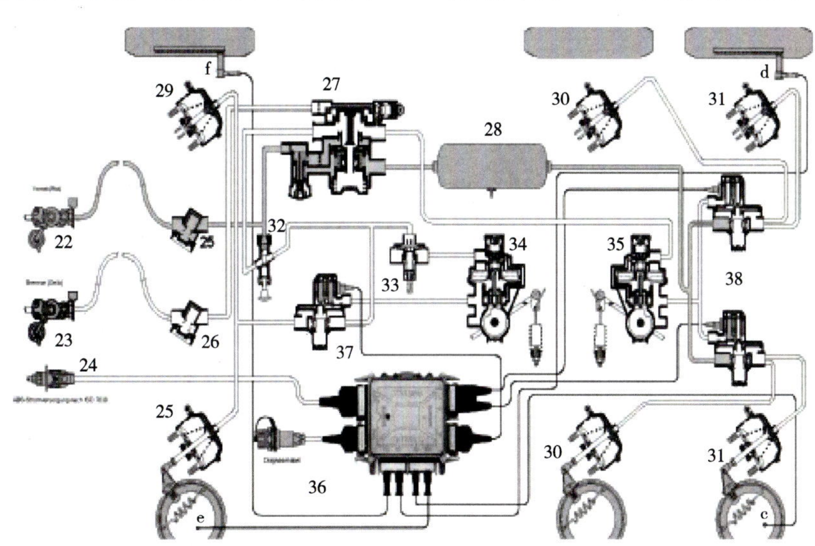

图8 制动系统

②变速箱及其操纵系统：轿车化短置变速杆，如图9所示，操作灵活、手感舒适；我公司开发的各系列车型均采用了双H、远距离操纵方式，传动形式为硬杆传动。硬杆传动具有传动效率高；选、换挡力小；受温度等环境因素影响小等优点。硬杆的传动效率可达到95%，只损失在杆端的球节及转轴处，在零部件出现磨损的情况下，仍能顺利的变挡。

③前桥：自制HLB级加强型前桥。技术先进、性能卓越可靠，可与日系车前桥相媲美。

a.承载能力不小于7.5t。

b.转向节：带滚针轴承（进口）转向轻便、灵活，代替国内的铜套结构。

c.手动臂，手动臂+ABS，自动臂，自动臂+ABS,盘式制动器等任你选择。

d.整体式锻造工字梁（16000t机械压力机一次锻造成型）。

图9　短置变速杆

④中后桥：

a.HLF单级减速桥，如图10所示。

b.承载能力：13000kg。

c.最大输出转矩：45000N・m。

d.可选速比：3.73∶4.10∶4.3。

e.制动器规格：ϕ400 ×200mm。

图10　HLF单级减速桥

⑤转向系统：

a.高吸能式转向盘，降低了伤害程度，提高了安全性。

b.原装进口转向机，确保使用效率，提高了整车质量水平。

c.可调式转向盘，如图11所示，使驾驶更舒适、轻松。

d.采用进口日本CXZ51L转向器以及按照CXZ51L国产化后的转向器。型号：ZJ110。主要参数：缸径110mm，承载 8000kg，传动比23.27，臂轴转角96°，总圈数6~8，输入转矩6000N・m。

图11　可调试转向盘

e.可匹配ZF转向机（如ZF8098）。

f.转向横拉杆：整体式，拆装方便。

g.转向管柱和可调机构焊接为一个总成，再由4条螺栓固定于驾驶室内，既方便了安装又节省了成本；转向盘可根据不同驾驶员要求前后、上下自由调节；调节机构的锁止装置采用三线螺纹，与国内同类产品的双线或单线螺纹相比，锁止手柄行程小，灵敏度高。

（5）轻量化设计

抛物线型变截面少片钢板弹簧、高强度单层梁车架、连接铸件优化设计、悬架系统优化设计、车桥优化设计等。

HN4181938C4M3半挂牵引车如图12所示。

a)正面图

b)侧面图

图12　HN4181P38C4M3型4×2半挂牵引车

2 车辆尺寸参数

HN4181P38C4M3型4×2半挂牵引车尺寸参数如图13所示。

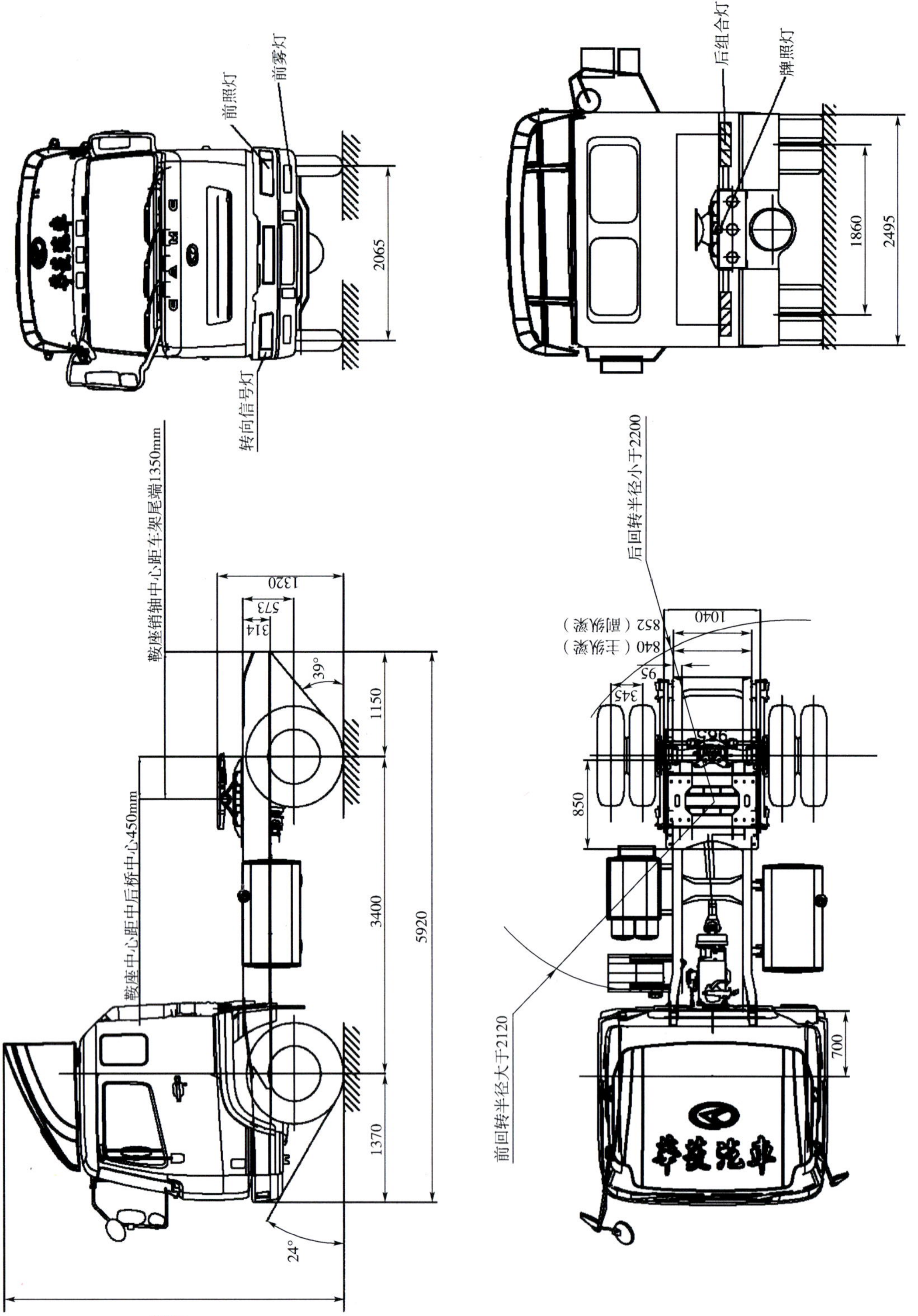

图13 车辆尺寸参数图（单位：mm）

3 车辆主要总成配置

HN418P38C4M3型4×2半挂牵引车主要总成配置如表2所示。

车辆主要总成配置表 表2

车辆型号	HN4181P38C4M3	达标车型编号	Q0140081
主要总成配置	规格/型号	生产厂家	
驾驶室总成（高顶/低顶）	低顶	安徽华菱汽车有限公司	
底盘总成	HN4181P38C4M3	安徽华菱汽车有限公司	
发动机总成	WP10.375	潍柴动力股份有限公司	
变速器总成	12JS160TA	陕西法斯特齿轮有限公司	
离合器总成	FD430L30	桂林福达股份有限公司	
前桥总成	HLB	安徽华菱汽车有限公司	
中、后桥总成	HLF	安徽华菱汽车有限公司	
燃油箱（LNG气瓶）总成	654×564（380L）	蚌埠通达汽车零部件有限公司	
牵引座总成	BH-QD50D-173（50#）	镇江市宝华半挂车配件有限公司	
ABS装置	ABS-24V（4S/4M）	威伯科汽车控制系统（中国）有限公司	
轮胎	11.00R20	佳通轮胎（中国）投资有限公司	
缓速控制装置	—	—	
气制动连接器	3521FHDQ-010/020	东风电子科技有限公司	
带有行车记录仪的GPS	HVT100BD1	上海航盛实业有限公司	

十七 戴姆勒卡客车（中国）有限公司

戴姆勒卡客车（中国）有限公司（简称戴姆勒，图1）成立于2013年1月1日，是戴姆勒集团在中国的一家全资子公司，主营梅赛德斯—奔驰载货汽车与客车，包括物流牵引车、工程用底盘车、特种车辆与客车等。

图1 戴姆勒卡客车（中国）有限公司

目前，戴姆勒在中国市场销售原装进口的梅赛德斯—奔驰Actros、Axor、Atego卡车。梅赛德斯-奔驰卡车具有一流品质、可靠性强、使用经济性高，并具有较长的维护周期。另外，在创新、内部工效学设计和安全性方面，都处于行业的领军地位，是商用车领域的全球基准。

戴姆勒在中国也销售梅赛德斯—奔驰乌尼莫克和赛特斯等专用车。乌尼莫克超级全地形车系列具有无与伦比的越野性能，可作为丛林和沙漠中工作的石油勘探人员的交通工具、森林消防车或者越野救护车。

近年来，梅赛德斯—奔驰卡车在中国的业绩连年大幅攀升，目前中国已是梅赛德斯—奔驰卡车全球第三大进口国。2012年，梅赛德斯—奔驰载货汽车在中国大陆销量6000余辆，已连续6年领跑中国进口高端重型载货汽车这一细分市场。戴姆勒客车同样为中国市场提供能够满足不同要求的客车系列。

丰富的产品线充分彰显了戴姆勒商用车对市场的敏锐把控以及在技术创新领域的领先优势。

“相信自己，相信奔驰”是戴姆勒对客户现在和未来可以信赖的承诺。

Actros 2641型6×4半挂牵引车

Actros 2641型6×4半挂牵引车（图2）集智能性、经济性、安全性、舒适性于一体。

1 车辆主要技术特点

（1）安全驾驶　舒适操作

①L-cab型驾驶室拥有实用的内饰，并标配舒适的驾驶员气垫座椅。

②低位舒适的卧铺以及其他更多实用的细节，让驾驶更加轻松舒畅。

③全新设计的仪表盘、雨量感应刮水器（选配）、光度感应器（选配）、下雨时雨刷自动擦拭，天黑时车灯自动开启，有效提高驾驶安全性。

④驾驶室采用“碰撞单元概念（CEC）”设计，保证在强烈撞击时驾驶室不发生撕裂或脱离车架；大量采用无尖角设计和抗破碎、抗折断及阻燃材料，有效降低和避免了事故对驾驶员的伤害。

⑤标配Telligent智能制动系统配有防抱死制动系统（ABS）和防侧滑调节系统（ASR），辅助制动和坡道驻车功能使得制动响应时间更短、响应速度更快。

（2）澎湃动力　稳健可靠

①新Actros采用OM 501 LA系列增压中冷发动机，具备较低油耗及与环境高度兼容性，能够有效降低运营成本，Telligent智能发动机控制系统实现了最佳的喷油方式，喷射压力高达1.8×10^8Pa。

②耐用经济的发动机运用BlueTec技术使得微粒和废气排放量更低，同时拥有较长的维护间隔周期以及其他技术优点，能够有效节省成本。

（3）自动变速　轻便车桥

①梅赛德斯PowerShift自动变速器，动力更显著、操作更佳、油耗更低。在转角传感器协作下可迅速实现“软”换挡，减少动力中断时间。

②具备5种预置的功能模式：动力模式、经济模式、慢车模式、悠车模式和巡航功能扩展，提供舒适、安全、经济的驾驶感受。

③单级减速HL6准双曲面齿轮后桥材质轻巧，有利于减少发动机油耗，其应用功率范围可达350kW（476马力），选用适当速比与变速器配用时，能达到更佳的节油效果。

2 车辆尺寸参数

Actros 2641型6×4半挂牵引车尺寸参数如图3所示。

a)正面图

b)侧面图

图2　Actros 2641型6×4半挂牵引车

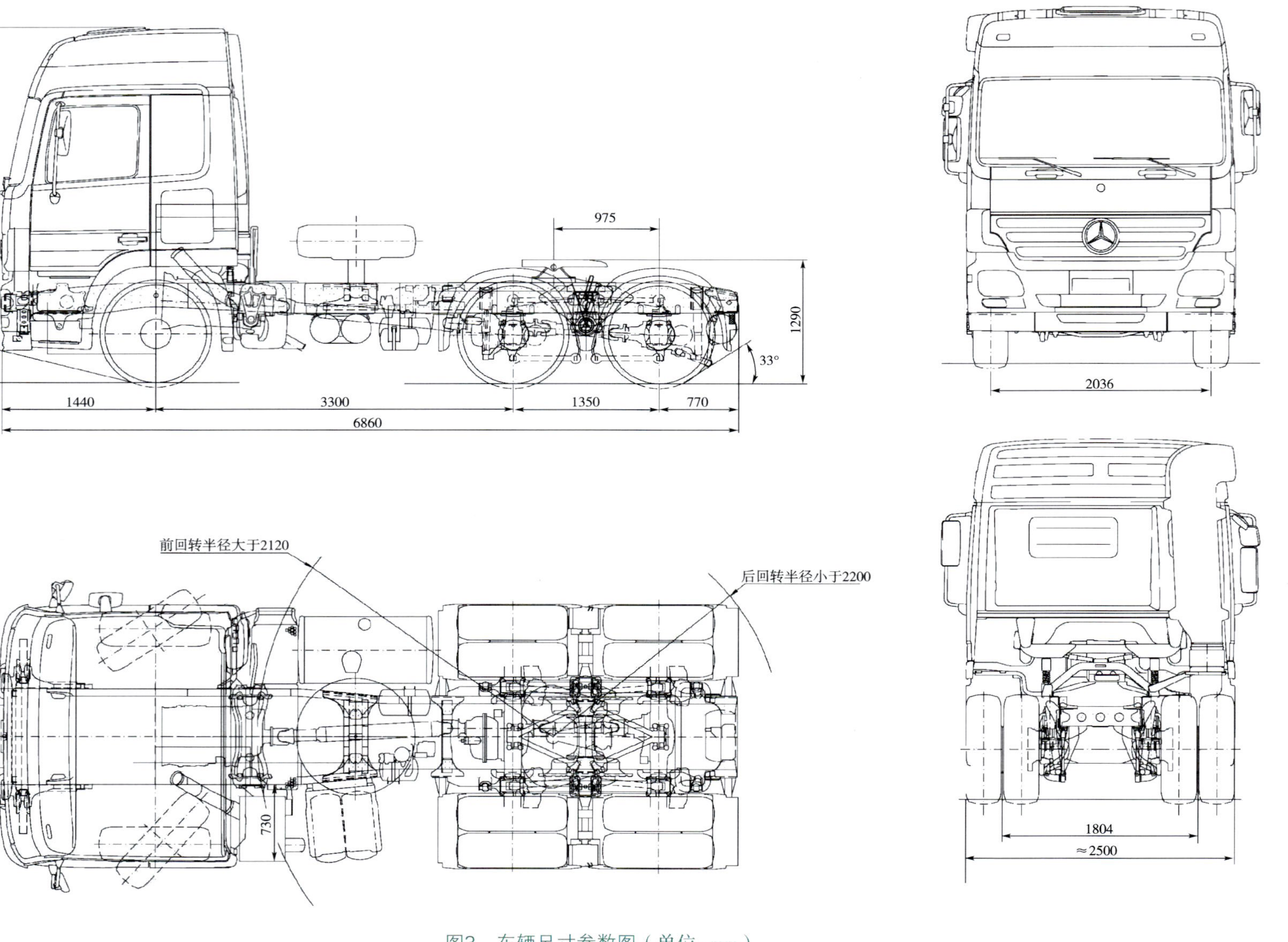

图3 车辆尺寸参数图（单位：mm）

3 车辆主要总成配置

Actros 2641型 6×4半挂牵引车主要总成配置如表1所示。

车辆主要总成配置表　　表1

车辆型号	Actros 2641	达标车型编号	Q0140700
主要总成配置	规格/型号	生产厂家	
驾驶室总成（高顶/低顶）	F04	戴姆勒股份公司	
底盘总成	Actros 2641	戴姆勒股份公司	
发动机总成	OM501LA.III/17	戴姆勒股份公司	
变速器总成	G330-12	戴姆勒股份公司	
离合器总成	A 024 250 ** 01	Valeo	
前轴总成	VL4/51 DC-7,5	戴姆勒股份公司	
中、后轴总成	HD7/55DCGS-13 HL7/55DCS-13	戴姆勒股份公司	
燃油箱总成	A 931 470 ** 01	戴姆勒股份公司	
牵引座总成	JOST JSK37	Jost	
ABS装置	A 000 448 ** 36	戴姆勒股份公司	
轮胎	315/70 R22.5, 295/80 R22.5	美国固特异轮胎橡胶公司 普利司通股份有限公司	
气制动连接器	A 000 429 ** 01 A 000 429 ** 30	戴姆勒股份公司	
带有行车记录仪的GPS	CA-8B GPS HVT100BD1	深圳市国脉科技有限公司 上海航盛实业有限公司	
制动器总成	A *** 421 ****（前） A *** 423 ****（后）	Knorr	

甩挂运输推荐车型
——半挂车

第一节　半挂车推荐车型参数

2013年，交通运输部公布了第二批甩挂运输推荐车型，其中有30个半挂车车型，各车型参数如表1～表11所示。

BJQ9400XXY、ZJV9405XXYTH、AKL9403XXY参数表　　表1

技术参数 \ 制造企业 / 车型	北京环达汽车装配有限公司	扬州中集通华专用车有限公司	安徽开乐专用车辆股份有限公司
车型	BJQ9400XXY	ZJV9405XXYTH	AKL9403XXY
推荐车型种类	三轴厢式半挂车	三轴厢式半挂车	三轴厢式半挂车
车辆公告批次、《目录》序号	第237批、（一）33	第240批、ZY001	第228批、（十二）27
车辆外廓尺寸（mm）（长×宽×高）	14600×2550×4000	14600×2550×3980	14600×2550×4000
车厢内部尺寸（mm）（长×宽×高）	14450×2440×2500	14400×2468×2550	14450×2450×2480
牵引销座板离地高度（1230～1250mm）	1230	1240	1235
前回转半径（≤2040mm）	1900	2000	1925
半挂车间隙半径（≥2300mm）	2400	2330	2880
牵引销型号	50号	50号	50号
整备质量（kg）	8500	7700	8500
最大总质量（kg）	40000	40000	40000
车轴规格及数量	10t /3	10t /3	10t /3
ABS系统型式及接口	满足甩挂运输推荐车型基本要求（修订版）	满足甩挂运输推荐车型基本要求（修订版）	满足甩挂运输推荐车型基本要求（修订版）
各轴轮胎数/规格型号	4/4/4/ 11.00R20 12PR	2/2/2/ 425/65R22.5 20PR	4/4/4/ 12R22.5 12PR
悬架型式	钢板弹簧	钢板弹簧	钢板弹簧
制动间隙自动调整装置	有	有	有
符合GB 12676和GB/T 5922要求的测试连接器	有	有	有
支承装置	符合GB/T 26777—2011的要求/双联动	符合GB/T 26777—2011的要求/双联动	符合GB/T 26777—2011的要求/双联动
车轮动平衡要求	符合	符合	符合
货运挂车气压制动系统	符合JT/T 487—2003要求	符合JT/T 487—2003要求	符合JT/T 487—2003要求
电、气连接装置	满足甩挂运输推荐车型基本要求（修订版）	满足甩挂运输推荐车型基本要求（修订版）	满足甩挂运输推荐车型基本要求（修订版）

CSQ9401XXY、FDF9403XXY、ZCZ9400XXYGJD参数表　　表2

技术参数 \ 制造企业	梁山中集东岳车辆有限公司	福建省德峰汽车制造有限公司	驻马店中集华骏车辆有限公司
车型	CSQ9401XXY	FDF9403XXY	ZCZ9400XXYHJD
推荐车型种类	三轴厢式半挂车	三轴厢式半挂车	三轴厢式半挂车
车辆公告批次、《目录》序号	第228批、ZY001	第230批、（十三）24	第239批、ZY001
车辆外廓尺寸（mm）（长×宽×高）	14600×2550×3950	14600×2550×3870	14600×2550×3550
车厢内部尺寸（mm）（长×宽×高）	14450×2460×2400	14420×2460×2360	14440×2450×2200
牵引销座板离地高度（1230~1250mm）	1240	1245	1240
前回转半径（≤2040mm）	1893	1890	1820
半挂车间隙半径（≥2300mm）	2550	2320	2400
牵引销型号	50号	50号	50号
整备质量（kg）	8500	8000	8500
最大总质量（kg）	39500	40000	40000
车轴规格及数量	10t /3	10t /3	10t /3
ABS系统型式及接口	满足甩挂运输推荐车型基本要求（修订版）	满足甩挂运输推荐车型基本要求（修订版）	满足甩挂运输推荐车型基本要求（修订版）
各轴轮胎数/规格型号	4/4/4/ 12R22.5 12PR	4/4/4/ 11.00R20 12PR	4/4/4/ 11R22.5 12PR
悬架型式	钢板弹簧	钢板弹簧	钢板弹簧
制动间隙自动调整装置	有	有	有
符合GB 12676和GB/T 5922要求的测试连接器	有	有	有
支承装置	符合GB/T 26777—2011的要求/双联动	符合GB/T 26777—2011的要求/双联动	符合GB/T 26777—2011的要求/双联动
车轮动平衡要求	符合	符合	符合
货运挂车气压制动系统	符合JT/T 487—2003要求	符合JT/T 487—2003要求	符合JT/T 487—2003要求
电、气连接装置	满足甩挂运输推荐车型基本要求（修订版）	满足甩挂运输推荐车型基本要求（修订版）	满足甩挂运输推荐车型基本要求（修订版）

FJZ9400XXY、FCC9400XXY、XHX9400XXY参数表 表3

技术参数 \ 制造企业	重汽集团福建专用车有限公司	福建常春专用车制造有限公司	福建新华旭专用车制造有限公司
车型	FJZ9400XXY	FCC9400XXY	XHX9400XXY
推荐车型种类	三轴厢式半挂车	三轴厢式半挂车	三轴厢式半挂车
车辆公告批次、《目录》序号	第238批、（十三）22	第240批、（十三）18	第226批、（十三）21
车辆外廓尺寸（mm）（长×宽×高）	14600×2550×4000	14600×2550×3790	14600×2550×3980
车厢内部尺寸（mm）（长×宽×高）	14400×2460×2600	14450×2450×2260	14350×2440×2550
牵引销座板离地高度（1230～1250mm）	1240	1230	1245
前回转半径（≤2040mm）	1850	1856	1990
半挂车间隙半径（≥2300mm）	2330	2400	2315
牵引销型号	50号	50号	50号
整备质量（kg）	8500	8500	7950
最大总质量（kg）	40000	40000	39750
车轴规格及数量	10t /3	10t /3	10t /3
ABS系统型式及接口	满足甩挂运输推荐车型基本要求（修订版）	满足甩挂运输推荐车型基本要求（修订版）	满足甩挂运输推荐车型基本要求（修订版）
各轴轮胎数/规格型号	4/4/4/ 11R22.5 12PR	4/4/4/11R22.5 12PR	4/4/4/ 12R22.5 12PR
悬架型式	钢板弹簧	钢板弹簧	钢板弹簧
制动间隙自动调整装置	有	有	有
符合GB12676和GB/T5922要求的测试连接器	有	有	有
支承装置	符合GB/T 26777—2011的要求/双联动	符合GB/T 26777—2011的要求/双联动	符合GB/T 26777—2011的要求/双联动
车轮动平衡要求	符合	符合	符合
货运挂车气压制动系统	符合JT/T 487—2003要求	符合JT/T 487—2003要求	符合JT/T 487—2003要求
电、气连接装置	满足甩挂运输推荐车型基本要求（修订版）	满足甩挂运输推荐车型基本要求（修订版）	满足甩挂运输推荐车型基本要求（修订版）

LCL9405XXY、LZQ9402XXY参数表 表4

技术参数 \ 制造企业 / 车型	山东丛林福禄好富汽车有限公司	山东迅力特种汽车有限公司
车型	LCL9405XXY	LZQ9402XXY
推荐车型种类	三轴厢式半挂车	三轴厢式半挂车
车辆公告批次、《目录》序号	第241批、（十五）47	第240批、（十五）21
车辆外廓尺寸（mm）（长×宽×高）	14600×2550×4000	14595×2550×3990
车厢内部尺寸（mm）（长×宽×高）	14260×2465×2550	14465×2440×2500
牵引销座板离地高度（1230~1250mm）	1245	1240
前回转半径（≤2040mm）	2038	1872
半挂车间隙半径（≥2300mm）	2320	2325
牵引销型号	50号	50号
整备质量（kg）	7400	8500
最大总质量（kg）	39900	39600
车轴规格及数量	10t /3	10t /3
ABS系统型式及接口	满足甩挂运输推荐车型基本要求（修订版）	满足甩挂运输推荐车型基本要求（修订版）
各轴轮胎数/规格型号	2/2/2/ 425/65R22.5 20PR	4/4/4/ 11.00R20 12PR
悬架型式	空气悬架	钢板弹簧
制动间隙自动调整装置	有	有
符合GB 12676和GB/T 5922要求的测试连接器	有	有
支承装置	符合GB/T 26777—2011的要求/双联动	符合GB/T 26777—2011的要求/双联动
车轮动平衡要求	符合	符合
货运挂车气压制动系统	符合JT/T 487—2003要求	符合JT/T 487—2003要求
电、气连接装置	满足甩挂运输推荐车型基本要求（修订版）	满足甩挂运输推荐车型基本要求（修订版）

LSY9407、SDG9409A、JF9404参数表　　表5

技术参数　制造企业／车型	丽水市南明专用汽车有限公司	山东蓬翔汽车有限公司	河南骏通车辆有限公司
车型	LSY9407	SDG9409A	JF9404
推荐车型种类	三轴栏板式半挂车	三轴栏板式半挂车	三轴栏板式半挂车
车辆公告批次、《目录》序号	第238批、（十一）14	第237批、（十五）24	第225批、（十六）28
车辆外廓尺寸（mm）（长×宽×高）	12990×2500×2900	12995×2498×2850	13000×2500×2800
牵引销座板离地高度（1230～1250mm）	1230	1245	1240
前回转半径（≤2040mm）	1830	1850	1850
半挂车间隙半径（≥2300mm）	2350	2340	2315
牵引销型号	50号	50号	50号
整备质量（kg）	7000	5500	5500
最大总质量（kg）	40000	40000	40000
车轴规格及数量	10t /3	10t /3	10t /3
ABS系统型式及接口	满足甩挂运输推荐车型基本要求（修订版）	满足甩挂运输推荐车型基本要求（修订版）	满足甩挂运输推荐车型基本要求（修订版）
各轴轮胎数/规格型号	4/4/4/ 12R22.5 12PR	4/4/4/ 12R22.5 12PR	4/4/4/ 12R22.5 12PR
悬架型式	钢板弹簧	钢板弹簧	钢板弹簧
制动间隙自动调整装置	有	有	有
符合GB 12676和GB/T 5922要求的测试连接器	有	有	有
支承装置	符合GB/T 26777—2011的要求/双联动	符合GB/T 26777—2011的要求/双联动	符合GB/T 26777—2011的要求/双联动
车轮动平衡要求	符合	符合	符合
货运挂车气压制动系统	符合JT/T 487—2003要求	符合JT/T 487—2003要求	符合JT/T 487—2003要求
电、气连接装置	满足甩挂运输推荐车型基本要求（修订版）	满足甩挂运输推荐车型基本要求（修订版）	满足甩挂运输推荐车型基本要求（修订版）

YJM9400、JAT9401、LHY9401参数表 表6

技术参数 \ 制造企业 / 车型	河北御捷马专用车制造有限公司	江苏安华汽车股份有限公司	山东梁山华宇集团汽车制造有限公司
	YJM9400	JAT9401	LHY9401
推荐车型种类	三轴栏板式半挂车	三轴栏板式半挂车	三轴栏板式半挂车
车辆公告批次、《目录》序号	第239批、（三）68	第236批、（十）70	第237批、（十五）53
车辆外廓尺寸（mm）（长×宽×高）	13000×2500×2910	13000×2500×2750	13000×2500×2700
牵引销座板离地高度（1230～1250mm）	1230	1240	1240
前回转半径（≤2040mm）	1800	1840	1803
半挂车间隙半径（≥2300mm）	2580	2450	2400
牵引销型号	50号	50号	50号
整备质量（kg）	6600	5990	6000
最大总质量（kg）	40000	39990	40000
车轴规格及数量	10t /3	10t /3	10t /3
ABS系统型式及接口	满足甩挂运输推荐车型基本要求（修订版）	满足甩挂运输推荐车型基本要求（修订版）	满足甩挂运输推荐车型基本要求（修订版）
各轴轮胎数/规格型号	4/4/4/ 12R22.5 12PR	4/4/4/ 12R22.512PR	4/4/4/ 12R22.5 12PR
悬架型式	钢板弹簧	钢板弹簧	钢板弹簧
制动间隙自动调整装置	有	有	有
符合GB 12676和GB/T 5922要求的测试连接器	有	有	有
支承装置	符合GB/T 26777—2011的要求/双联动	符合GB/T 26777—2011的要求/双联动	符合GB/T 26777—2011的要求/双联动
车轮动平衡要求	符合	符合	符合
货运挂车气压制动系统	符合JT/T 487—2003要求	符合JT/T 487—2003要求	符合JT/T 487—2003要求
电、气连接装置	满足甩挂运输推荐车型基本要求（修订版）	满足甩挂运输推荐车型基本要求（修订版）	满足甩挂运输推荐车型基本要求（修订版）

CTY9407、FOF9403、FM9402参数表 表7

技术参数 \ 制造企业	山东梁山通亚汽车制造有限公司	福建省德峰汽车制造有限公司	福建省闽兴专用汽车有限公司
车型	CTY9407	FDF9403	FM9402
推荐车型种类	三轴栏板式半挂车	三轴栏板式半挂车	三轴栏板式半挂车
车辆公告批次、《目录》序号	第230批、（十五）14	第236批、（十三）24	第239批、（十三）17
车辆外廓尺寸（mm）（长×宽×高）	13000×2500×2860	13000×2500×2905	13000×2500×2750
牵引销座板离地高度（1230~1250mm）	1230	1230	1240
前回转半径（≤2040mm）	1860	1890	1805
半挂车间隙半径（≥2300mm）	2500	2335	2520
牵引销型号	50号	50号	50号
整备质量（kg）	6000	6000	6500
最大总质量（kg）	40000	40000	40000
车轴规格及数量	10t /3	10t /3	10t /3
ABS系统型式及接口	满足甩挂运输推荐车型基本要求（修订版）	满足甩挂运输推荐车型基本要求（修订版）	满足甩挂运输推荐车型基本要求（修订版）
各轴轮胎数/规格型号	4/4/4/ 12R22.5 12PR	4/4/4/ 11R20 12PR	4/4/4/ 12R22.5 12PR
悬架型式	钢板弹簧	钢板弹簧	钢板弹簧
制动间隙自动调整装置	有	有	有
符合GB 12676和GB/T 5922要求的测试连接器	有	有	有
支承装置	符合GB/T 26777—2011的要求/双联动	符合GB/T 26777—2011的要求/双联动	符合GB/T 26777—2011的要求/双联动
车轮动平衡要求	符合	符合	符合
货运挂车气压制动系统	符合JT/T 487—2003要求	符合JT/T 487—2003要求	符合JT/T 487—2003要求
电、气连接装置	满足甩挂运输推荐车型基本要求（修订版）	满足甩挂运输推荐车型基本要求（修订版）	满足甩挂运输推荐车型基本要求（修订版）

XHX9360TJZ、FTW9370TJZG、ZJV9374TJZSZ参数表 表8

技术参数 \ 制造企业	福建新华旭专用车制造有限公司	福建泰华交通设备有限公司	深圳中集专用车有限公司
车型	XHX9360TJZ	FTW9370TJZG	ZJV9374TJZSZ
推荐车型种类	三轴40英尺集装箱运输半挂车	三轴40英尺集装箱运输半挂车	三轴40英尺集装箱运输半挂车
车辆公告批次、《目录》序号	第237批、（十三）21	第237批、（十三）25	第240批、ZY001
车辆外廓尺寸（mm）（长×宽×高）	12465×2480×1750	12420×2480×1540	12450×2480×1620
牵引销座板离地高度（1230～1250 mm）	1250	1240	1230
承载面高度（空载，≤1410mm）	1320	1408	1305
前回转半径（≤2040mm）	1820	1450	1650
半挂车间隙半径（≥2300mm）	2315	2500	2325
牵引销型号	50号	50号	50号
整备质量（kg）	5800	6000	6100
最大总质量（kg）	36280	36500	37000
车轴规格及数量	10t /3	10t /3	10t /3
车架结构	鹅颈骨架式	平直梁骨架式	鹅颈骨架式
ABS系统型式及接口	满足甩挂运输推荐车型基本要求（修订版）	满足甩挂运输推荐车型基本要求（修订版）	满足甩挂运输推荐车型基本要求（修订版）
各轴轮胎数/规格型号	4/4/4/ 10.00R20 12PR	4/4/4/ 11.00R20 12PR	4/4/4/ 11R22.5 12PR
悬架型式	钢板弹簧	钢板弹簧	空气悬架
制动间隙自动调整装置	有	有	有
符合GB 12676和GB/T 5922要求的测试连接器	有	有	有
支承装置	符合GB/T 26777—2011的要求/双联动	符合GB/T 26777—2011的要求/双联动	符合GB/T 26777—2011的要求/双联动
车轮动平衡要求	符合	符合	符合
货运挂车气压制动系统	符合JT/T 487—2003要求	符合JT/T 487—2003要求	符合JT/T 487—2003要求
电、气连接装置	满足甩挂运输推荐车型基本要求（修订版）	满足甩挂运输推荐车型基本要求（修订版）	满足甩挂运输推荐车型基本要求（修订版）

ZJV9371TJZQD、THT9370TJZ02、CTY9372TJZG参数表　　表9

技术参数 \ 制造企业	青岛中集专用车有限公司	扬州中集通华专用车有限公司	山东梁山通亚汽车制造有限公司
车型	ZJV9371TJZQD	THT9370TJZ02	CTY9372TJZG
推荐车型种类	三轴40英尺集装箱运输半挂车	三轴40英尺集装箱运输半挂车	三轴40英尺集装箱运输半挂车
车辆公告批次、《目录》序号	第240批、ZY001	第240批、ZY001	第242批、（十五）14
车辆外廓尺寸（mm）（长×宽×高）	12240×2480×1450	12391×2480×1490	12450×2480×1590
牵引销座板离地高度（1230~1250 mm）	1250	1240	1245
承载面高度（空载，≤1410mm）	1340	1395	1345
前回转半径（≤2040mm）	1590	1820	1505
半挂车间隙半径（≥2300mm）	2350	2330	2500
牵引销型号	50号	50号	50号
整备质量（kg）	6000	6520	6350
最大总质量（kg）	37000	37000	36830
车轴规格及数量	10t /3	10t /3	10t /3
车架结构	平直梁骨架式	平直梁骨架式	平直梁骨架式
ABS系统型式及接口	满足甩挂运输推荐车型基本要求（修订版）	满足甩挂运输推荐车型基本要求（修订版）	满足甩挂运输推荐车型基本要求（修订版）
各轴轮胎数/规格型号	4/4/4/ 12R22.5 12PR	4/4/4/ 12R22.5 12PR	4/4/4/ 12R22.5 12PR
悬架型式	空气悬架	钢板弹簧	钢板弹簧
制动间隙自动调整装置	有	有	有
符合GB 12676和GB/T 5922要求的测试连接器	有	有	有
支承装置	符合GB/T 26777—2011的要求/双联动	符合GB/T 26777—2011的要求/双联动	符合GB/T 26777—2011的要求/双联动
车轮动平衡要求	符合	符合	符合
货运挂车气压制动系统	符合JT/T 487—2003要求	符合JT/T 487—2003要求	符合JT/T 487—2003要求
电、气连接装置	满足甩挂运输推荐车型基本要求（修订版）	满足甩挂运输推荐车型基本要求（修订版）	满足甩挂运输推荐车型基本要求（修订版）

ST9352TJZ、FJZ9350TJZG参数表　　表10

技术参数 \ 制造企业	山东鲁峰专用汽车有限责任公司	重汽集团福建专用车有限公司
车型	ST9352TJZ	FJZ9350TJZG
推荐车型种类	两轴40英尺集装箱运输半挂车	两轴40英尺集装箱运输半挂车
车辆公告批次、《目录》序号	第228批、（十五）23	第239批、（十三）22
车辆外廓尺寸（mm）（长×宽×高）	12500×2490×1760	12400×2480×1480
牵引销座板离地高度（1230～1250 mm）	1240	1240
承载面高度（空载，≤1410mm）	1405	1410
前回转半径（≤2040mm）	1650	1343
半挂车间隙半径（≥2300mm）	2350	2340
牵引销型号	50号	50号
整备质量（kg）	4500	4470
最大总质量（kg）	35000	34950
车轴规格及数量	10t /2	10t /2
车架结构	鹅颈骨架式	鹅颈骨架式
ABS系统型式及接口	满足甩挂运输推荐车型基本要求（修订版）	满足甩挂运输推荐车型基本要求（修订版）
各轴轮胎数/规格型号	4/4/ 12R22.5 14PR	4/4/ 11R22.5 16PR
悬架型式	钢板弹簧	钢板弹簧
制动间隙自动调整装置	有	有
符合GB 12676和GB/T 5922要求的测试连接器	有	有
支承装置	符合GB/T 26777—2011的要求/双联动	符合GB/T 26777—2011的要求/双联动
车轮动平衡要求	符合	符合
货运挂车气压制动系统	符合JT/T 487—2003要求	符合JT/T 487—2003要求
电、气连接装置	满足甩挂运输推荐车型基本要求（修订版）	满足甩挂运输推荐车型基本要求（修订版）

LHY9351TJZ、LSY9354TJZ参数表　　表11

技术参数 \ 制造企业 / 车型	山东梁山华宇集团汽车制造有限公司	丽水市南明专用汽车有限公司
车型	LHY9351TJZ	LSY9354TJZ
推荐车型种类	两轴20英尺集装箱运输半挂车	两轴20英尺集装箱运输半挂车
车辆公告批次、《目录》序号	第230批、（十五）53	第237批、（十一）14
车辆外廓尺寸（mm）（长×宽×高）	7200×2480×1680	7220×2500×1480
牵引销座板离地高度（1230～1250 mm）	1240	1230
承载面高度（空载，≤1410mm）	1393	1405
前回转半径（≤2040mm）	1613	1250
半挂车间隙半径（≥2300mm）	2320	2350
牵引销型号	50号	50号
整备质量（kg）	4000	3600
最大总质量（kg）	35000	35000
车轴规格及数量	10t /2	10t /2
车架结构	骨架式	骨架式
ABS系统型式及接口	满足甩挂运输推荐车型基本要求（修订版）	满足甩挂运输推荐车型基本要求（修订版）
各轴轮胎数/规格型号	4/4/ 12R22.5 12PR	4/4/ 11R22.5 16PR
悬架型式	钢板弹簧	钢板弹簧
制动间隙自动调整装置	有	有
符合GB 12676和GB/T 5922要求的测试连接器	有	有
支承装置	符合GB/T 26777—2011的要求/双联动	符合GB/T 26777—2011的要求/双联动
车轮动平衡要求	符合	符合
货运挂车气压制动系统	符合JT/T 487—2003要求	符合JT/T 487—2003要求
电、气连接装置	满足甩挂运输推荐车型基本要求（修订版）	满足甩挂运输推荐车型基本要求（修订版）

第二节 半挂车推荐车型及企业简介

一 北京环达汽车装配有限公司

北京环达汽车装配有限公司（图1）是专业从事半挂车生产制造及车辆改装的国家重点骨干企业，是北京市汽车行业协会会员单位，2002年由原国有企业改制而成。公司拥有享誉国内外的自主品牌“环达”牌，并荣获“北京市优秀民营企业”称号。

图1　北京环达汽车装配有限公司

公司位于北京经济技术开发区西侧旧宫工业区，厂区占地8.6万m^2，建筑面积4万m^2，公司现有专用设备200余台（套），其中半挂车生产专用大型设备56台，技术装备先进，检测手段齐全。公司现有员工358人，管理人员73人，其中专业从事专用车开发设计的工程技术人员70%为工程师以上职称。公司坚持以质量求生存，以信誉求发展，不断创新产品设计，引进先进的生产加工工艺，运用科学的管理方法，确保“环达”牌系列半挂车的优良品质。公司多年前通过ISO 9001质量体系认证及CCC国家强制性产品认证。产品共有八大系列40多个品种，其中商品车专用运输车是全国最大生产企业，市场占有率稳居第一。年生产能力单班达到2000余辆，产品销售遍布我国29个省区市，并远销东欧、西亚、中东和南非等国家和地区。

在国庆60周年之际，我公司做为唯一一家民营企业，承担了首都国庆游行彩车设计制造的光荣任务，胜利完成了“科技创新”、“教育成就”、“人口卫生”、“绿色海南”、“七彩云南”、“紫荆盛放”等六台彩车的制作，并取得了“彩车最佳组织单位”、“彩车设计制作优秀奖”、“创新成果奖”、“奋进奖”等荣誉，在“环达”的发展史上书写了辉煌的一页。

求实、创新、诚信是环达人的执业精神和从业理念。公司管理团队以创新的思路，务实的作风带领全体员工不断开拓进取，给企业带来了活力和十足的发展后劲。北京环达汽车装配有限公司将一如既往地致力于科技创新及产品运用推广，不断为国家经济建设、地方社会就业和客户经济效益作出更大的贡献。

BJQ9400XXY型三轴厢式半挂车

BJQ9400XXY型三轴厢式运输半挂车（图2）是一种轻质、环保、多功能的复合材料厢式半挂车，该类厢式半挂车厢体是以复合材料构成整体承载式。具有外表美观大方、结构先进合理、自重利用率高、有效容积大、密封性能好、运输安全可靠、装卸方便等优点。可防风、防雨、防晒、防火、防撞、防盗，广泛用于公路运送电视机、冰箱、铝型材、服装、食品、轻工产品、精密仪器、药品等物品。

1 车辆主要技术特点

（1）耐冲击效果好

传统的钢、铝质蒙皮由于使用厚度相等，中间空，易变形；而用木质复合板制成的厢体车抗冲击性能远远高于钢板（1mm）或铝质（1.2 mm）蒙皮式厢体。

（2）密闭性能

传统的钢、铝质蒙皮使用中由于车辆的扭曲变形使铆钉易松动并产生漏雨现象，而使用玻璃钢复合材料以及在工厂经特殊技术连接后，可使密封性能达到最佳效果。

（3）耐腐蚀性

传统的钢、铝蒙皮易与酸碱起化学反应，耐腐蚀性能差；玻璃钢复合材料则耐酸、耐碱，适各种气候，使用寿命可达10年以上。

（4）可安装性

传统的钢、铝质蒙皮厢体需进行冲压、焊接、防锈等工序，安装程序复杂；而使用玻璃钢复合材料仅需后成型，总装环节安装方便。

（5）卫生防毒性能

玻璃钢复合材料厢体所用各种材料的苯乙烯含量均小于0.2g，符合我国卫生防毒标准，并可根据用户要求选用食品专用胶衣及树脂，满足食品运输要求，运送食品的卫生防毒能力明显高于传统的钢、铝质蒙皮厢体。

（6）复合材料厢体

复合材料厢体还具有易于清洗、维修方便等优点，厢体局部损坏或表面划伤均可很方便地用复合材料修复，此外平整光洁的侧面还便于做流动大型广告。

2 车辆尺寸参数

BJQ9400XXY型三轴厢式半挂车尺寸参数，如图3所示。

a)正面图

b)侧面图

图2　BJQ9400XXY型三轴厢式半挂车

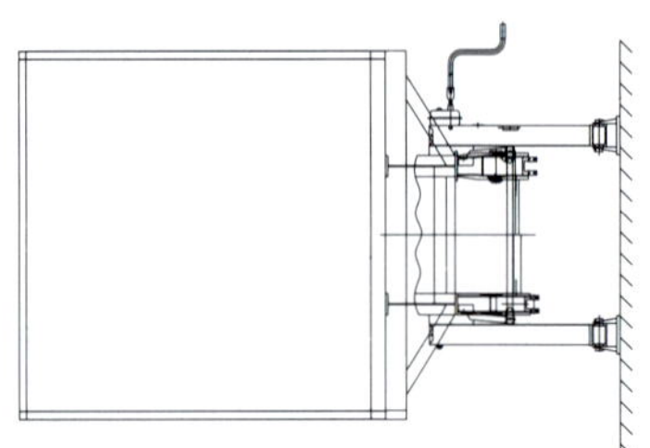

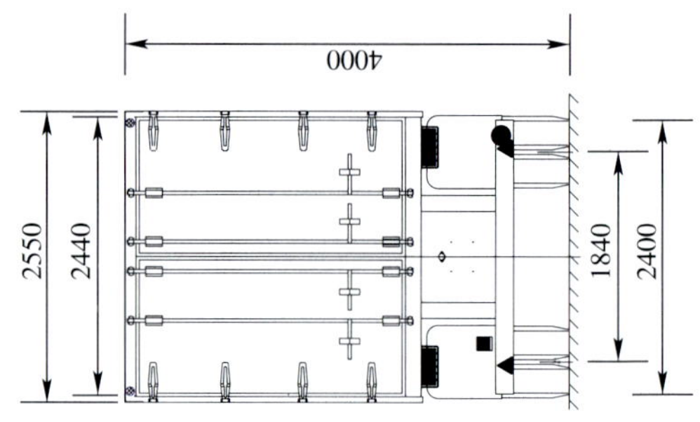

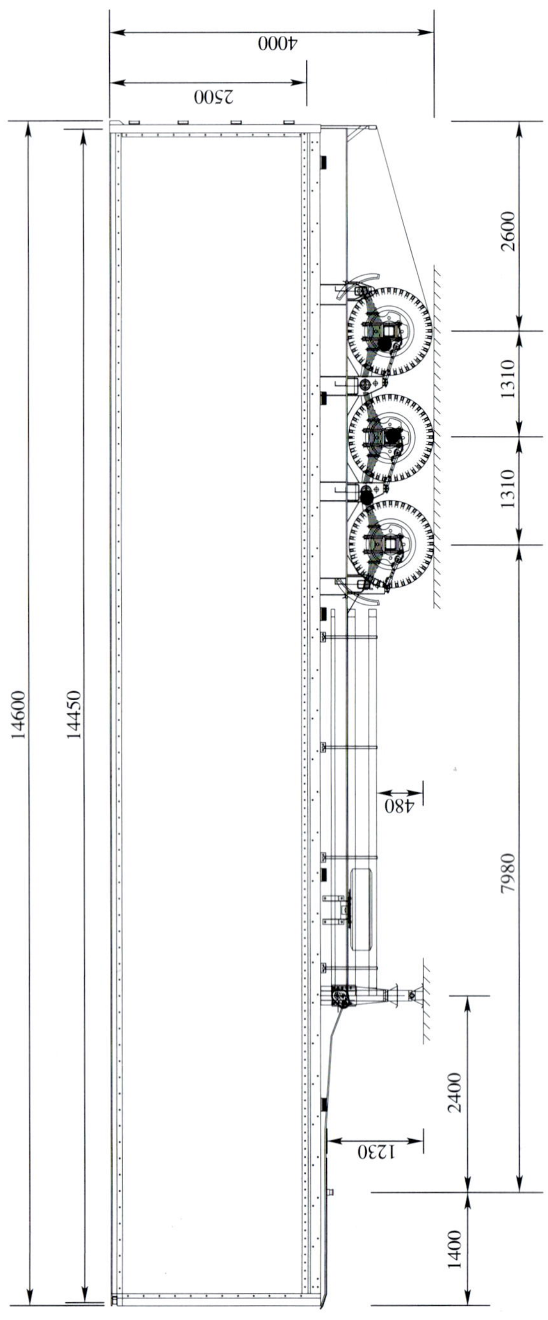

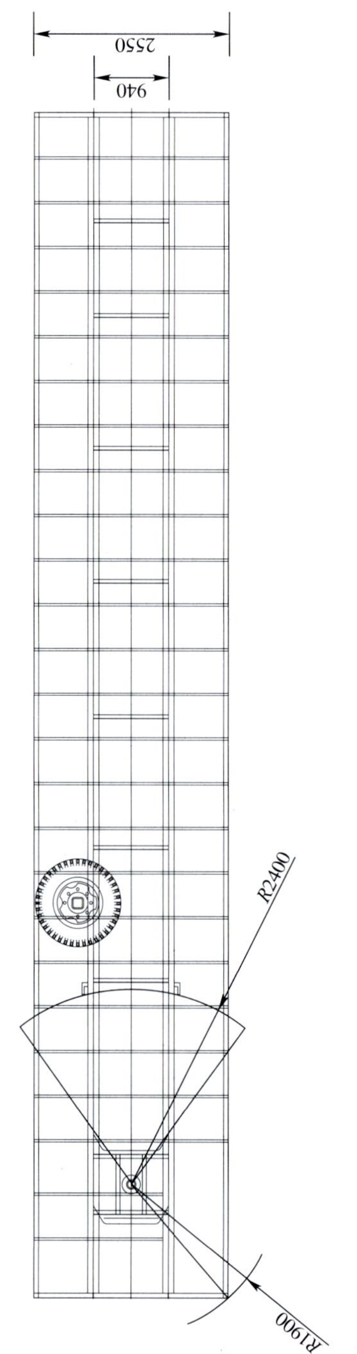

图3 车辆尺寸参数图（单位：mm）

3 车辆主要总成配置

BJQ9400XXY型三轴厢式半挂车主要总成配置如表1所示。

车辆主要总成配置表 表1

车辆型号：BJQ9400XXY		
主要总成配置	规格/型号	生产厂家
车架总成	BJQ9400XXY-2801001	北京环达汽车装配有限公司
车轴总成	F24（10t）	广东富华工程机械制造有限公司
轮胎	11.00R20	双钱载重轮胎公司
支承装置	CDJ28TAFY	扬州统一机械有限公司
悬架总成	三轴新型悬架	扬州邗江东方车辆部件有限公司
ABS装置	364279201	翰德汽车产品（苏州）有限公司
紧急继动阀	DX-8002	浙江东星科技有限公司
电连接器	----	常州南挂车辆部件有限公司
牵引销	KW1008-CN	约斯特（中国）汽车部件有限公司
储气筒	46L	天津正和汽车零部件有限公司
制动气室	双腔气室	淄博博山制动有限公司
制动器总成	420X180	广东富华工程机械制造有限公司

二 扬州中集通华专用车有限公司

扬州中集通华专用车有限公司（图1）是中集车辆（集团）有限公司在华东地区重要的骨干型企业，是国家火炬计划重点高新技术企业、国家发改委和商务部认定的“全国整车出口基地企业”、国家博士后科研工作站。公司成立于1992年8月，注册资金29426万元，于2003年3月正式加入中集车辆（集团）有限公司。

图1　扬州中集通华专用车有限公司

公司位于江苏省扬州市经济开发区，占地面积59万m^2，其中厂房16万多m^2，现有员工2300人。公司具有年生产4万辆各类专用汽车的生产能力，其中罐式车生产能力达到年产5000辆。

公司技术装备先进，检测手段齐全，主要检测仪器均从国外引进，公司于1997年通过了ISO 9001质量体系认证，获得美国船级社（ABS）、德国TUV检验机构颁发的合格证书，在国内同行业中首家通过GJB 9001A—2001质量体系的认证。由国家级机械工业科技专家、江苏省“333”跨世纪学术技术带头人、教授级高级工程师以及各类工程技术人才组成的“江苏省特种专用车辆工程技术研究中心”，承担了企业的新产品开发和国家专用车科研项目的研发任务。在开发生产的九大系列、300多种公告型号的各类专用汽车的产品中，有17种产品被列为江苏省高新技术产品；10项产品被列为国家级重点新产品，有78项技术获得国家专利，8项发明专利，拥有4项国家级火炬计划和1项省级火炬计划。

公司目前拥有平车生产线、美国车生产线、碳钢罐车生产线、不锈钢罐车生产线、铝合金罐车生产线、搅拌车生产线、特种车生产线、混凝土泵车生产线等。主要生产“通华牌”罐式车、罐箱、厢式半挂车、车辆运输车、集装箱半挂车、平板半挂车、低平板半挂车、自卸半挂车、混凝土搅拌车、泵车和特种半挂车等高技术、高附加值的特种专用车。

公司依托集团在北京、上海、深圳等地30多家4S店，为用户提供更加完备的服务。公司享有自营进出口权，产品远销日本、东南亚、美洲、澳洲、非洲、中东等国家和地区。

① ZJV9405XXYTH型三轴厢式半挂车

ZJV9405XXYTH型三轴厢式半挂车（图2）是扬州中集通华专用车有限公司按照交通部第二批公路甩挂运输推荐车型的要求生产的半挂车。为加快道路货运车辆结构调整和技术进步，促进道路运输装备的现代化，鼓励节能降耗，保障货物运输安全和高效，中集通华公司特别推荐此款甩挂运输推荐车型。

1 车辆主要技术特点

①该车采用欧洲最先进的无纵梁厢体承载技术，有效提高厢体容积，降低整车自重。

②厢体的侧板采用高强度瓦楞型式，并优化了厢体侧墙结构，保证整车承载。

③厢体采用标准集装箱顶板，强度好、不变形。

④厢体后端为对开门，双锁杆，带整体式密封胶条，密封性好。

⑤采用425/65R22.5单宽胎，满足承载、自重轻。

⑥整车自重7.7t，比同类车轻20%，容积达90.6m^3，有效提高运输效率，实现车辆轻量化。根据中国汽车工业协会和物流企业实际测算，车辆每行驶1万km，每减轻1kg重量，能节省0.6L燃油，照此推算，车辆年行驶20万km，柴油成本按7.5元/L计算，该轻量化车辆每年能给用户节省18万元燃油成本。

2 车辆尺寸参数

ZJV9405XXYTH型三轴厢式半挂车尺寸参数如图3所示。

a)正面图

b)侧面图

图2　ZJV9405XXYTH型三轴厢式半挂车

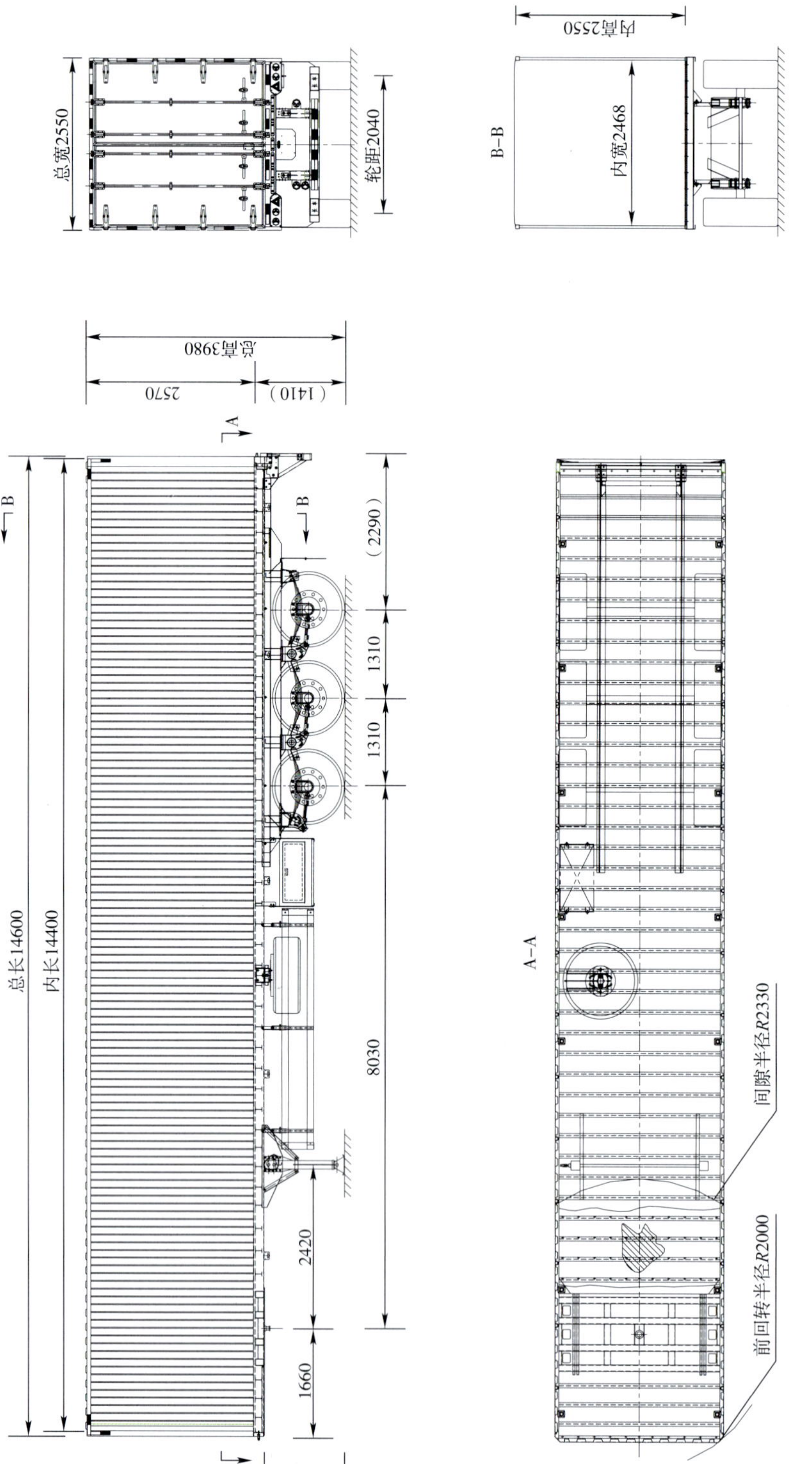

图3 车辆尺寸参数图（单位：mm）

3 车辆主要总成配置

ZJV9405XXYTH型三轴厢式半挂车主要总成配置如表1所示。

车辆主要总成配置表 表1

车辆型号：ZJV9405XXYTH型三轴厢式半挂车		
主要总成配置	规格/型号	生产厂家
车架总成	/	扬州中集通华专用车有限公司
车轴总成	CIMC1001	镇江宝华半挂车配件有限公司
轮胎	双钱 425/65R22.5-20PR	上海双钱轮胎销售有限公司
钢圈	ALCOA 13×22.5十孔	ALCOA INTERNATIONAL （ASIA） LIMITED
支承装置	TSU；CL25TA；联动；19in	扬州统一机械有限公司
悬架总成	29000TZ-C（90X20-4）（1310）Y	镇江宝华半挂车配件有限公司
ABS装置	万安 4S/2M	上海万捷汽车控制系统有限公司
紧急继动阀	HALDEX N4301AD	翰得科技（中国）有限公司
电连接器	七芯插座，24V	北京广大润浩科技发展有限公司
牵引销	JOST 2" KZ1008	约斯特（上海）汽车部件有限公司
储气筒	THT-B000250， 46L	扬州通海汽车配件有限公司
制动气室	30"/30"，30"	浙江东星科技有限公司
制动器总成	420×180	镇江宝华半挂车配件有限公司

② THT9370TJZ02型三轴集装箱运输半挂车

THT9370TJZ02型三轴集装箱运输半挂车（图4）是扬州中集通华专用车有限公司的主流产品之一，是公司非常成熟的产品，一直以来占据着集装箱运输半挂车市场的重要份额。该车可以运输40英尺或20英尺集装箱，适用范围广，通用性高。

1 车辆主要技术特点

①平直梁骨架结构。

②采用钢板弹簧平衡悬架、7片钢板弹簧。

③双胎结构，采用12R22.5真空胎。

④大梁采用焊接H型钢，前后横梁采用箱形结构，中间设有锁头横梁及锁头，尾部选装卸货平台。

⑤车辆结构合理，既考虑车辆的承载能力又兼顾车辆轻量化设计，能适合频繁装载以及不同道路情况行驶。

2 车辆尺寸参数

THT9370TJZ02型三轴集装箱运输半挂车尺寸参数如图5所示。

a)正面图

b)侧面图

图4　THT9370TJZ02型三轴集装箱运输半挂车

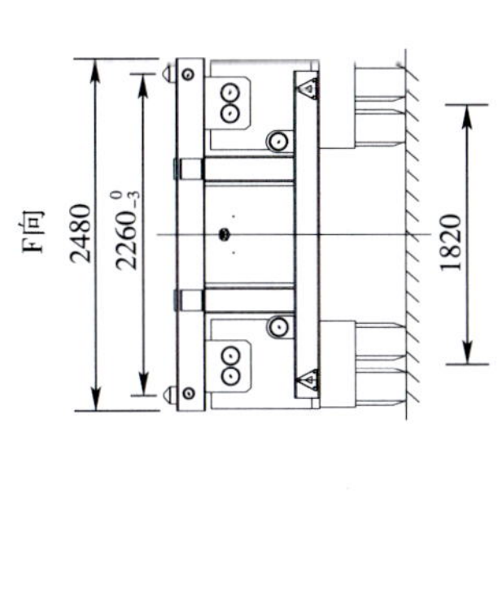

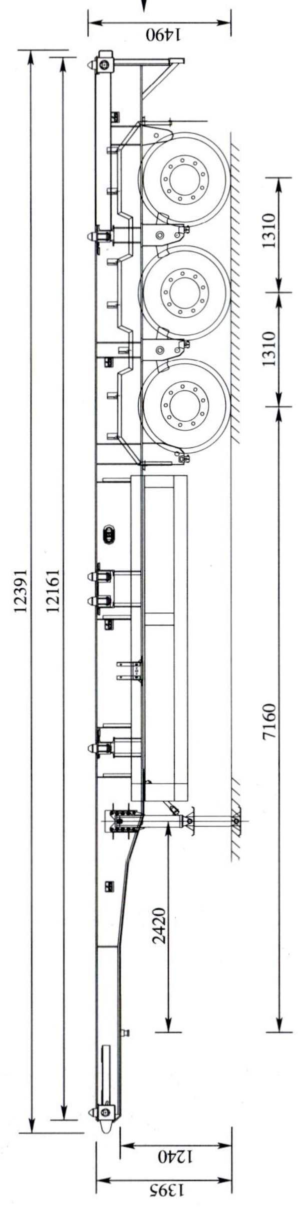

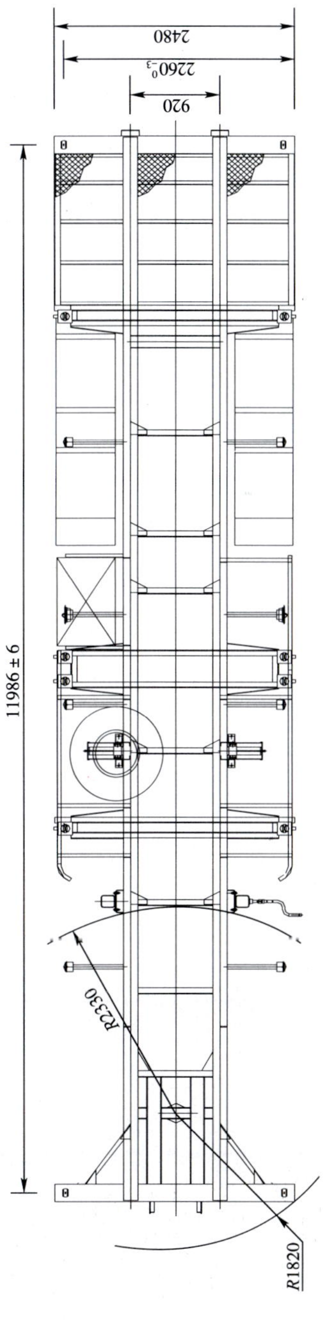

图5　车辆尺寸参数图（单位：mm）

3 车辆主要总成配置

THT9370TJZ02型三轴集装箱运输半挂车主要总成配置，如表2所示。

车辆主要总成配置表 表2

车辆型号：THT9370TJZ02半挂车		
主要总成配置	规格/型号	生产厂家
车架总成	THT9370TJZ02-2801001	扬州中集通华专用车有限公司
车轴总成	集通；TSU10010；10t	镇江宝华半挂车配件有限公司
轮胎	双钱 12R22.5-12PR	上海双钱轮胎销售有限公司
钢圈	日上9.00-22.5十孔	厦门日上车轮集团股份有限公司
支承装置	TSU；CL25TA	扬州统一机械有限公司
悬架总成	THTC/29-2900007	扬州市邗江东方汽车配件有限公司
ABS装置	万安4S/2M	上海万捷汽车控制系统有限公司
紧急继动阀	浙江东星	浙江东星科技有限公司
电连接器	七芯插座	北京广大润浩科技发展有限公司
牵引销	宝华50号焊接式	镇江宝华半挂车配件有限公司
储气筒	THT-B000250	高邮环宇汽车配件厂
制动气室	30”/30”	浙江东星科技有限公司
制动器总成	420×180	镇江宝华半挂车配件有限公司

三 安徽开乐专用车辆股份有限公司

安徽开乐专用车辆股份有限公司（图1）始建于1952年，原称为阜阳地区汽车修理厂，隶属于地区汽运公司；1995年进行股份制改制，更名为阜阳市汽车工业有限责任公司；1998年主业转型涉入改装车行业；2002年4月底完成了国有股退出工作，成为民营股份制企业；2003年1月8日公司整体变更为安徽开乐汽车股份有限公司；2006年12月28日发起设立了拟上市公司——安徽开乐专用车辆股份有限公司；2007年12月27日中航工业、金城集团与公司签约合作，并成为控股股东；2010年8月通过东安黑豹资产重组成为上市公司子公司。

图1 安徽开乐专用车辆股份有限公司

目前，公司拥有4个经营场所，占地1347亩，拥有厂房面积29.2万m^2，其中在用11万m^2，新建项目1万辆罐车生产线14.6万m^2，零部件配套工业园3.6万m^2。公司员工2500人，其中工程技术人员198人。公司总资产12.9亿元，其中固定资产及在建工程3.6亿元，拥有改装车生产线7条。

公司拥有普挂栏板半挂车、低平半挂车、集装箱运输半挂车、粉罐车、液罐车、搅拌车、车辆运输车、自卸车、厢式车和环卫车十大系列200多个公告产品，半挂车桥轴等零部件制造业务，汽车及零部件销售业务，汽车维修及技术服务。公司通过ISO 9001—2000国际质量管理体系认证和产品3C认证，国军标资质认证正在认证中。连续4年成为安徽省国税局及安徽省地税局A级纳税信用单位，银行AAA级信用企业。2003年入选中国机械工业500强，安徽省民营企业50强，被安徽省人民政府列为“安徽省重点培育的100户专、精、特、新企业”，2004年被安徽省技术监督局授予“2004年度专用改装车安徽名牌产品”称号。

公司拥有4个事业部、3个子公司，包括普挂事业部、罐车事业部、特种车事业部、工贸事业部、合肥开乐特种车辆有限公司、阜阳开乐汽车销售服务有限公司及安徽天驰机械制造有限公司。产品出口非洲、中东、东南亚和北美等国际市场。

AKL9403XXY型三轴厢式半挂车

1 车辆主要技术特点

AKL9403XXY型三轴厢式半挂车（图2）主要技术特点如下：

①车架采用纵梁和整体贯穿式横梁组焊而成的空间框架结构，能均衡车架的强度、刚度、韧性，承载能力强，不发生永久变形。

②纵梁设计均采用上弓形，轻巧省力；纵梁用材均为专用汽车国标钢，翼板两边均有圆弧过度，应力集中较小，变形易恢复；双头全自动埋弧焊机单面一次成型，纵梁变形小。

③车厢顶部封闭，不可开启；仿真模拟淋雨试验，整车密封性能优越；侧面及后面开门结构，方便货物装卸；刚性结构厢体，有利保护厢内货物安全；多种高度及宽度选择，适用性更广。

④双回路设计，大容量储气室，进口继动阀，优良的专用加宽制动片；悬架系统采用新型悬架系统，强度高，耐冲击性强。先进的生产工艺流程，严格的生产操作规程，完善的检验试验体系，确保了一流的产品质量。

2 车辆尺寸参数

AKL9403XXY型三轴厢式半挂车尺寸参数如图3所示。

a)正面图

b)侧面图

图2　AKL9403XXY型三轴厢式半挂车

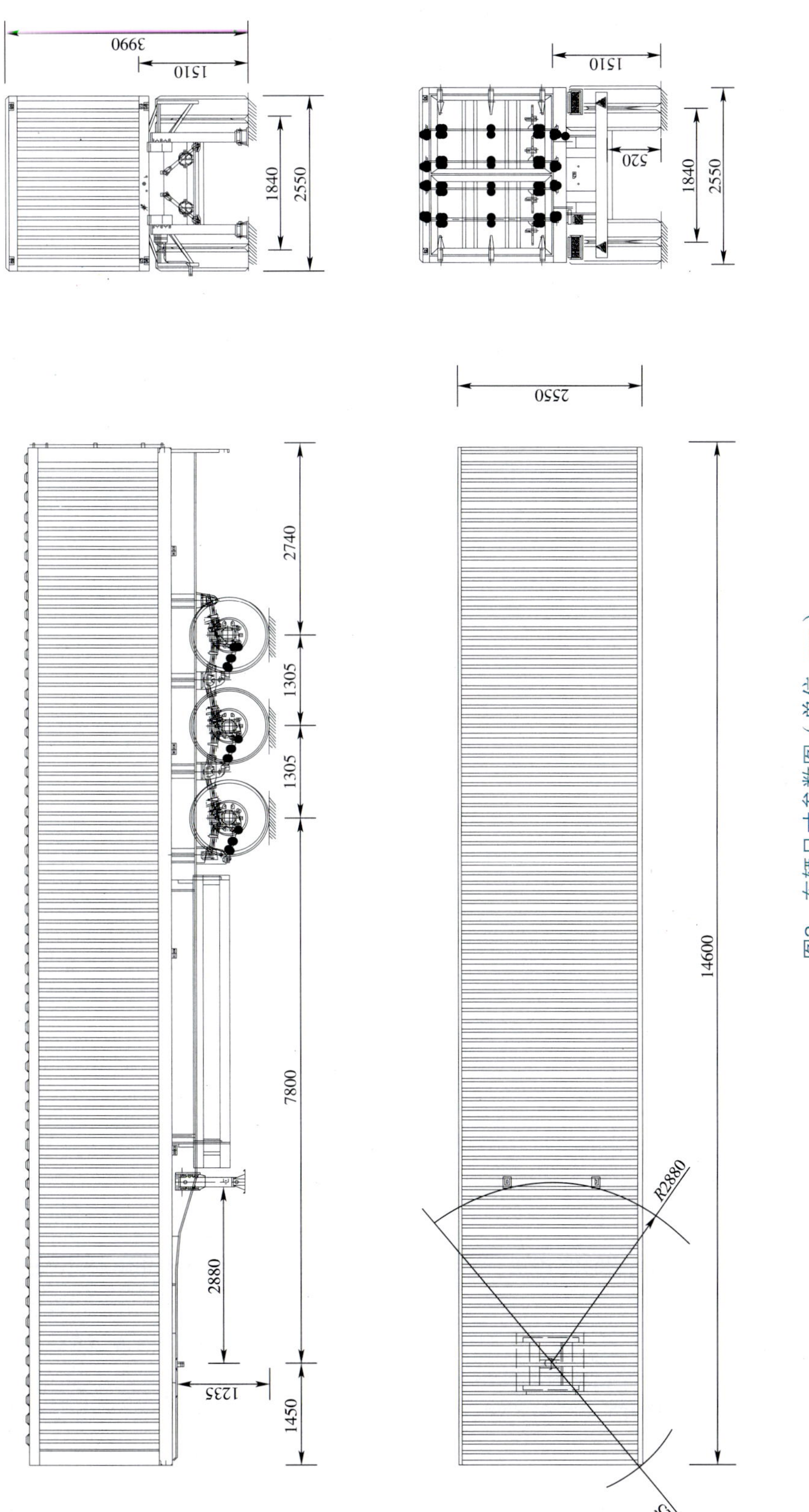

图3 车辆尺寸参数图（单位：mm）

3 车辆主要总成配置

AKL9403XXY型三轴厢式半挂车主要总成配置如表1所示。

车辆主要总成配置表　　表1

车辆型号：AKL9403XXY		
主要总成配置	规格/型号	生产厂家
车架总成	14.6m	安徽开乐专用车辆股份有限公司
车轴	10t	广东富华工程机械制作有限公司 BPW（梅州）车轴有限公司
轮胎	12R22.5	固铂成山（山东）轮胎有限公司 上海双钱轮胎销售有限公司 佳通轮胎（中国）投资有限公司 三角轮胎股份有限公司 江苏庆泰橡胶有限公司 上海韩泰轮胎销售有限公司 蚌埠市龙兴农机有限公司
	9.00	正兴集团合肥车轮有限公司 马鞍山正华钢圈制造有限公司 山东盛泰车轮有限公司
支承装置	28t	约斯特（上海）汽车部件有限公司 镇江宝华半挂车配件有限公司 广东富华工程机械制造有限公司 安徽天驰机械制造有限公司 扬州万联机械钢构营造有限公司
悬架总成	钢板弹簧	江西远成汽车配件有限公司 江西智强实业有限公司
ABS装置	4S/2M	焦作博瑞克控制技术有限公司 广州市科密汽车制动技术开发有限公司 威伯科汽车控制系统（中国）有限公司 瑞立集团有限公司
紧急继动阀	三桥同步阀	宜宾三江机械有限责任公司 浙江省诸暨东港液压机械厂 淄博亿伟汽车科技有限公司 威伯科汽车控制系统（中国）有限公司
电连接器	24V连接器（七芯插座）	浙江东星科技有限公司
牵引销	2in（50号）	镇江市宝华半挂车配件有限公司
储气筒	KL-3513010T1	安徽开乐专用车辆股份有限公司
制动气室	双气室	宜宾三江机械有限责任公司 河北之良机械制造有限公司
制动器总成	D10-010101-02-PL133 D10-010201-02-PL133 SN4218/SN4220	广东富华工程机械制作有限公司 BPW（梅州）车轴有限公司

四　梁山中集东岳车辆有限公司

梁山中集东岳车辆有限公司（图1）是中集车辆（集团）有限公司的骨干企业，集专用汽车产品设计、科研开发、生产销售于一身。公司始建于1987年，经过20余年的发展和积累，已成为国内专用汽车行业知名企业，中国挂车（专用车）生产基地龙头企业。公司主导产品为栏板半挂车、厢式半挂车、仓栅半挂车、罐式车、自卸车及特种车六大系列140余种产品，产品畅销全国，并远销国际市场。

图1　梁山中集东岳车辆有限公司

企业位于中国挂车（专用车）生产基地——山东省梁山拳铺工业园区，占地面积22万m^2，生产建筑面积8万m^2。现有员工700余人，其中，销售人员70人，工程师50人，技师30人，大中专以上学历250余人，具有年产2万辆各类专用车的生产能力。公司技术装备先进、检测手段完善，拥有省级特种车研发中心和检测中心。公司专用车产品及产品商标分别被评为山东名牌产品、山东省著名商标。

公司连续多年获省、市“功勋企业”、“明星企业”、“先进企业”等称号，是济宁市“十大强民企业”、山东省机械工业“百强企业”、全国“守合同重信用单位”。

公司在国内建有68个售后服务站，执行“24小时热线服务”制度。自接到客户信息后，我公司技术服务人员及时答复，8小时内给予技术指导，省内24小时内到达现场，省外48小时内到达现场，边远地区72小时到达现场并可由中集4S店进行车辆服务。

公司在俄罗斯远东及其非洲地区有多个商业合作伙伴，在莫斯科、新西伯利亚、赤培、哈巴、海参崴、刚果、苏丹等地通过合作或授权的方式均建有销售及维修网络，能够满足俄罗斯、非洲等客户对公司出口汽车产品售后服务及配件供应的综合要求。

梁山中集东岳车辆有限公司致力于“为现代化交通运输提供装备和服务”，致力于做负责任的企业，志存高远发展，脚踏实地做事，坚持创造为客户所信赖的知名品牌，回馈社会和员工。

CSQ9401XXY型三轴厢式半挂车

CSQ9401XXY型三轴厢式半挂车（图2）是梁山中集东岳车辆有限公司生产的厢式半挂车。

1 车辆主要技术特点

（1）整车性能

整车采用PRO/ENGINEER 三维设计及拓扑有限元分析，确保了结构设计更加合理，整车性能稳定，安全可靠。

车厢侧面可选择厢式对开门结构，方便装卸货物，提高了货物的装卸效率。

封闭式货箱，提高货物运输的环保性。有效装载容积可达85.3m^3，适合货物的中长途距离的运输。

（2）各大总成设计特点

车架总成采用高强度钢焊接式工字钢，具有抗扭、抗弯、抗冲击力强的特点，车架横梁采用W形梁，取消了底板的垫梁，降低了整车的自重，实现了车辆轻量化设计的要求。车厢采用高强度钢竖瓦楞板结构形式设计，防止货物涨箱，车厢强度高、外形美观。

（3）主要总成

悬架采用耐磨式结构，大大提高悬架的使用寿命。双联动支承装置采用精锻齿轮，使用寿命长、举升能力强，10孔标准安装板，适用不同安装要求。

主要配套件均为国内知名品牌，产品质量优良可靠，且具有很强的通用性。

（4）生产设备和生产线

拥有国内先进的大型加工设备，引进欧洲先进的生产线及机械加工工艺，实现了流水线生产，极大地提高了专用车的制造水平。

2 车辆尺寸参数

CSQ9401XXY型三轴厢式半挂车尺寸参数如图3所示。

a)右前图

b)后视图

c)左前图

图2　CSQ9401XXY型三轴厢式半挂车

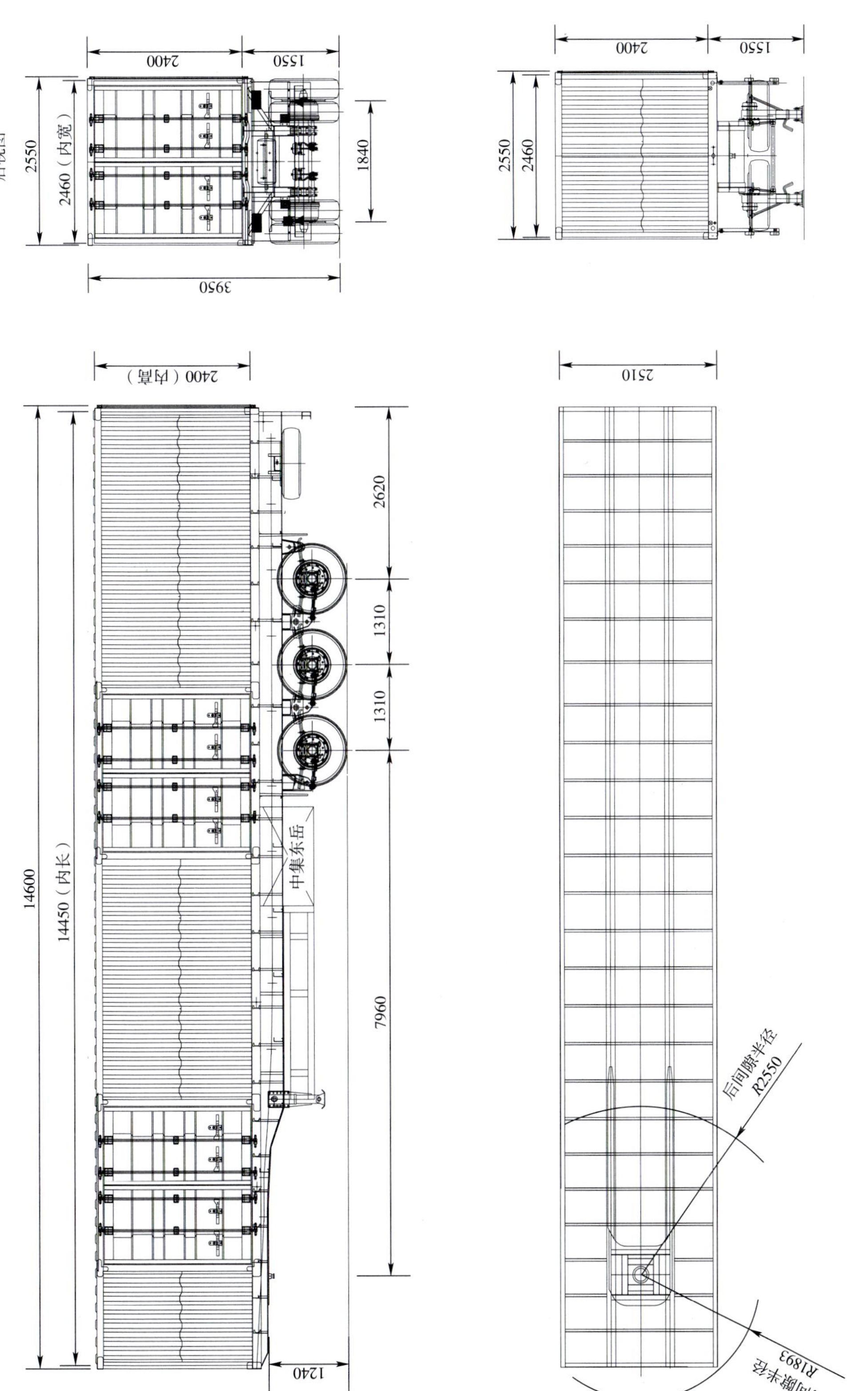

图3　车辆尺寸参数图（单位：mm）

3 车辆主要总成配置

CSQ9401XXY型三轴厢式半挂车主要总成配置如表1所示。

车辆主要总成配置表　　表1

车辆型号：CSQ9401XXY三轴厢式半挂车		
主要总成配置	规格/型号	生产厂家
车架总成	14.6m	梁山中集东岳车辆有限公司
车轴总成	10t级	广东富华工程机械制造有限公司 BPW（梅州）车轴有限公司
轮胎	11.00R20 12PR 12R22.5 12PR	双钱集团股份有限公司双钱载重轮胎分公司 双钱集团（如皋）轮胎有限公司 三角轮胎股份有限公司 杭州中策橡胶有限公司
	8.0 9.00	正兴车轮集团有限公司 浙江金固股份有限公司 厦门日上车轮集团股份有限公司
支承装置	28t	广东富华工程机械制造有限公司 约斯特（上海）汽车部件有限公司 江铃集团山东华岳车辆部件有限公司
悬架总成	钢板弹簧	梁山太岳汽车板簧制造有限公司 山东梁山新科特种车辆制造有限公司
ABS装置	CM2XL-4S/2M XH-GQ4S2M-E01	广州市科密汽车制动技术开发公司 广州市西合汽车电子装备有限公司
紧急继动阀	三桥同步阀	淄博亿伟汽车科技有限公司 梁山顺安达汽车科技有限公司 浙江东星科技有限公司 威伯科汽车控制系统（中国）有限公司
电连接器	七孔插座总成	诸暨市剑灵机械厂
牵引销	50#	梁山鲁星机械制造有限公司 约斯特（上海）汽车部件有限公司 镇江宝华半挂车配件有限公司
储气筒	50L	梁山华联机械制造有限公司 梁山县东信汽车配件制造有限公司
制动气室	双气室	河北之良机械制造有限公司 梁山顺安达汽车科技有限公司 江苏恒鑫福奥汽车零部件有限公司 广州市润浩汽车配件有限公司
制动器总成	D10-010101-02-PL133 D10-010201-02-PL133 SN4218 SN4220	广东富华工程机械制造有限公司 BPW（梅州）车轴有限公司

五 福建省德峰汽车制造有限公司

福建省德峰汽车制造有限公司（图1）是一家集研发、生产制造、销售于一体的系列运输车生产企业。公司坐落在江浙入闽的咽喉要地——福建省建瓯市。这里交通便捷，205国道、横南铁路、浦南高速、丽南高速穿境而过，是闽北地区最大的货物运输集散地。

图1 福建省德峰汽车制造有限公司

公司创建于2005年，注册资本2000万元。公司占地6万多m^2，建筑面积4万m^2。拥有数控等离子切割机、纵梁龙门埋弧焊机、蜂窝式风力循环喷砂房、喷漆房、汽车检测台、液压剪板机、折弯机、摇臂钻床等各类设备近百台。公司目前拥有员工286名。各类专用车工程技术人员23名，其中工程师3名，其他技术员20名，并与各专业院校建立了长期的合作关系。

公司主要产品有“闽峰”牌系列运输车。包括栏板半挂车、厢式半挂运输车、篷式运输半挂车、仓栅运输半挂车、集装箱运输半挂车、自卸车等几十个品种车型。具有年产销3000辆各类运输车的能力，市场遍布全国各地。

公司始终遵循“科学管理，精益求精，不断创新，顾客满意”的宗旨，开发、生产满足市场需求的产品。2006年公司通过ISO 9001国际质量体系认证。产品通过国家3C认证。先后获得市“消费者喜爱品牌”、“知名商标”和省“名牌产品”、“企业知名字号”等荣誉称号。

1 FDF9403XXY型三轴厢式半挂车

FDF9403XXY型三轴厢式半挂车（图2）是福建省德峰汽车制造有限公司生产的半挂车。

1 车辆主要技术特点

①采用高强度钢材加工制作，自重轻，承载能力强，性能安全稳定，质量利用系数高。

②容积大，有效装载容积82m^3。

③车门对开，门带为一体密封胶条，加上底部防水台阶设计，充分满足货物运输的实际需求，操作方便适用。

④箱体侧板及顶板均采用瓦楞型，不但强度高，而且外形美观。

⑤双管路气压制动，如图3所示，每一轴都装有快放阀，制动响应时间更短，制动性能好。

⑥平衡悬架设计，轴荷分配均匀。平衡轴套采用双金属结构并加装润滑油槽，如图4所示，有效降低磨损，延长使用寿命。

⑦所有配件均选自国内外知名品牌，产品质量优质可靠。

2 车辆尺寸参数

FDF9403XXY型三轴厢式半挂车尺寸参数如图5所示。

a)正面图

b)侧面图

图2 FDF9403XXY型三轴厢式半挂车

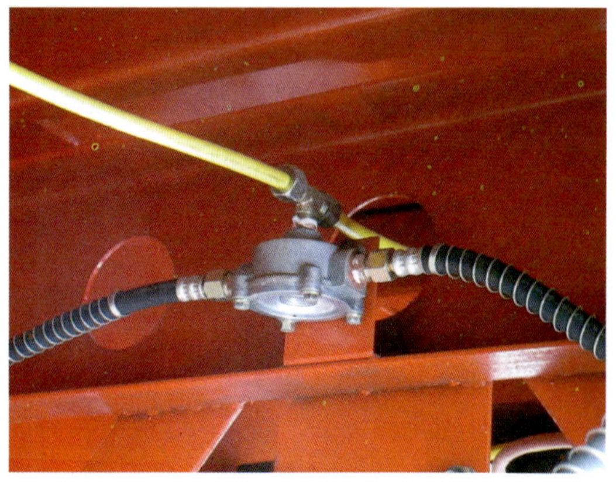

图3 制动管路

图4 平衡轴套

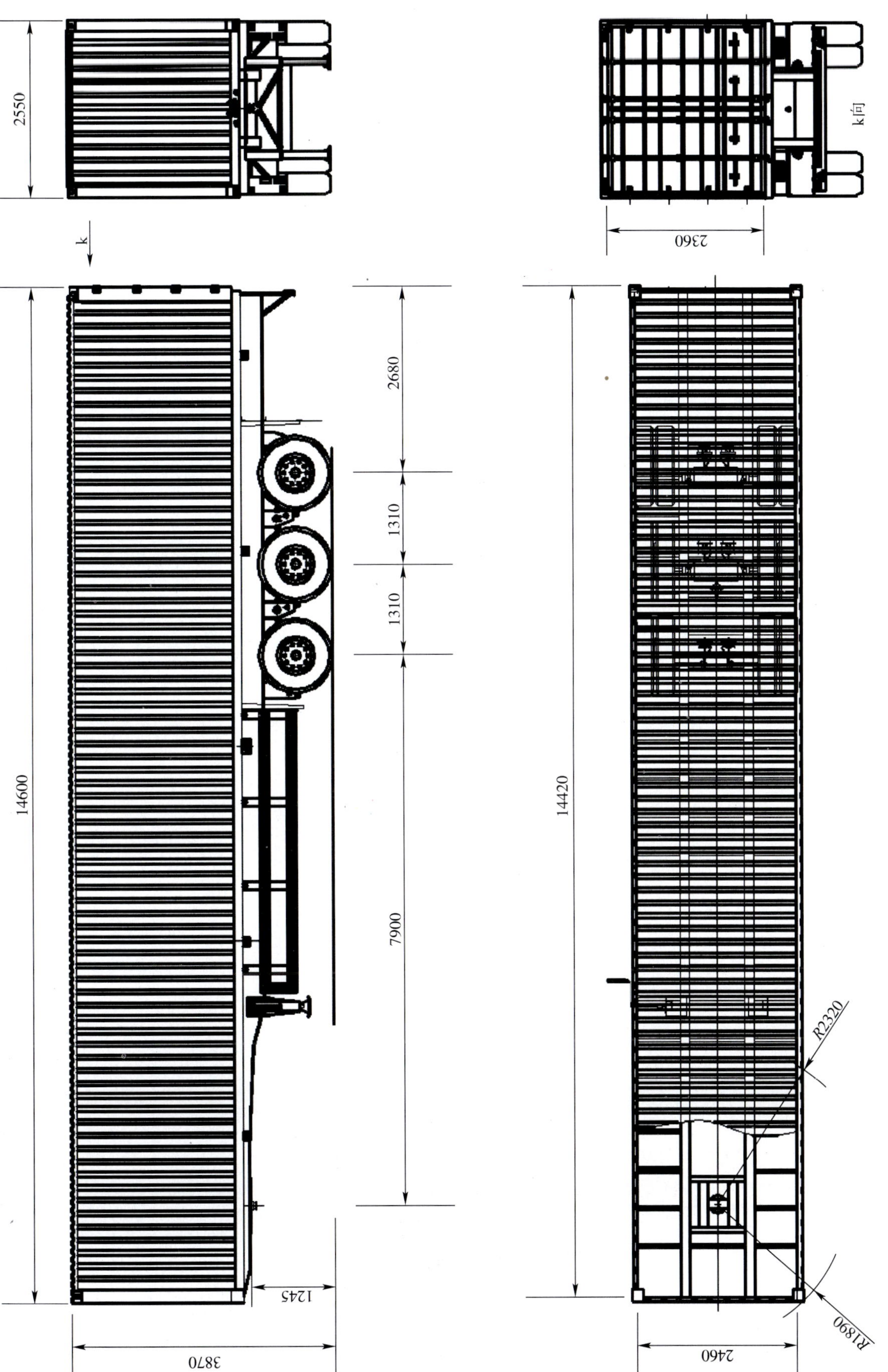

图5　车辆尺寸参数图（单位：mm）

3 车辆主要总成配置

FDF9403XXY型三轴厢式半挂车主要总成配置如表1所示。

车辆主要总成配置表　　表1

车辆型号:FDF9403XXY		
主要总成配置	规格 / 型号	生产厂家
车架总成	FDF9403XXY	福建省德峰汽车制造有限公司
车轴总成	10t	广东富华工程机械制造有限公司
轮胎	12R22.5	上海双钱股份有限公司
轮辋	9.00	漳州正兴车轮股份有限公司
支承装置	FW2800002T/28T联动	广东富华工程机械制造有限公司
悬架总成	SZJ-2913000-JO	镇江市宝华半挂车配件有限公司
ABS装置	RL144-1	中国瑞立集团有限公司
紧急继动阀	YW382A01	淄博亿伟汽车科技有限公司
电连接器	ZL-006-2	双华车辆管件有限公司
牵引销	KPAW210/50号	广东富华工程机械制造有限公司
储气筒	40L	扬州通海专用车配件有限公司
制动气室	T3030MY	广东富华工程机械制造有限公司
制动器总成	10T鼓式	广东富华工程机械制造有限公司

2 FDF9403型三轴栏板式半挂车

FDF9403型三轴栏板式半挂车（图6）是福建省德峰汽车制造有限公司生产的半挂车。

1 车辆主要技术特点

①采用高强度钢材加工制作，车辆自重仅6t，自重轻，承载能力强，结构合理，性能稳定，质量利用系数高。

②产品配件选用国内外著名品牌，并与供方达成售后服务协议，确保产品的采购、生产及售后质量。

③采用先进的生产设备（数控等离子切割、大型剪板、大型液压机等）和完善的生产工艺，确保产品生产制造过程每一道工序质量都得到有效的控制。

④产品质量：重要部位材料和零部件的力学性能和化学成分，生产过程质量，整车下线产品都经过专业检测设备和人员的严格检测，确保产品安全。

2 车辆尺寸参数

FDF9403型三轴栏板式半挂车尺寸参数如图7所示。

a)正面图

b)左前图

c)右前图

图6 FDF9403型三轴栏板式半挂车

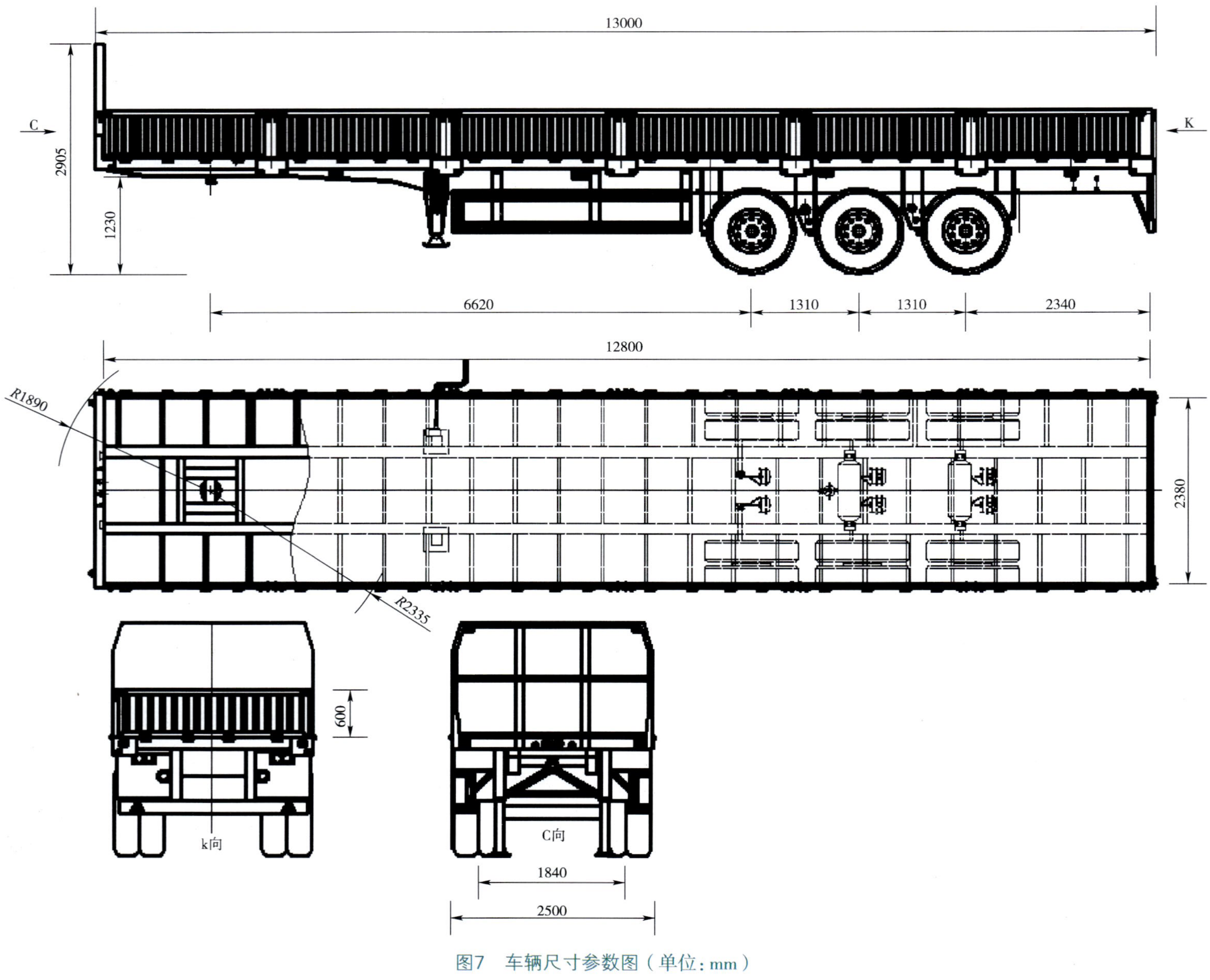

图7　车辆尺寸参数图（单位：mm）

3 车辆主要总成配置

FDF9403型三轴栏板式半挂车主要总成配置如表2所示。

车辆主要总成配置表　　表2

车辆型号:FDF9403		
主要总成配置	规格/型号	生产厂家
车架总成	FDF9403	福建省德峰汽车制造有限公司
车桥总成	10t	广东富华工程机械制造有限公司
轮胎	12R22.5	上海双钱股份有限公司
轮辋	9.00	漳州正兴车轮股份有限公司
支承装置	FW2800002T/28T联动	广东富华工程机械制造有限公司
悬架总成	SZJ-2913000-JO	镇江市宝华半挂车配件有限公司
ABS装置	RL142-1	中国瑞立集团有限公司
紧急继动阀	YW382A01	淄博亿伟汽车科技有限公司
电连接器	ZL-006-2	双华车辆管件有限公司
牵引销	KPAW210/50号	广东富华工程机械制造有限公司
储气筒	40L	扬州通海专用车配件有限公司
制动气室	T3030MY	广东富华工程机械制造有限公司
制动器总成	10T鼓式	广东富华工程机械制造有限公司

六 驻马店中集华骏车辆有限公司

驻马店中集华骏车辆有限公司（图1）位于交通便利的河南省驻马店市区，是中集集团的全资子公司。中集车辆集团是中集集团九大业务板块之一，在全球拥有22个生产基地，年产各类专用汽车的能力超过20万辆，位居世界领导地位。驻马店中集华骏是中集车辆集团的重要骨干企业之一。

图1 驻马店中集华骏车辆有限公司

公司占地80余万m^2，总资产12亿元，员工2500余人，主要产品有半挂车、自卸车、罐式车、厢式车、消防车，年生产能力4万余辆。

公司具有业内一流的产品开发、生产制造、检测检验和市场营销体系。中集华骏以追求卓越、精益、专业、实用为己任，经过60余年的不懈努力，将“华骏”品牌打造成国内外知名品牌，产品畅销全国，并批量出口到坦桑尼亚、刚果、缅甸、蒙古国、苏丹、哥伦比亚等国家。

2002年公司技术中心被评为“省级技术中心”；2004年和2008年连续两届入选中国机械工业500强、汽车工业100强；2004年5月被省政府确定为“河南省百户重点企业”之一；2007年被评为河南省外商投资先进技术企业；2008年6月经人力资源和社会保障部批准设立博士后科研工作站；2011年被省政府评为“河南省百强企业”；2000年通过GB/T 19001—2000质量管理体系认证；2003年通过3C《强制性产品认证工厂保证能力要求》；2010年通过ISO/TS 16949：2009质量管理体系认证。

驻马店中集华骏车辆有限公司秉承“自强不息、挑战极限”的企业精神和“尽心尽力、尽善尽美”的企业文化，以为用户提供世界一流交通运输装备和服务的使命感，在第三代专用车技术的引领和先进企业管理理念的指引下，努力将用户的需求、梦想通过我们变成现实。

ZCZ9400XXYHJD型三轴厢式半挂车

ZCZ9400XXYHJD型三轴厢式半挂车（图2）是中集华骏车辆有限公司根据国家《节能减排综合性工作方案》的要求，精心设计、反复试验、完美打造的甩挂运输推荐车型。

1 车辆主要技术特点

（1）半挂权威，科学设计

中集车辆是《中华人民共和国交通运输行业标准——道路甩挂运输车辆技术条件》的主要参与制定者。中集华骏拥有60多年的造车经验，不断创新进取，已成为行业标杆。华骏牌栏板车率先被交通运输部公布为“第一批甩挂运输推荐车型”。三轴厢式半挂车根据牵引车和半挂车参数进行科学设计，经过拓扑优化分析，确保整车运输性能和承载能力达到最佳水平。

（2）工艺精良，追求完美

车辆主要零部件采用先进设备加工而成。纵梁采用进口全自动跟踪埋弧焊机全程焊接；轮轴采用装配机半自动装配；轴距采用测距仪精确测定；车辆零部件均采用喷丸处理，装配件采用先喷漆后组装的模式，油漆采用内烯酸聚氨酯油漆（汽车油漆），大大加强了油漆的附着力。制造过程层层把关，追求卓越，只为提供更优质的产品。

（3）特色工艺大梁，终身不膛腰

根据力学分析，通过特殊的大梁加工工艺，采用独具特色的纵梁整体上拱度结构，大梁终身不膛腰，在承载同等质量的条件下可有效节约油耗。

（4）优质配件，特色悬架

车辆原材料及零部件均选购国内外知名品牌产品。其中关键结构件均为国内最大的汽车专用车配件供应商专供。轴卡为整体铸造件，下轴卡属中集华骏公司专利产品。车辆采用独具特色的中集华骏新型悬架系统，各轴载荷平衡传递，确保不损伤轮胎，轮胎无异常磨损。优质配件及车辆结构更好地保证了车辆运营的稳定性及安全性。

2 车辆尺寸参数

ZCZ9400XXYHJD型三轴厢式半挂车尺寸参数如图3所示。

a)正面图

b)侧面图

图2　ZCZ9400XXYHJD型三轴厢式半挂车

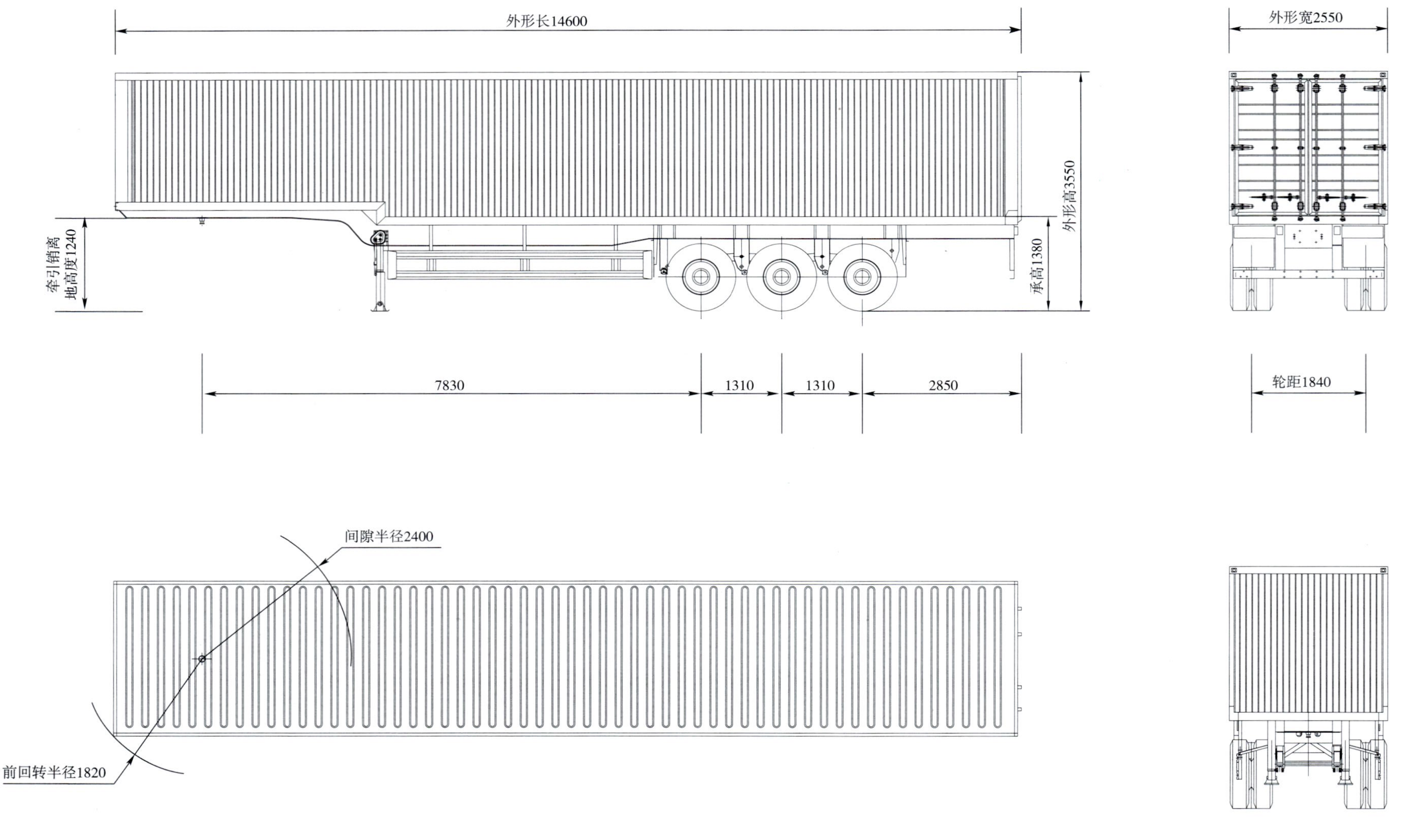

图3　车辆尺寸参数图（单位：mm）

3 车辆主要总成配置

ZCZ9400XXYHJD型三轴厢式半挂车主要总成配置如表1所示。

车辆主要总成配置表 表1

车辆型号：ZCZ9400XXYHJD 厢式运输半挂车		
主要总成配置	规格 / 型号	生产厂家
车架总成	14540×2540 / 鹅颈式	驻马店中集华骏车辆有限公司
车桥总成	10t	BPW车轴有限公司
轮胎	11R22.5	双钱集团股份有限公司
支承装置	L25000B联动28T	江苏省扬州市平山机床配件厂
悬架总成	钢板弹簧；4×90×20	郑州凯通汽配有限公司
ABS装置	VIE-TABS II -4S/2M	浙江万安集团有限公司
紧急继动阀	DX-8002；4孔	浙江东星科技有限公司
电连接器	24V	诸暨市金森机械配件厂
牵引销	KZ1010	约斯特（上海）汽车部件有限公司
储气筒	ф290×890×843×770	西平县精密轴承制造有限公司
制动气室	T30MY80/ T3030MY80	佛山市富盈汽车配件有限公司
制动器总成	SN4218	BPW车轴有限公司

七 重汽集团福建专用车有限公司

重汽集团福建专用车有限公司（图1）是重汽集团在东南沿海区域进行战略布局的企业。主要研发、制造、销售自卸车、半挂车、罐式车、厢式车、环卫车、保温冷藏车、水泥搅拌车、特种车、矿山车等。并可按照客户要求研发各种特殊车辆。

图1　重汽集团福建专用车有限公司

公司位于海峡西岸东北翼中心港口城市——宁德市。南接福州、北通温州、东望台湾；温福铁路、沈海高速公路、宁衢铁路、宁武高速、104国道、三都澳深水码头与公司毗邻，距离福州港100km，距福州机场、温州机场均为1个小时车程，区域优势明显，水、陆交通便捷。

公司设置行政部、财务部、供应部、制造部、质量部、销售公司、技术研发中心、售后服务中心等各部门。

公司“威泰尔”品牌始终注重产品质量、技术研发和资质申报等工作。通过了中国质量认证中心ISO 9001—2008质量管理体系认证、中汽认证中心3C产品认证和SGS中国供应商认证；拥有福建省著名商标——威泰尔专用车注册商标；被商务部授予企业自营进出口权和整车出口资质。重型汽车技术改造项目被列为2011年度省、市重点项目，并荣获2011年度宁德市重点建设项目优胜奖，被宁德市政府认定为2012～2013年度市级重点企业。在未来的几年，将实现制造4万辆专用车、销售收入过百亿元的海峡西岸大型专用车生产基地的目标。

重汽集团福建专用车有限公司所产车型已经出口到亚洲、欧洲、非洲、南美洲及中东等40多个国家和地区，并在国外建立了销售及服务基地。

重汽集团福建专用车有限公司秉承“只有专注，才能专业，只有专业，才能领先”的企业发展宗旨，以“求实、创新、诚信、发展”的企业精神，用专注与专业的品质前瞻瞬息万变的市场形势，紧密依托中国汽车的综合优势，通过机制创新、技术创新、营销创新和管理创新，实现产必精品的目标，从而完成公司跨越式发展。

1 FJZ9400XXY型三轴厢式半挂车

FJZ9400XXY型三轴厢式半挂车（图2）是O_4类车辆，属于典型车型，轴距为8000mm+1310mm+1310mm。

1 车辆主要技术特点

（1）适用性强，用途广泛

适用于各种家电产品、轻纺货物、煤碳、砂石、托盘货物及其他散装货物的运输。

（2）结构合理

整车结构经优化设计后，采用全贯穿型横梁结构，侧板、顶板采用瓦楞板结构，经合理焊接而成，强度大，车厢具有防尘、防雨、防盗的功能，造型美观大方，侧开门数量可选装。

（3）工艺合理

纵梁采用低碳合金钢经全自动埋弧焊接而成，车架经整体喷丸，二道底漆处理，面漆喷涂精细，表面质量达到海运防腐标准，完全符合GB 1589和GB 7258等国家标准。

（4）悬架系统

国内知名品牌的三轴板簧悬架系统，轴荷分布均匀，确保运输过程中行驶稳定。

（5）电气系统

采用国际知名品牌的全套制动系统、WABCO继动阀、科密ABS系统、整车全线束电路、LED三联尾灯，符合ISO标准，制动及灯光安全可靠。

（6）先进的生产设备、检测设备及优秀员工确保产品质量

2 车辆尺寸参数

FJZ9400XXY型三轴厢式半挂车尺寸参数如图3所示。

a)侧面图

b)左前图

图2　FJZ9400XXY型三轴厢式半挂车

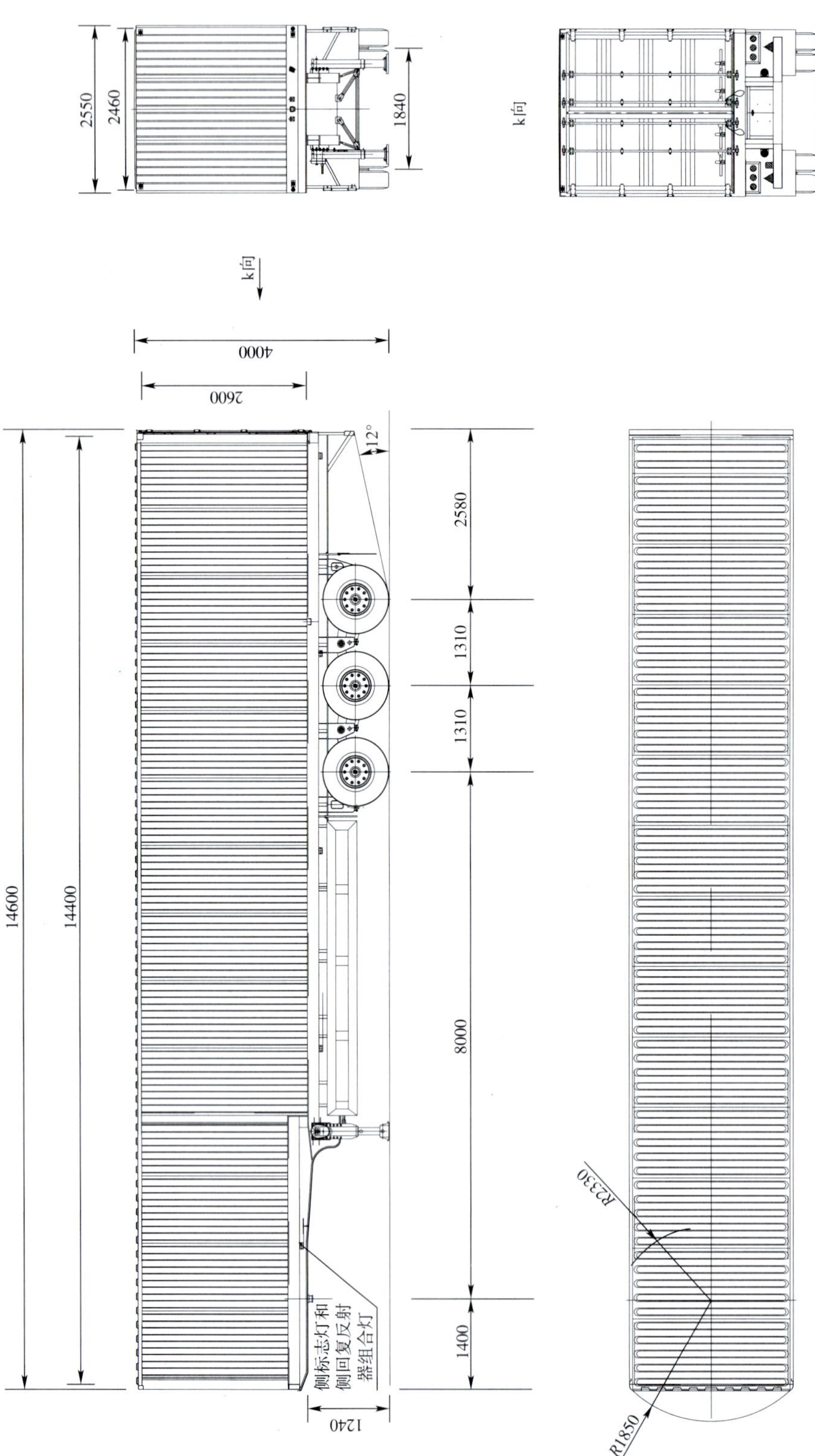

图3 车辆尺寸参数图（单位：mm）

③ 车辆主要总成配置

FJZ9400XXY型三轴厢式半挂车主要总成配置，如表1所示。

车辆主要总成配置表　　表1

车辆型号：FJZ9400XXY型三轴厢式半挂车		
主要总成配置	规格/型号	生产厂家
车架总成	FJZ9400XXY	重汽集团福建专用车有限公司
车桥总成	F2023B11/LTD13F11	广东富华工程机械制造有限公司/ 佛山市永力泰车轴有限公司
轮胎	轮胎11R22.5， 钢圈8.25×22.5	山东盛泰车轮有限公司 双钱集团股份有限公司 青岛黄海橡胶股份有限公司
支承装置	FW280002T/HLD 30	广东富华工程机械制造有限公司 塞夫–华兰德公司
悬架总成	FW880201A/FW880301A/ LT13.3104	广东富华工程机械制造有限公司 佛山市永力泰车轴有限公司
ABS装置	4S/2M	广州市科密汽车制动技术开发有限公司
紧急继动阀	RE6	威伯科汽车控制系统有限公司
电连接器	24V七芯插座	常州市永明车辆配件厂 积架宝威汽车配件（深圳）有限公司
牵引销	50#	广东富华工程机械制造有限公司 营口市路路通机械制造有限公司
储气筒	45L	山东梁山赛强机械制造有限公司
制动气室	T30/T3030	广东富华工程机械制造有限公司
制动器总成	S420×180	广东富华工程机械制造有限公司

② FJZ9350TJZ型两轴40英尺集装箱运输半挂车

FJZ9350TJZ型两轴40英尺集装箱运输半挂车（图4）是O_4类车辆，属于典型车型，轴距为7825mm+1310mm。

1 车辆主要技术特点

（1）结构合理

整车结构经优化设计后，强度高，自重轻，刚度、韧性好，设计承载能力大。可运输一个40英尺标准集装箱或中置一个20英尺标准集装箱。

（2）工艺合理

纵梁采用低碳合金钢经全自动埋弧焊接而成，车架经整体喷丸，二道底漆处理，面漆喷涂精细，表面质量达到海运防腐标准，完全符合GB 1589和GB 7258等国家标准。

（3）悬架系统

国内知名品牌两轴板簧悬架系统，轴荷分布均匀，确保运输过程中行驶稳定。

（4）电气系统

采用国际知名品牌的全套制动系统、WABCO继动阀、科密ABS系统、整车全线束电路、LED三联尾灯，符合ISO标准，制动及灯光安全可靠。

（5）先进的生产设备、检测设备及优秀员工确保产品质量

2 车辆尺寸参数

FJZ9350TJZ型两轴40英尺集装箱运输半挂车尺寸参数如图5所示。

a)左前图

b)侧面图

图4 FJZ9350TJZ型两轴40英尺集装箱运输半挂车

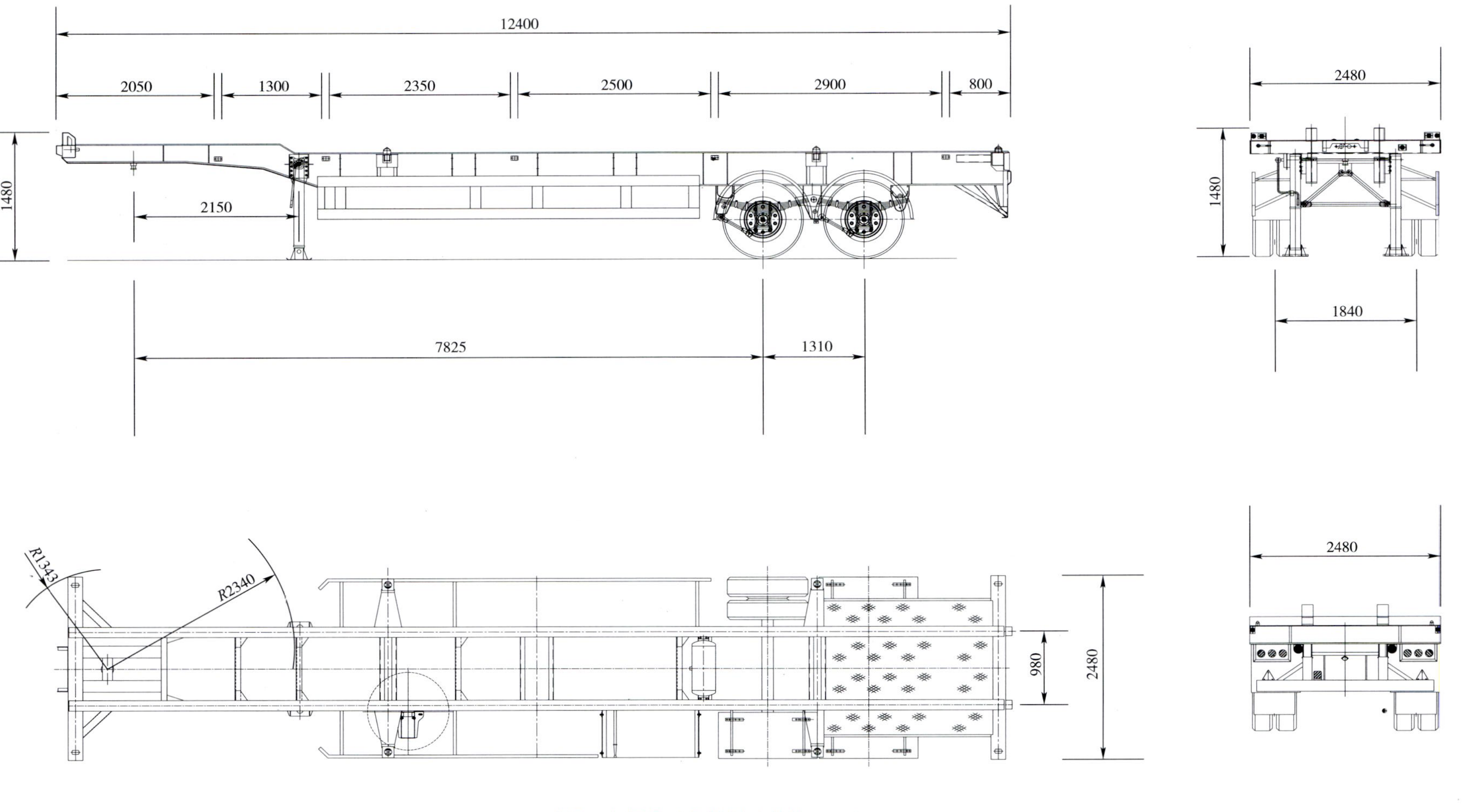

图5　车辆尺寸参数图（单位：mm）

3 车辆主要总成配置

FJZ9350TJZ型两轴40英尺集装箱运输半挂车主要总成配置如表2所示。

车辆主要总成配置表 表2

车辆型号：FJZ9350TJZ型两轴40英尺集装箱运输半挂车		
主要总成配置	规格/型号	生产厂家
车架总成	FJZ9350TJZ	重汽集团福建专用车有限公司
车桥总成	F2023B11/ LTD13F11	广东富华工程机械制造有限公司/ 佛山市永力泰车轴有限公司
轮胎	轮胎11R22.5 16PR，钢圈 8.25×22.5	山东盛泰车轮有限公司 双钱集团股份有限公司 青岛黄海橡胶股份有限公司
支承装置	FW280002T/HLD 30	广东富华工程机械制造有限公司 塞夫–华兰德公司
悬架总成	FW880201A/FW880301A/ LT13.2104	广东富华工程机械制造有限公司 佛山市永力泰车轴有限公司
ABS装置	4S/2M	广州市科密汽车制动技术开发有限公司
紧急继动阀	RE6	威伯科汽车控制系统有限公司
电连接器	24V七芯插座	常州市永明车辆配件厂 积架宝威汽车配件（深圳）有限公司
牵引销	50#	广东富华工程机械制造有限公司 营口市路路通机械制造有限公司
储气筒	45L	山东梁山赛强机械制造有限公司
制动气室	T30/T3030	广东富华工程机械制造有限公司
制动器总成	S420×180	广东富华工程机械制造有限公司

八 福建常春专用车制造有限公司

福建常春专用车制造有限公司（图1）的前身是福建省长乐市常春车厢有限公司。公司位于海峡西岸的福州滨海工业区江田段，西距福州40km，北距空港福州国际机场20km，南距海港松下集装箱码头13km。公司地理条件优越，交通十分便利，坐落在空海两港之间的一级公路旁，距高速公路长乐出口处20km，福清出口处35km。

图1　福建常春专用车制造有限公司

公司占地面积近7万m^2，拥有建筑面积3.5万m^2，其中综合办公楼5000m^2，生产厂房3万m^2，并配以现代化的办公设施和现代化的生产车间以及先进精良的生产设备。

公司创办于1989年，主要生产各类厢式货车车厢、汽车油箱及各种结构的半挂车，包括栏板半挂车、集装箱运输半挂车、厢式运输半挂车、仓栅式运输半挂车、低平板半挂车、自卸车、罐式车、特种结构车等。公司遵循“立足福州、拓展福建、辐射东南沿海，先求生存、再求发展”的理念。20多年来在前进中不断发展壮大，先后通过了ISO9000和汽车产品3C认证。

公司总投资2亿元（注册资金2100万元），现有员工300余人，工程技术人员30多人，其中高级工程师2人，工程师12人，并与福建工程学院组建了专用车技术研究开发中心，由著名教授担任中心主任。公司拥有雄厚的各种半挂车、厢式车设计制造能力以及完善的检测手段，各种半挂车生产设备均是国内外知名品牌。公司建有完整的半挂车生产线、自卸车生产线、罐式车生产线以及一条完整的车厢生产线，主要设备有数控等离子切割机、龙门式自动埋弧焊机、卷板机、罐体环缝焊机、大型抛丸机、喷烤一体喷漆房、双螺杆空压机、大型液压机、折弯机、剪板机、压力机及大型工装夹具等一系列设备和性能优越的检测设备。目前已形成年产3000台各种半挂车和自卸车的生产能力，同时具有年产3000多只各种车厢及厢式车的生产能力。

FCC9400XXY型厢式运输半挂车

FCC9400XXY型厢式运输半挂车（图2）是福建常春专用车制造有限公司生产的一款轻量化车型，其宗旨是为适应市场上日益增多的用户对车辆减轻自重、提高运输效率的需求。

1 车辆主要技术特点

（1）独特的高强度车厢设计

车厢全部采用低合金高强度钢设计，大大减轻了车厢本身的自重，同时通过对瓦楞结构的调整，更加有效地增大了货厢的有效利用空间，增大了货厢有效容积。

（2）高强度车架

车架在保持原“工字型”结构不变的基础上，选择采用国外先进技术工艺生产的优质低合金高强度钢制造，在保证强度不变的前提下大大降低了所使材料的厚度，从而降低了车型的整备质量。

（3）优质的零部件

该车型选用的配套零部件都是进口或国内知名厂家生产的优质零部件，质量可靠，故障率低。

（4）完整的生产线保证整车质量

公司所有的半挂车产品都是在生产线上制造完成的，生产线是由山东水泊焊割设备制造有限公司负责设计施工，专业性强。良好的生产线既有效地控制了车辆生产的一致性，同时也保证了公司产品的质量。

（5）科学管理、不断创新、持续发展

建厂20多年来，公司一直把“科学管理、不断创新、持续发展”作为发展方针，也正是因为如此，公司才能由一个单一生产车厢的小企业发展成为一个拥有几十种半挂车和车厢生产能力的综合型企业。

2 车辆尺寸参数

FCC9400XXY型厢式运输半挂车尺寸参数如图3所示。

a)正面图

b)侧面图

图2　FCC9400XXY型厢式运输半挂车

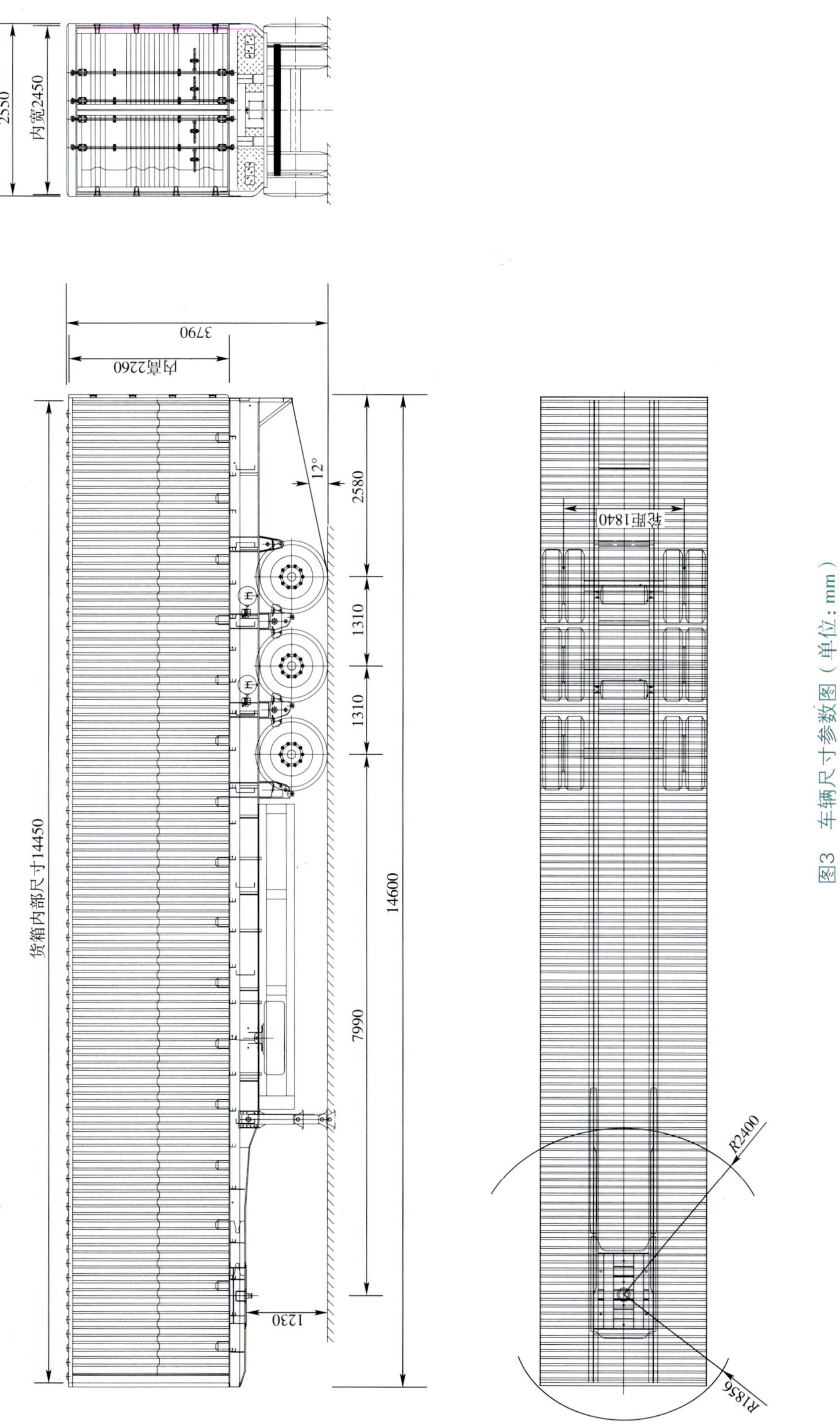

图3　车辆尺寸参数图（单位：mm）

3 车辆主要总成配置

FCC9400XXY型厢式运输半挂车主要总成配置如表1所示。

车辆主要总成配置表　　表1

车辆型号：FCC9400XXY型厢式运输半挂车		
主要总成配置	规格/型号	生产厂家
车架总成	FCC9400-2800000	福建常春专用车制造有限公司
车桥总成	LTD10F11T	佛山市永力泰车轴有限公司
轮胎	11R22.5#12PR	正兴车轮集团有限公司
支承装置	A400	约斯特（上海）汽车部件有限公司
悬架总成	板簧上置	镇江宝华半挂车配件有限公司
ABS装置	VIE-3550800-YZTH-4S/2M	上海万捷汽车控制系统有限公司
紧急继动阀	971 002 1520	威伯科汽车控制系统有限公司
电连接器	DX-80016	浙江东星科技有限公司
牵引销	50#	约斯特（上海）汽车部件有限公司
储气筒	S40-5001-1	广东富华工程机械有限公司
制动气室	T30MY T3030	广东富华工程机械有限公司
制动器总成	鼓式制动420	佛山市永力泰车轴有限公司

九　福建新华旭专用车制造有限公司

福建新华旭专用车制造有限公司（以下简称新华旭）成立于2005年12月，是泉州市唯一和首家汽车研发制造工厂，是中国第一汽车集团与福建省泉州市人民政府经济技术全面合作的重点项目，是泉州市政府确定为市重点培育发展的“五大新兴产业”之一汽车制造业的龙头企业，如图1所示。

图1　福建新华旭专用车制造有限公司

新华旭位于刺桐城南，东倚泉州石湖港口，毗邻泉州机场和晋江高铁陆地港，G15和G72国家高速从其两翼环绕。公司占地面积26.67万m^2（约400亩），总投资10亿元。目前，拥有生产厂房17万余m^2，4条专用车焊接、组装、喷涂生产线。公司引进欧洲专用车生产技术、生产工艺设备，具有国内领先水平，具备年产各种专用汽车2万辆的生产能力。公司与德国芬兰合作研发高端特种专用汽车及零部件，具有很强的技术研发能力。公司专业的产品认证体系（3C认证）和完善的质量管理体系（ISO9001质量管理体系），保证产品的高品质，多年来赢得广大用户的一致好评。

新华旭是福建省汽车工业协会副会长单位，“XHX”品牌被评为福建省著名商标品牌，2010年被评为“泉州市工商信用良好企业”，并获中共泉州市委、泉州市人民政府颁发的“和谐企业”荣誉称号，2012年又被福建省质量协会评为“2011年度福建省质量诚信体系建设单位”。

伴随着我国经济发展的持续向好，特别是城市建设和现代化物流业的快速发展，专用车市场有了广阔的空间。公司亦将开发生产出更加多元化、科技含量更高的汽车产品，并力争发展成为年产汽车及零部件产值超百亿元的大型汽车制造企业而奋斗。同时，公司将进一步提升企业和社会价值，并以专业力量践行企业社会责任和使命，努力打造成世界级特种车精品，让新华旭产品成为祖国人民的安全守护者。

① XHX9400XXY型三轴厢式半挂车

XHX9400XXY型三轴厢式半挂车（图2）是福建新华旭专用车制造有限公司秉承“安全、高效、环保”的设计理念自主研发的主打车型。

1 车辆主要技术特点

（1）结构合理、装卸便捷

整车厢体侧面设计采用瓦楞板式及选装两侧边门错开结构，货物装卸方便，快捷，使用安全可靠，并具有防雨、防尘等优良性能，广泛用于托盘类、包装箱类及其他轻抛货物的运输，是一种经济实用的理想运输工具。

（2）高强度、高性价比

整车大梁、车箱底架全部采用高强度优质钢材，使用寿命长，强度高，韧性好；厢体面板、顶板、边梁以及挡泥板均用优质钢制造，整体线条流畅，密封性好。

（3）科学搭配、配套先进

整车配备防抱死制动系统（ABS），其他配套外购件如车轴、轮胎、悬架、支承装置等均采用国内外知名品牌产品，原厂配套供应，质量有保证。

（4）外形美观、大方

整车经过抛丸机表面去锈处理后喷漆，增加油漆附着力，耐腐蚀度高，大大降低了后期使用维护成本，且外形美观，简明精干。

2 车辆尺寸参数

XHX9400XXY型三轴厢式半挂车尺寸参数如图3所示。

a)正面图

b)侧面图

图2　XHX9400XXY型三轴厢式半挂车

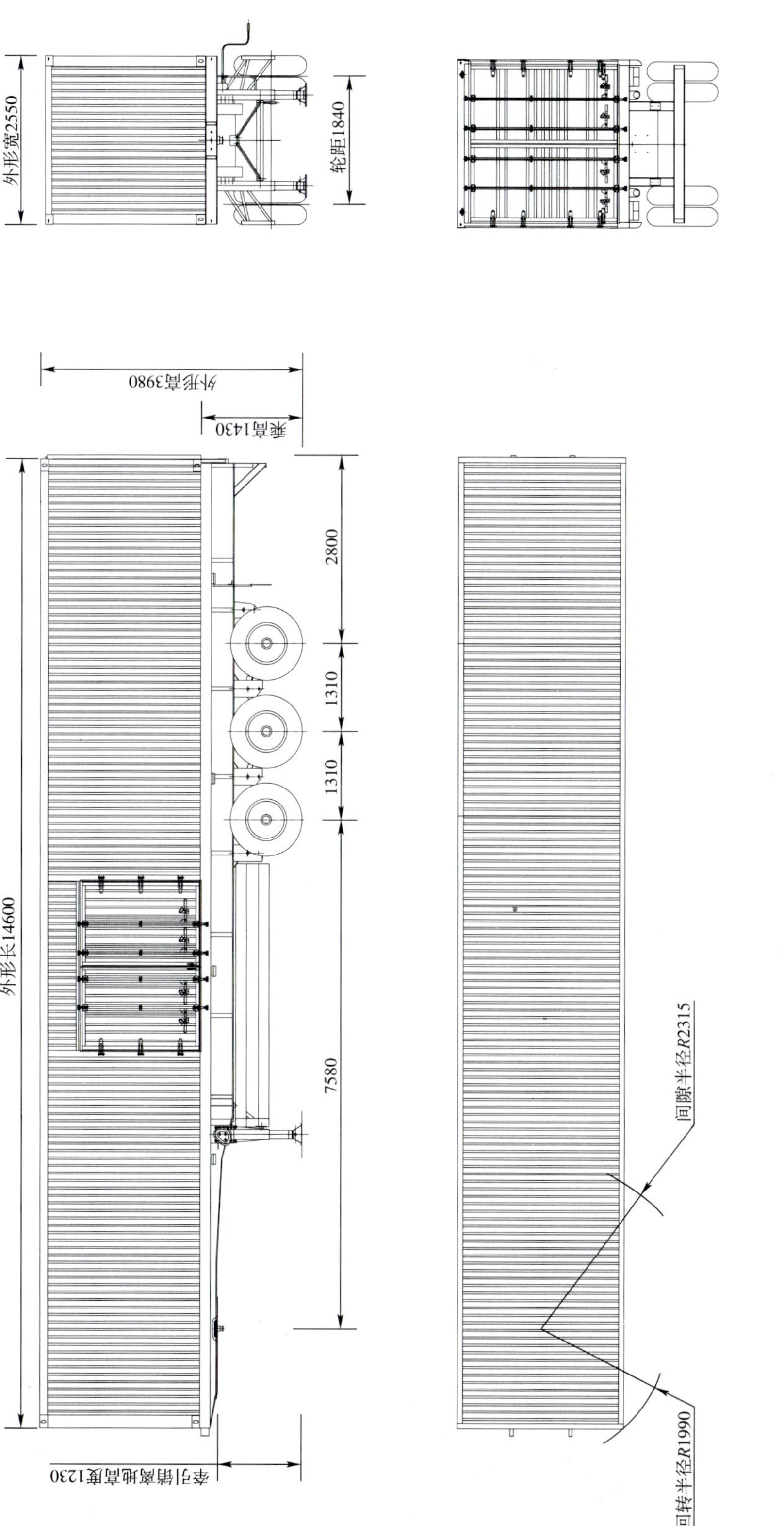

图3　车辆尺寸参数图（单位：mm）

3 车辆主要总成配置

XHX9400XXY型三轴厢式半挂车主要总成配置如表1所示。

车辆主要总成配置表　　表1

车辆型号：XHX9400XXY型三轴厢式半挂车		
主要总成配置	规格/型号	生产厂家
车架总成	XHX9400XXY	福建新华旭专用车制造有限公司
车桥总成	10t级/3	广东富华工程机械制造有限公司
轮胎	11.00R20	上海双钱载重轮胎公司
支承装置	FW280002T	广东富华工程机械制造有限公司
悬架总成	钢板弹簧平衡悬架	佛山市南海天冠钢板弹簧制造有限公司
ABS装置	4SRM	浙江万安科技股份有限公司
紧急继动阀	971 002 1520	威伯科汽车控制系统（中国）有限公司
电连接器	24N	浙江铁马汽车零部件有限公司
牵引销	50#装配式	约斯特（上海）汽车部件有限公司
储气筒	BG3513-716	南安市东南机械消声器有限公司
制动气室	30/30弹簧储能气室	顺德富盈汽车配件有限公司
制动器总成	S 420×180	广东富华工程机械制造有限公司

② XHX9360TJZ型三轴40英尺集装箱运输半挂车

XHX9360TJZ型三轴40英尺集装箱运输半挂车（图4）是福建新华旭专用车制造有限公司根据福建沿海城市的地理优势以及各港口集装箱吞吐量的巨大需求，加以高速公路针对载货类汽车计重收费新政策的实施而打造的。

1 车辆主要技术特点

（1）实用性、高效性

该车采用鹅颈式结构，货台承载面低，重心下降，运行更稳，设计承载能力强，可供用户装载一个40ft（英尺）集装箱。操作便捷，采用4把集装箱锁，大大提高了装卸效率。

（2）结构合理、性价比高

该车车架钢结构全部采用高强度优质钢材，使用寿命长，强度高，韧性好；车架型式采用骨架式结构，有效减轻车身自重，整车质量轻。

（3）科学搭配、配套先进

整车配备防抱死制动系统（ABS），其他配套外购件如车轴、轮胎、悬架、支承装置等均采用国内外知名品牌产品，原厂配套供应，质量有保证。

（4）外形美观、大方

整车经过抛丸机表面去锈处理后喷漆，增加油漆附着力，耐腐蚀度高，大大降低了后期使用维护成本，且外形美观又大方。

2 车辆尺寸参数

XHX9360TJZ型三轴40英尺集装箱运输半挂车尺寸参数如图5所示。

a)正面图

b)侧面图

图4　XHX9360TJZ型三轴40英尺集装箱运输半挂车

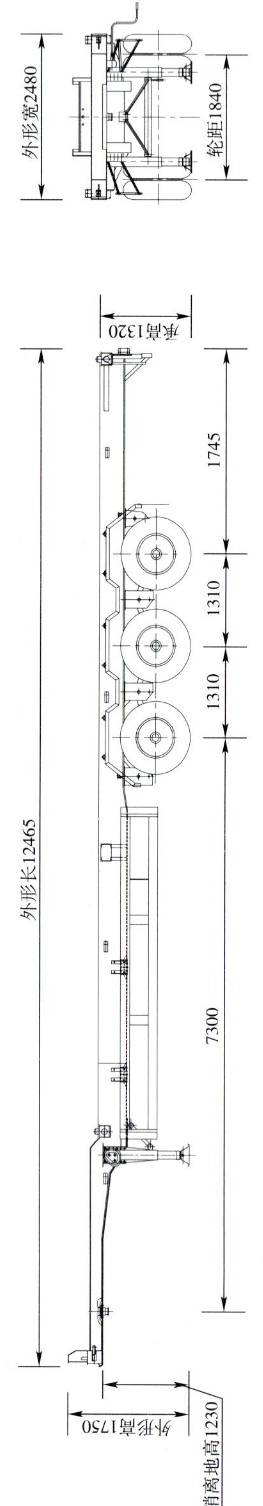

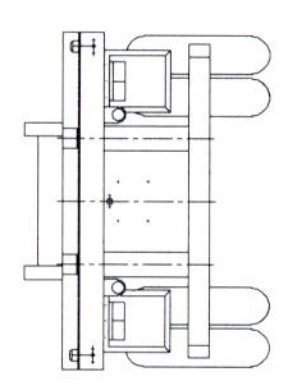

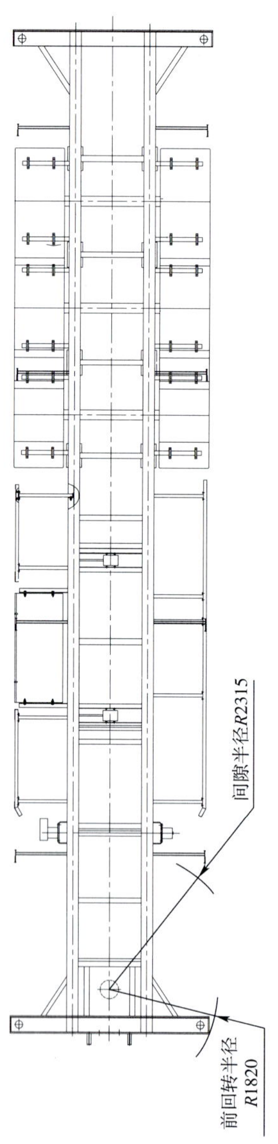

图5　车辆尺寸参数图（单位：mm）

3 车辆主要总成配置

XHX9360TJZ型三轴40英尺集装箱运输半挂车主要总成配置如表2所示。

车辆主要总成配置表 表2

车辆型号：XHX9360TJZ型三轴集装箱运输半挂车		
主要总成配置	规格/型号	生产厂家
车架总成	XHX9360TJZ	福建新华旭专用车制造有限公司
车桥总成	10t级/3	广东富华工程机械制造有限公司
轮胎	10.00R20	上海双钱载重轮胎公司
支承装置	FW280002T	广东富华工程机械制造有限公司
悬架总成	钢板弹簧平衡悬架	佛山市南海天冠钢板弹簧制造有限公司
ABS装置	4SRM	浙江万安科技股份有限公司
紧急继动阀	WABCO 971 002 1520	威伯科汽车控制系统（中国）有限公司
电连接器	24N	浙江铁马汽车零部件有限公司
牵引销	50#装配式	约斯特（上海）汽车部件有限公司
储气筒	BG3513-716	南安市东南机械消声器有限公司
制动气室	30/30弹簧储能气室	顺德富盈汽车配件有限公司
制动器总成	S 420×180	广东富华工程机械制造有限公司

十 山东丛林福禄好富汽车有限公司

山东丛林福禄好富汽车有限公司（图1）是全国首个从事半挂车铝合金结构设计、研发、生产且致力于专用汽车轻量化为发展方向的专用汽车生产企业。公司坐落在风景秀丽的海滨城市——龙口市，这里地处环渤海经济带，东临烟台，南近青岛、潍坊，西依龙口港，北与大连、天津、秦皇岛隔海相望，地理位置优越，水、陆、空交通十分便利。

图1　山东丛林福禄好富汽车有限公司

公司是由丛林集团有限公司、日本轻金属株式会社、日本福禄好富株式会社、日本伊藤忠金属株式会社与伊藤忠（中国）集团有限公司共同投资组建的轻量化半挂车生产企业。公司是中国汽车工业协会成员单位，中国轻量化联盟合作伙伴单位，中国冷链物流成员单位，国家汽车公告目录内企业，产品全部通过国家3C认证，具备年产铝合金挂车3000辆的生产制造能力。

公司依托丛林集团（中国工业铝型材主要生产基地、中国工业500强之一）雄厚的铝合金型材挤压和深加工实力，引进日本福禄好富株式会社（1963年成立）近50年挂车生产技术和生产加工设备，共同开发安全、轻质、高效、节能的轻量化车型，实现产品的高端化、市场化、国际化。公司主要生产铝合金厢式半挂车、铝合金冷藏半挂车、铝合金集装箱式半挂车、铝合金翼开启厢式半挂车等轻量化高端商用车。

铝合金挂车对减轻车辆自重，降低油耗，提高运输效益，节能减排效果显著，对推动我国汽车产业的进步，实现节能减排目标，具有重大而深远的意义。

公司竭诚为广大用户提供品质优良的产品和细心周到的服务，真诚希望与社会各界朋友合作，共谋发展，携手共创美好明天。

LCL9405XXY型三轴厢式半挂车

LCL9405XXY型三轴厢式半挂车（图2）是山东丛林福禄好富汽车有限公司研发的轻量化新型三轴厢式半挂车。

1 车辆主要技术特点

①铝合金厢式运输半挂车主要用于运输各种防潮、防晒、防雨等物品，适合长短距离的运输。

②铝合金厢式运输半挂车具有自重轻的特点，质量比同类车轻3t左右，符合车辆轻量化发展趋势；车厢有效容积达到90m^3，承载能力强，提高了货物的运载效率。

③产品设计符合公路甩挂运输推荐车型的要求；车辆的电器连接装置符合GB/T 5053.1的规定；气动连接装置符合GB/T 13881的规定；防抱死制动系统（ABS）采用4S/2M型式，符合GB/T 20716.1的规定。

④车辆配件均采用高端配置。车辆悬架装置采用BPW空气悬架，轮胎采用单胎子午线真空轮胎；支承装置采用约斯特双联动式，支承能力强，有抗震和防变形特点，可轻松操作。

⑤制动系统采用双管路气压制动，防抱死制动系统，制动性能好，保证了车辆行驶的安全性。

2 车辆尺寸参数

LCL9405XXY型三轴厢式半挂车尺寸参数如图3所示。

a)后视图

b)侧面图

图2 LCL9405XXY型三轴厢式半挂车

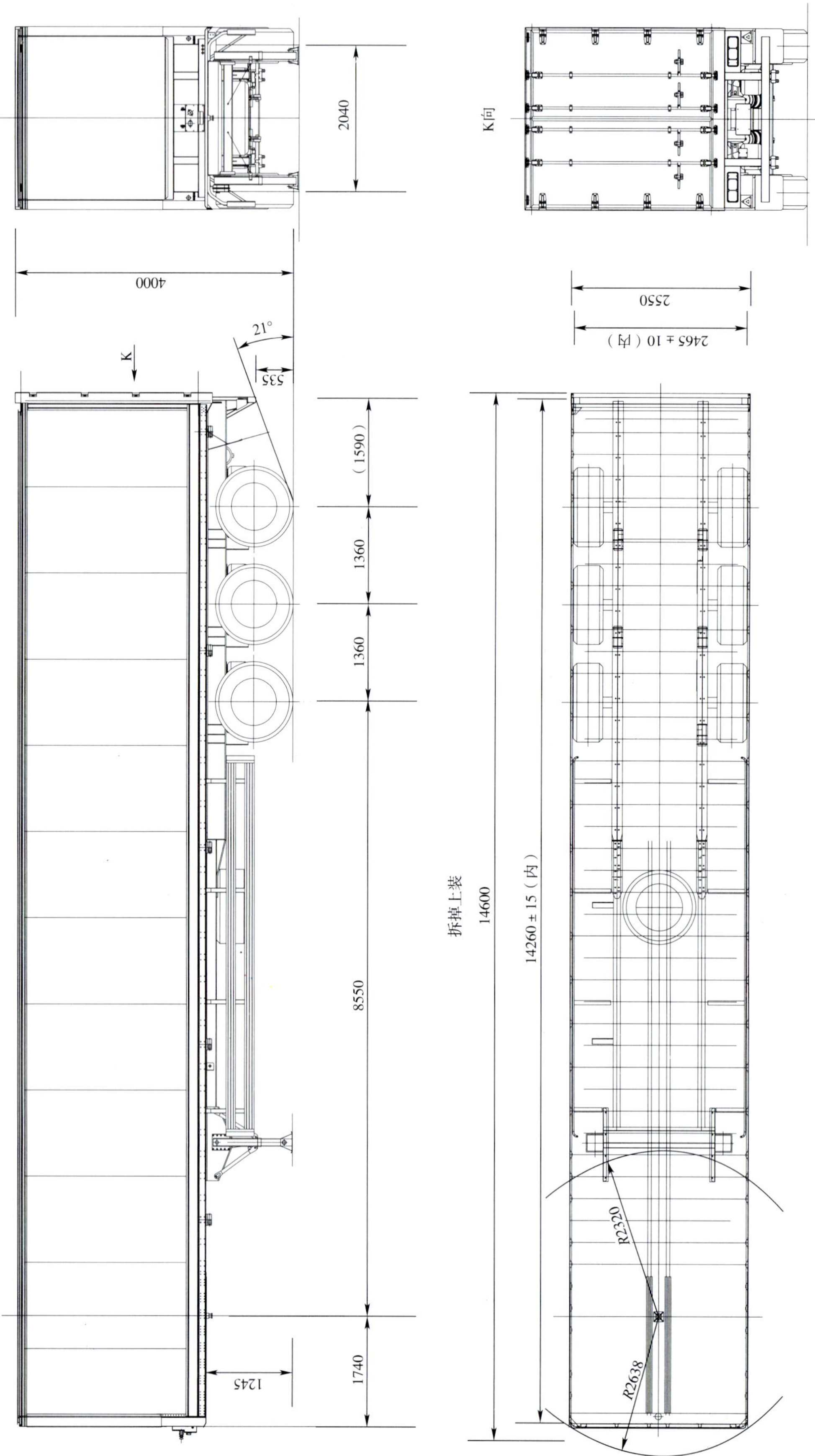

图3 车辆尺寸参数图（单位：mm）

❸ 车辆主要总成配置

LCL9405XXY型铝合金厢式半挂车主要总成配置如表1所示。

车辆主要总成配置表　　表1

车辆型号：LCL9405XXY		
主要总成配置	规格/型号	生产厂家
车架总成	LCL9405XXY	山东丛林福禄好富汽车有限公司
车桥总成	HSMSLM10010D36ECO	BPW（梅州）车轴有限公司
轮胎	22.5×13.0	美国铝业（亚洲）公司
支承装置	A400R T17	约斯特（上海）汽车部件有限公司
悬架总成	HSMSLM10010D36ECO	BPW（梅州）车轴有限公司
ABS装置	4S/2M	威伯科汽车控制系统公司
紧急继动阀	9710023000	威伯科汽车控制系统公司
电连接器	7芯24V标准型	常州市南挂车辆部件有限公司
牵引销	50号	约斯特（上海）汽车部件有限公司
储气筒	60L	威伯科汽车控制系统公司
制动气室	双膜片	BPW（梅州）车轴有限公司
制动器总成	SN4218	BPW（梅州）车轴有限公司

十一　山东迅力特种汽车有限公司

山东迅力特种汽车有限公司（图1）位于山东省临清市南部工业区。公司始建于1962年，公司目前有职工1000人，占地面积20万m^2（300亩），总资产7.9亿元，是国家工信部公告内改装车企业。主导产品有自卸车、厢式车、罐车、军车、挂车等五大类200多个品种。公司建成了自卸车生产线和罐车生产线以及挂车生产线，下料、焊接、装配能力位于行业前列。

图1　山东迅力特种汽车有限公司

公司拥有省级企业技术中心，也是山东省唯一的专用汽车工程技术研究中心。公司现有各类技术人员160人，其中具有中、高级职称的39人。中心实现了运用CAD、SolidWorks、CAPP先进技术软件对产品进行设计、开发。公司先后承担省级以上重点项目14项，其中国家火炬计划3项，国家重点新产品2项。几年来，获得省、部级以上科技进步奖5项。公司共拥有各类专用车专利34项，其中发明专利4项。公司2010年被认定为“中国专利山东明星企业”。公司开发的自卸车、中分自卸车、轻量化半挂车在行业领先。

公司建立了完善的质量管理体系，2009年通过了ISO9001：2008换版工作，主导产品全部通过3C认证。公司产品先后获得3个“山东名牌”，“迅力”商标获得山东省著名商标。2009年公司荣获“山东省首批诚信企业”认定，2012年获得“山东省机械工业百强企业”荣誉。

LZQ9402XXY型三轴厢式半挂车

LZQ9402XXY型三轴厢式半挂车（图2）是山东迅力特种汽车有限公司生产的半挂车。

1 车辆主要技术特点

（1）结构先进合理

车辆采用SolidWorks三维设计及有限元分析，整车结构合理，性能稳定，安全可靠，满足用户的需求。

（2）强度高、容积大

车架纵梁等主要零部件采用高强度钢，穿梁采用W型梁，质量轻，强度高。有效容积接近90m^3。

（3）车厢密封性好

车厢的侧板、前板和门板采用瓦楞槽，强度高、外形美观，车厢后端为对开门，双锁杆，门四周装密封胶条，密封性好。

（4）良好的互换性

牵引销座板离地高度、半挂车前部回转半径、半挂车间隙半径等技术参数按照甩挂运输车型标准进行设计生产；电气连接装置、气制动连接装置、防抱死制动系统（ABS）形式及接口均符合国家标准和ISO 4009：2000标准要求，可与甩挂运输推荐车型的牵引车完全匹配。

（5）精良配置

配件均采用富华、威伯克、双星等国内外知名品牌，精良的配置，保证了整车的优质可靠，并具有很高的通用性。

（6）双联动支承装置

支承装置采用联动式，寿命长、举升能力强，操作快速便捷。

（7）双管路气压制动

采用双管路气压制动，安装防抱死制动系统，制动性能好，安全可靠。

2 车辆尺寸参数

LZQ9402XXY型三轴厢式半挂车尺寸参数如图3所示。

a)侧面图

b)右前图

图2　LZQ9402XXY型三轴厢式半挂车

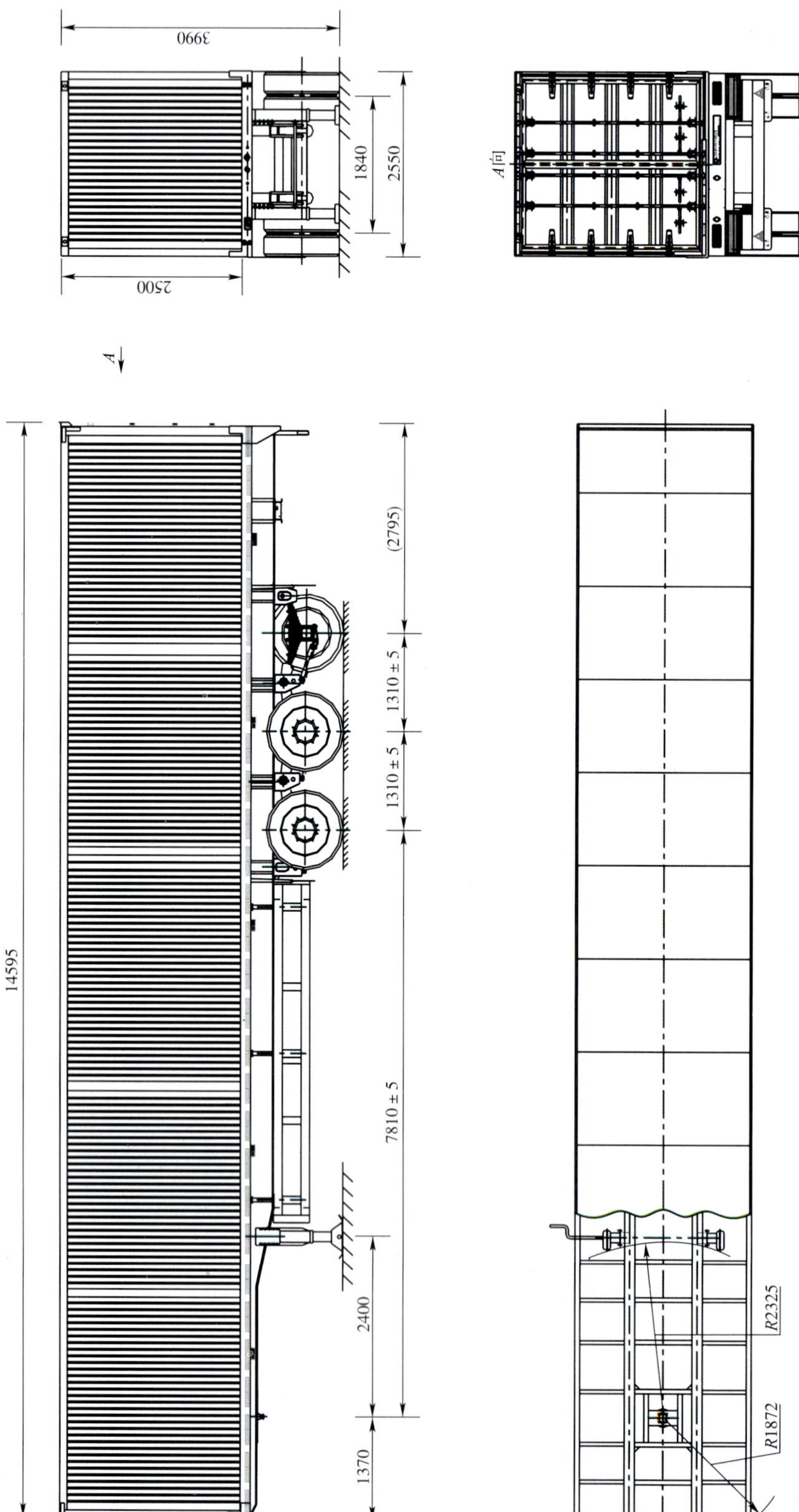

图3 车辆尺寸参数图（单位：mm）

3 车辆主要总成配置

LZQ9402XXY型三轴厢式半挂车主要总成配置如表1所示。

车辆主要总成配置表　　表1

车辆型号：LZQ9402XXY三轴厢式半挂车		
主要总成配置	规格/型号	生产厂家
车架总成	平板式	山东迅力特种汽车有限公司
车桥总成	10t	广东富华工程机械制造有限公司 BPW（梅州）车轴有限公司
轮胎	11.00R20 12PR 8.0–20	青岛双星轮胎工业有限公司 三角轮胎股份有限公司 双钱集团股份有限公司 正兴车轮集团有限公司 焦作博爱华兴车轮有限公司
支承装置	FW280001/双联动	广东富华工程机械制造有限公司
悬架总成	钢板弹簧	山东迅力特种汽车有限公司 广东富华工程机械制造有限公司
ABS装置	4S/2M	广州科密汽车制动技术开发有限公司
紧急继动阀	WABCO 971002300	威伯科汽车控制系统（中国）有限公司
电连接器	24N	河北强力汽车管路有限公司
牵引销	50号	山东迅力特种汽车有限公司 广东富华工程机械制造有限公司
储气筒	ϕ300	山东迅力特种汽车有限公司 广东富华工程机械制造有限公司
制动气室	T30/T3030	江苏恒鑫福奥汽车零部件有限公司 广东富华工程机械制造有限公司
制动器总成	ASH10214 SN4218	广东富华工程机械制造有限公司 BPW（梅州）车轴有限公司

十二 丽水市南明专用汽车有限公司

丽水市南明专用汽车有限公司（图1）原是国营企业，前身为20世纪50年代的丽水运输段汽车修配车间，经历了丽水地区汽车大修厂、丽水地区汽车工业公司、中国第一汽车集团丽水汽车改装厂的历史沿革。

图1　丽水市南明专用汽车有限公司

公司于1982 年由交通部批准生产专用汽车，是全国专用汽车生产定点企业。公司本部占地54954.71 m^2，拥有美国林肯牌自动埋弧焊机、数控等离子自动多头切割机、165t折弯机、13mm液压式剪板机、100t冲床及630t和315t压机等大型先进设备100多台，尤其是能持续创新和实施技改，推进工艺水平和产品质量不断提升。现有职工 260 多名，其中高级工程师 6 名，中级职称的技术骨干 50 多名，设有技术研发部、产品研发部、两个生产分厂、两个销售公司及汽车维修分厂（维修一类资质）等管理部门，并建立了解放4S店、重汽销售服务中心，是集产品研发、设计、制造、销售、服务为一体的专用汽车产品制造企业。

公司目前主要生产经营半挂汽车、厢式汽车、集装箱运输车、自卸汽车、散装水泥车、油罐车、低平板半挂车及环卫车等专用汽车产品，现已有 100 多种型号产品上国家公告。公司的产品设计合理、质量可靠，牢固耐用，美观大方，已达到了国内同类产品的先进水平，曾多次在全国、省质量监督抽检时被评为一级品和优等品，多次获得省、厅、市级科技进步奖、新产品奖。

公司坚持“打造南明品牌、满足用户需求”的质量方针，建立完善的质量控制系统，2001年通过ISO 9001：2000质量管理体系认证，2003 年4月“南明”牌系列专用汽车产品通过3C认证，“南明”牌商标于2004年就被认定为浙江省著名商标。

公司产品已覆盖华东、华南地区及其他省市，部分产品已销往国外，受到了广大用户的好评和喜爱，尤其是近几年来，我公司在各地建立了营销网络，不断完善客户服务体系，并坚持“以人为本、用户至上”的企业理念，与新老用户携手并进，共创美好明天。

① LSY9407型三轴栏板式半挂车

LSY9407型三轴栏板式半挂车（图2）是由本厂设计，自行开发而成，主要适用于中重型及散装货物的中长途运输，适用性强，已成为中长途货运车辆之首选。该产品总体结构设计合理，工艺先进。采用3轴6胎形式，纵梁为焊接“工”字型钢并局部加强，安全可靠。与该产品配套的50号牵引销、支承架由镇江宝华半挂车配件有限公司提供，半挂车轴由富华工程机械制造有限公司提供。富华工程机械制造有限公司和镇江宝华半挂车配件有限公司都是专门从事车桥和支承架生产与开发的企业，技术力量雄厚，生产装备精良，多年合作表明，质量可靠，供货及时，服务良好。

悬挂装置用的钢板弹簧由浙江创盛汽车配件有限公司配套，备有试验报告和质量保证书，质量稳定，用户反映良好。

1 车辆主要技术特点

（1）整车

车身采用优质钢材，先进的技术，严格的生产制造而成，整车结构合理，性能可靠，操作简便，外形美观。

（2）车架

采用纵梁和整体贯穿式横梁组焊而成的空间框架结构，能均衡车架的强度、刚度、韧性，承载能力强。

（3）悬架

采用非独立钢板冲压式刚性悬架，由串联式钢板弹簧和悬架支座做成，结构合理，具有较强的刚性和强度，用来支承载荷、减缓冲击。

a)正面图

b)侧面图

图2　LSY9407型三轴栏板式半挂车

2 车辆尺寸参数

LSY9407型三轴栏板式半挂车尺寸参数如图3所示。

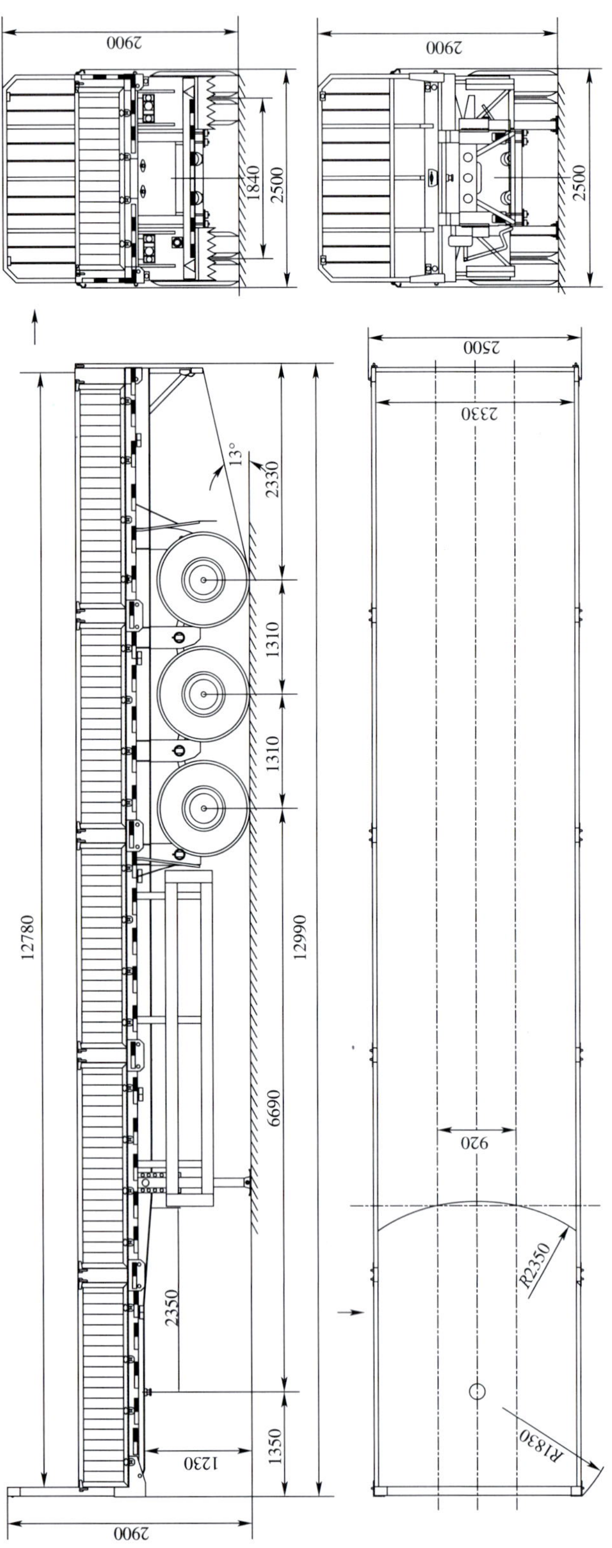

图3 车辆尺寸参数图（单位：mm）

3 车辆主要总成配置

LSY9407型三轴栏板式半挂车主要总成配置如表1所示。

车辆主要总成配置表 表1

车辆型号：LSY9407型三轴栏板式半挂车		
主要总成配置	规格/型号	生产厂家
车架总成	穿梁式结构（平直）	丽水市南明专用汽车有限公司
车桥总成	F24（10t）	广东富华工程机械制造有限公司
轮胎	12R22.5，7.5V-20	上海双钱集团股份有限公司
支承装置	FW280002/T	广东富华工程机械制造有限公司
悬架总成	钢板支架+钢板弹簧	镇江宝华半挂车配件有限公司 浙江创盛汽车配件有限公司
ABS装置	CM2XL-4S/2M	广州市科密汽车制动技术有限公司
紧急继动阀	DX-8002	浙江东星科技有限公司
电连接器	DX-80015	浙江东星科技有限公司
牵引销	BH-KW50A	镇江宝华半挂车配件有限公司
储气筒	180LX2	梁山赛强机械制造有限公司
制动气室	T3030MY，T30	广东富华工程机械制造有限公司
制动器总成	S420X180内置式 HM518445/10	广东富华工程机械制造有限公司

2 LSY9354TJZ型两轴20英尺集装箱运输半挂车

LSY9354TJZ型两轴20英尺集装箱运输半挂车（图4）是由本厂设计，自行开发而成，主要用于船舶、港口、航线、公路、中转站、桥梁、隧道、多式联运相配套的物流系统。该产品总体结构设计合理，工艺先进。采用2轴4胎形式，纵梁为焊接“工”字型钢并局部加强，安全可靠。与该产品配套的50号牵引销、支承架由镇江宝华半挂车配件有限公司提供，半挂车轴由富华工程机械制造有限公司提供。富华工程机械制造有限公司和镇江宝华半挂车配件有限公司都是专门从事车桥和支承架生产与开发的企业，技术力量雄厚，生产装备精良，多年合作表明，质量可靠，供货及时，服务良好。

1 车辆主要技术特点

（1）整车

车身采用优质钢材，先进的技术，严格的生产制造而成，整车结构合理，性能可靠，操作简便，外形美观。

（2）车架

纵梁采用平直式，腹板高度从450～550mm，纵梁采用自动埋焊焊接，车架采用抛丸处理，美观、承载能力强。

（3）悬架

采用新型的悬架，强度高，耐冲击性强；各轴轴载荷平衡，系统拉杆角度设计合理，减少了轮胎与地面的摩擦滑移距离，有效降低了轮胎磨损，同时可调拉杆，可调整轴距，能有效避免轮胎的偏磨和啃轮现象。

2 车辆尺寸参数

LSY9354TJZ型两轴20英尺集装箱运输半挂车尺寸参数如图5所示。

a)正面图

b)侧面图

图4 LSY9354TJZ型两轴20英尺集装箱运输半挂车

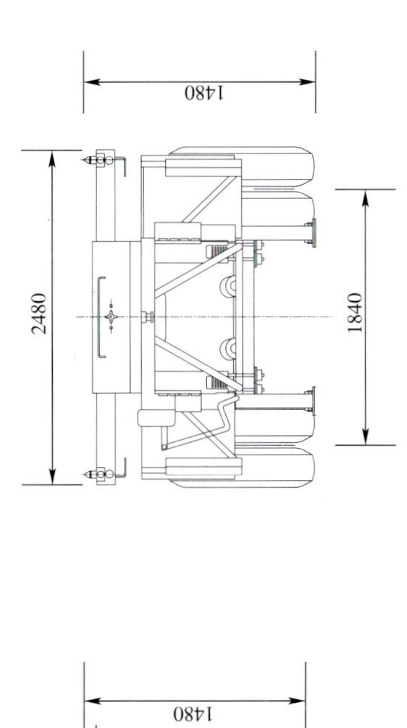

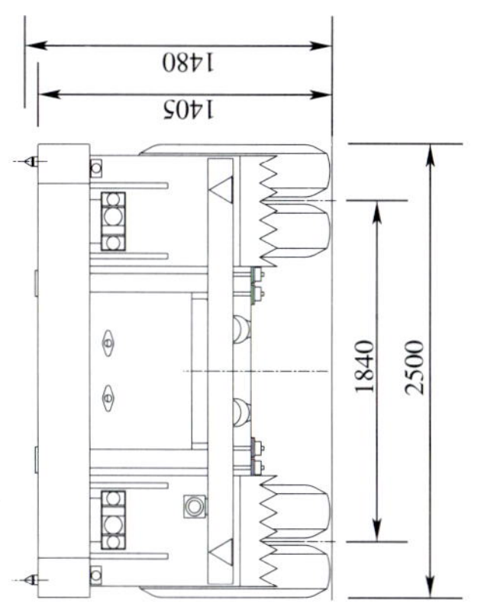

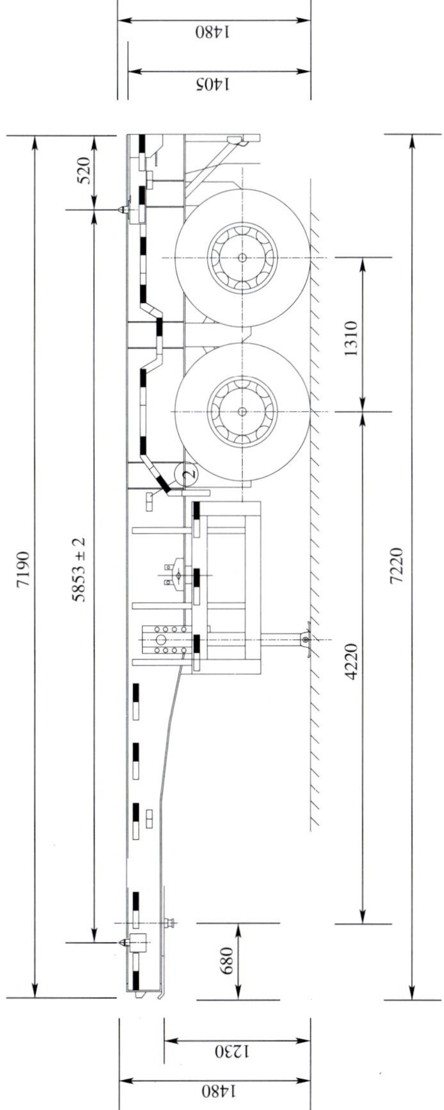

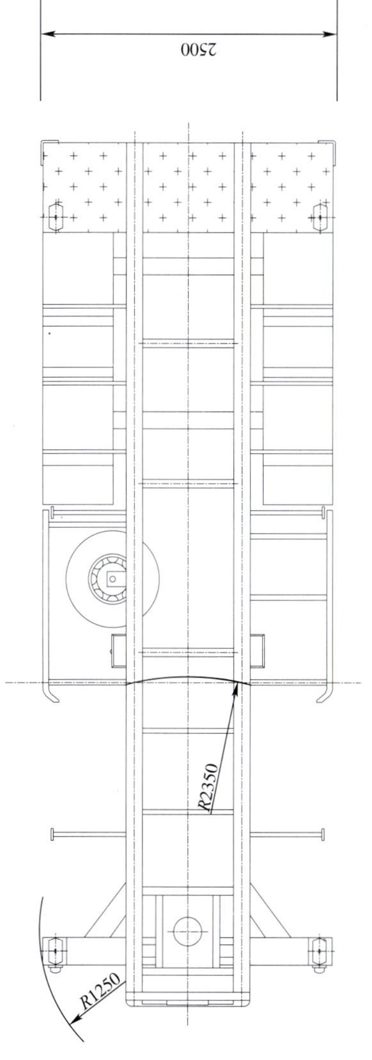

图5　车辆尺寸参数图（单位：mm）

3 车辆主要总成配置

LSY9354TJZ型两轴20英尺集装箱运输半挂车主要总成配置如表2所示。

车辆主要总成配置表　　表2

车辆型号：LSY9354TJZ型两轴20英尺集装箱运输半挂车		
主要总成配置	规格/型号	生产厂家
车架总成	骨架式结构（平直）	丽水市南明专用汽车有限公司
车桥总成	F24（10t）	广东富华工程机械制造有限公司
轮胎	12R22.5，7.5V-20	上海双钱集团股份有限公司
支承装置	FW280002/T	广东富华工程机械制造有限公司
悬架总成	钢板支架+钢板弹簧	镇江宝华半挂车配件有限公司 浙江创盛汽车配件有限公司
ABS装置	CM2XL-4S/2M	广州市科密汽车制动技术有限公司
紧急继动阀	DX-8002	浙江东星科技有限公司
电连接器	DX-80015	浙江东星科技有限公司
牵引销	BH-KW50A	镇江宝华半挂车配件有限公司
储气筒	180L	梁山赛强机械制造有限公司
制动气室	T3030MY T30	广东富华工程机械制造有限公司
制动器总成	S420X180内置式 HM518445/10	广东富华工程机械制造有限公司

十三　山东蓬翔汽车有限公司

山东蓬翔汽车有限公司（图1）是由中国第一汽车集团公司、吉林东光集团有限公司、雷岩投资公司和公司经管层四方出资组建的有限责任公司，公司位于蓬莱市南环路5号，占地面积48.6万m^2，注册资本2亿元。

图1　山东蓬翔汽车有限公司

山东蓬翔汽车有限公司的产品结构为改装车、中重型商用车桥、液压件和商用车车架，具备了年产2万辆改装车、20万根驱动桥、5万根转向桥、5万套悬挂、2万套液压系统和3万套货车车架的综合生产能力。改装车产品有半挂车、自卸车、厢式车、非公路自卸车等4个系列130多个品种。车桥产品有矿用车桥及悬架系列、中重卡车桥及悬架系列、轻量化车桥及悬架系列、专用类车桥系列。其中，矿用车驱动桥涵盖了25t、30t、35t、45t等系列；中重卡驱动桥包括了390系列、420系列、435 系列、440系列、457系列、469系列、485系列、499系列、LB300系列、LC300系列、DA485系列等系列；轻量化驱动桥包括了QL400、QL450、QL500、LD300等系列。液压件产品包括中重卡自卸车液压系统、矿用车液压系统、液压缸、齿轮泵、控制阀等，其中液压缸包括了单级缸的160系列、180系列、200系列、220系列和多级缸的180系列、191系列、198系列。货车车架满足包头北奔重型汽车有限公司蓬莱分公司各类底盘的生产需要。

山东蓬翔汽车有限公司生产设备精良，制造工艺先进，关键加工工序实现了数控和自动化，拥有4个专业厂和20多条国内先进的流水生产线，关键生产设备850多台。公司现有员工1700多人，其中管理、技术人员320多人，拥有专利43项，技术创新能力处国内领先地位。

山东蓬翔汽车有限公司于1997年在全国同行业率先通过了ISO9001国际质量体系认证，2005年通过了TS16949质量体系认证。连续多年跻身中国机械行业500强，被烟台市政府授予“经济发展明星企业”称号。2005年“蓬翔”牌改装车被认定为“山东省名牌产品”。2007年“蓬翔”牌驱动桥被荣誉“中国名牌产品”称号。2009年公司被授予高新技术企业和省级技术中心。2010年“蓬翔”商标被认定为中国驰

SDG9409A型三轴栏板式半挂车

名商标。

SDG9409A型三轴栏板式半挂车是山东蓬翔汽车有限公司为适应目前甩挂运输需要研制的轻量化半挂车。本车车架纵梁采用自主开发，国际首创的异型纵梁结构，完美解决了腹板厚度较小而导致挂车起皱的难题。本车大量使用优质高强度钢材，并依据车架结构进行了多处合理化的减重，使得本车自重仅有5.5t。

1 车辆主要技术特点

（1）科学设计

车辆整体进行三维设计和有限元力学分析，确保整车及各个部件的优化匹配，同时合理地消除整车应力集中和干涉现象，保证了本车的行驶安全性。

（2）创新亮点、优化设计

①腹板采用瓦楞结构的设计，如图2所示，解决了当腹板厚度较小时发生起皱的难题。在材料上，该纵梁全部选用优质高强度钢。在不影响载重的情况下，降低了自重。该结构已申报发明专利。根据整车的受力情况结合以往的设计，充分利用瓦楞腹板的稳定性，适当提高纵梁中部高度，提高了承载能力。

图2　瓦楞结构腹板

②横梁位置的加强板采用的L型折弯件，并冲孔，在保证强度的同时减轻了自重；鹅颈位置下翼板采用双层结构并延伸至支承装置后端，大大提高了鹅颈处纵梁的承载能力。

③纵梁尾部处腹板设计多个不规则排列的减重孔，如图3所示。在不影响强度的前提下，进一步减轻了自重。

图3　减重孔

④四片钢板弹簧的设计，在满足载重的基础上减轻自重、降低重心；真空胎的选装，降低自重，如图4所示。

图4　钢板弹簧

（3）大型设备、先进技术

采用国内外先进的大型加工设备，如大型剪板机、等离子切割、大型车架翻转机、龙门埋弧自动焊、整车抛丸机等，如图5所示，具有强大的加工能力和很强的产品质量保证。

（4）高强度钢

全车90%的材料选用高强度钢材，包括立柱、底板、边梁、W贯穿梁，大大降低了自重，提高了整车强度。

SDG9409A型三轴栏板式半挂车如图6所示。

a)车架翻转机

b)等离子切割

c)大型剪板机

图5　加工设备

a)正面图

b)侧面图

图6　SDG9409A型三轴栏板式半挂车

2 车辆尺寸参数

SDG9409A型三轴栏板式半挂车尺寸参数如图7所示。

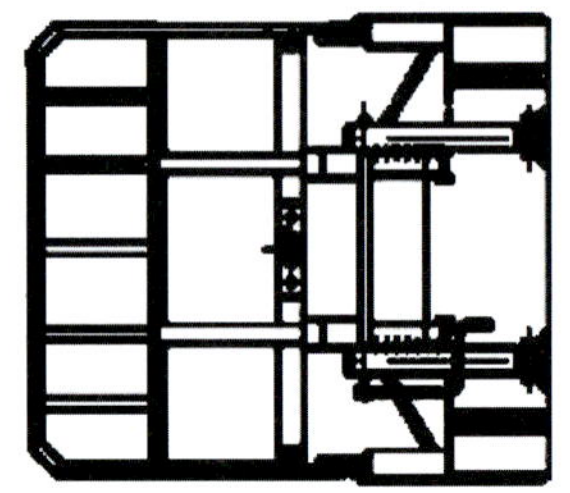

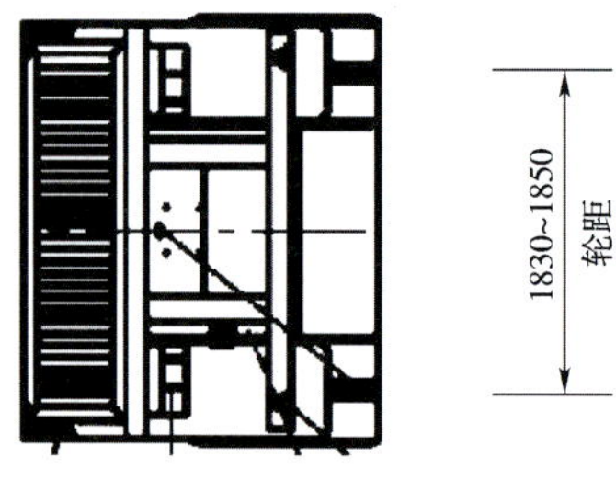

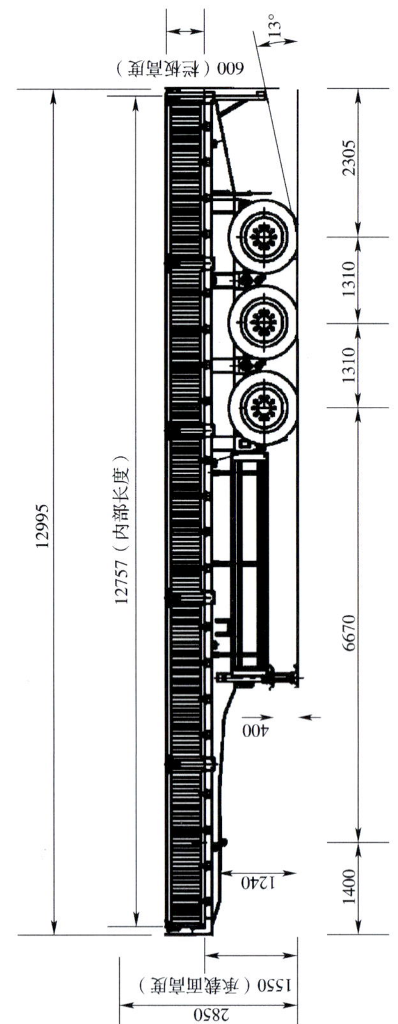

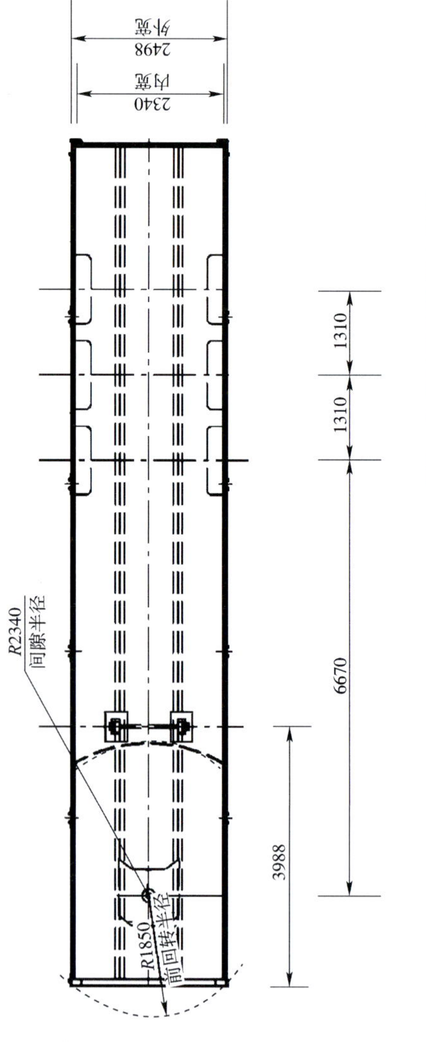

图7 车辆尺寸参数图（单位：mm）

3 车辆主要总成配置

SDG9409A型三轴栏板式半挂车主要总成配置如表1所示。

车辆主要总成配置表　表1

车辆型号：SDG9409A		
主要总成配置	规格/型号	生产厂家
挂车轴	F24（10t）	广东富华工程机械制造有限公司
悬挂	Z29000000330	青岛吉祥荣机械有限公司
轮胎	22.5×9.00	正兴车轮集团有限公司
支承装置	28t（130mm）	广东富华工程机械制造有限公司
车身	车辆型号	山东蓬翔汽车有限公司
牵引销	50#	营口奥捷专用汽车制造有限公司
电连接器	W37241100312	河北恒旭车船零部件科技有限公司
轮胎	12R22.5	兴源轮胎集团有限公司
ABS装置	Mabs35502（4S/2M）	山东明水汽车配件厂
制动软管	PA11（12×1.5mm）	山东亚通汽车零部件制造有限公司
紧急继动阀	ZJ382-13	浙江东星科技有限公司
储气筒	80L	济南大正顺鑫工贸有限公司
制动气室	T3030	诸暨市东利汽车附件有限公司
制动器总成	S420×180	广东富华工程机械制造有限公司

十四　河南骏通车辆有限公司

河南骏通车辆有限公司（图1）成立于2005年3月，是一家集专用车制造、汽车零部件制造及汽车贸易于一体的综合性民营企业，现主要生产自卸车、半挂车、罐式车三大系列产品。目前，公司总资产达到8亿元，现有员工1500人，占地53万多m^2，主要产品有自卸车、半挂车、罐式车三大系列200多个品种，正在研发汽车起重机、环卫车和多轮驱动专用车产品，综合产能5万辆，单厂产能跃居国内同行业首位。产品销往陕西、山西、甘肃、内蒙、新疆等全国20多个省市（自治区），产品批量出口俄罗斯、乌兹别克斯坦、吉尔吉斯斯坦及非洲、南美洲十多个国家和地区，是陕汽、红岩、重汽、欧曼等国内知名主机厂家的专用车改装基地，先后获得过“河南省百高企业”、“河南省产品质量管理卓越百强企业”、“河南省最佳先进企业”等多项荣誉称号。

图1　河南骏通车辆有限公司

公司自成立以来，紧紧依靠技术进步，不断提升核心竞争能力，加大科技投入力度，科技研发能力不断提高。公司技术中心分别于2010年8月被评为“省级企业技术中心”，2012年12月10日被确立为“河南省特种专用车工程技术研究中心”，先后获得国家专利技术30余项、省科技成果6项。目前公司拥有技术人员60余人，其中高级工程师20余人，强势的研发团队、雄厚的技术实力使公司产品在同行业中脱颖而出，随着各种高强型、轻量化、高性能产品的相继推出，公司也在稳定中求突破，并获得多种国家级及省级奖项。公司引进国内外先进生产设备和工艺技术，采用铝合金、不锈钢等新型环保材料，开发出一系列与国际市场同步的高科技、高附加值产品。

公司于2012年10月建设完成的年产2万辆节能型矿山运输专用车生产线，改变了自卸车传统生产模式，采用自动化流水线和大厢一次成型生产工艺，可提高生产效率3倍以上，减少焊接量40%。其产品矿山劲霸、公路运霸曾获得多项国家专利，具有自重轻、容积大、省燃油等多种优点，是国内自动化程度最高、生产效率最高的专用车生产线。

“十二五”期间，公司将积极实施“大二期”工程建设，新上年产1万辆起重举升类专用车项目、年产1万辆多轮驱动专用车项目等，着力打造千亩骏通汽车产业园。建设集研发、生产、销售于一体的、在国内外具有重要影响力的高科技专用车生产基地 。

JF9404型三轴栏板式半挂车

JF9404型三轴栏板式半挂车是河南骏通车辆有限公司为适应目前计重收费与严格治理“双超”运输环境，同时配合国家《国家节能减排综合性工作方案》的要求而打造的“安全、高效、节能、环保”甩挂运输推荐车型。

1 车辆主要技术特点

（1）采用高强度钢，进行轻量化设计

根据高强度材料的特性对纵梁、车架、上装等都进行了结构创新设计，采用综合受力分布及SolidWorks有限元分析，确保了每一个零部件的合理匹配，科学的载荷分配，最大限度保证了整车的结构合理性，大梁、底板、边梁、立柱等均采用先进低合金高强度钢材，在承载能力不变的情况下，车身自重大大减轻。13m三轴栏板式半挂车的自重在5.6t左右。

（2）采用先进的加工工艺

采用国内先进的加工设备（图2）：水下数控等离子切割机、大型剪板机、500t冲床、大型龙门式翻转机、悬臂式翻转机、YD-30M埋弧自动焊机、板簧装配机、抛丸机等，这些都是加工能力与产品质量的保证。

a)大型剪板机

b)埋弧自动焊机

c)悬臂式翻转机

图2　各类加工设备

（3）性能可靠，保障安全，服务贴心

应用国内先进的制动系统（双管路制动）和电气系统，可有效保障车辆行驶的稳定性及安全性。

完善的售后服务网络，遍布全国各地，为客户提供更高更及时的服务，积极跟踪客户产品使用状态，在第一时间为客户解决问题，及时汲取客户反馈意见。

（4）拥有多项创新技术

采用带推车块的后防护装置和新型的贯穿梁孔等设计工艺，都曾获得国家实用新型专利。除此之外，还有侧厢翻转制动、新式备胎架以及新式防涨厢等产品创新，不仅提高了整车（图3）的使用性能，而且也提高了外形美观度。

a)正面图

b)侧面图

图3 JF9404型三轴栏板式半挂车

2 车辆尺寸参数

JF9404型三轴栏板式半挂车尺寸参数如图4所示。

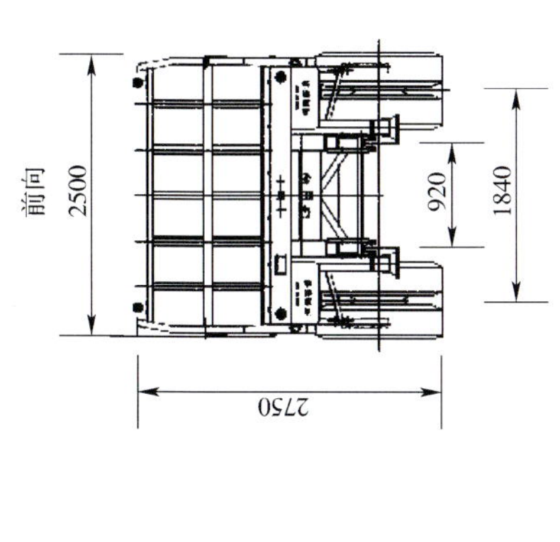

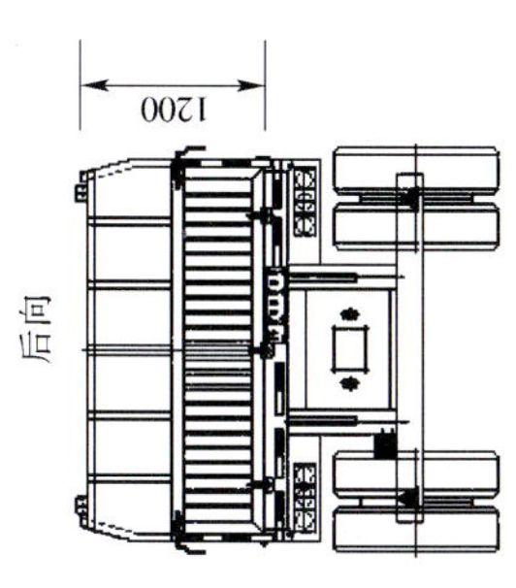

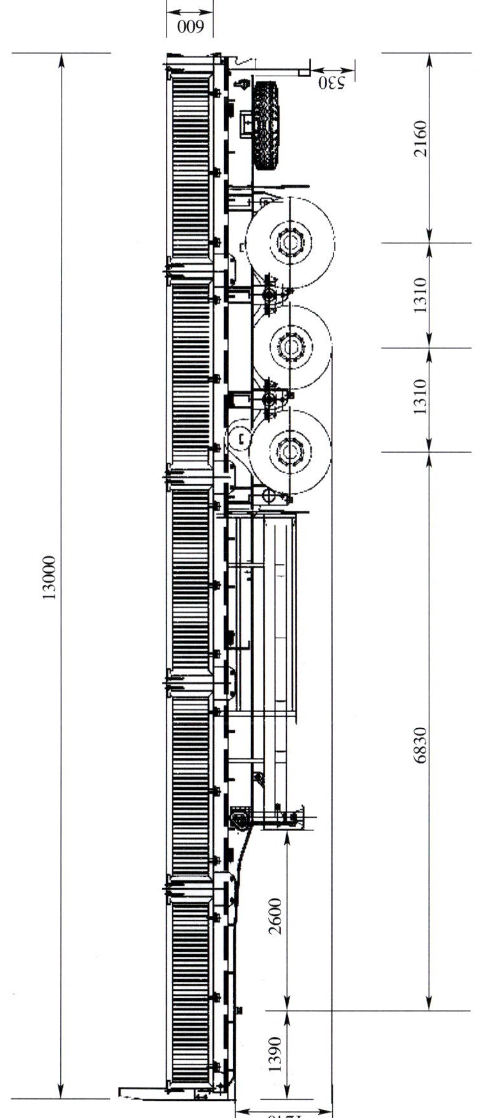

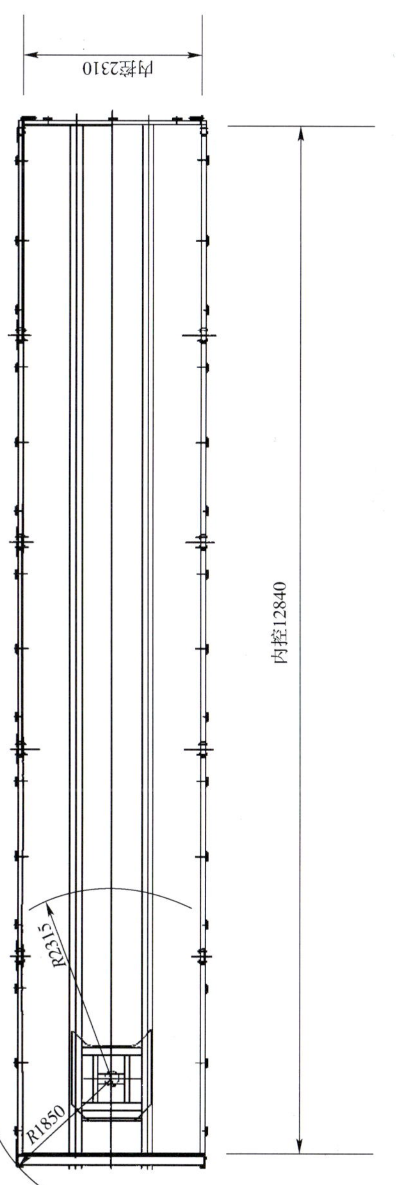

图4　车辆尺寸参数图（单位：mm）

3 车辆主要总成配置

JF9404型三轴栏板式半挂车主要总成配置如表1所示。

车辆主要总成配置表 表1

车辆型号：JF9404		
主要总成配置	规格/型号	生产厂家
车架总成	JFBL28-11	河南骏通车辆有限公司
车桥总成	10t级/3	青岛约克运输设备有限公司
轮胎	12R22.5/12	上海双钱集团股份有限公司
支承装置	28t联动	扬州平山支撑装置制造有限公司
悬架总成	ZX/XG美式正装	众兴集团机械制造有限公司
ABS装置	CM2XL-4S/2M	广东市科密汽车制动技术开发有限公司
紧急继动阀	DX-80011	浙江东星科技有限公司
电连接器	DN12	浙江诸暨东港液压机械有限公司
牵引销	50#	镇江宝华挂车配件有限公司
储气筒	ϕ290×700	汝南广源汽车配件有限公司
制动气室	T30MY80/T3030MY80	广东佛山市富盈机械制造有限公司
制动器总成	420mm×180mm	广东富华工程机械制造有限公司

十五 河北御捷马专用车制造有限公司

河北御捷马专用车制造有限公司（图1）位于河北省清河经济技术开发区，占地面积11.2万m^2（168亩），工厂建筑面积3.6万m^2，总投资2亿元。公司拥有工程技术人员56人，高级职称工程师36人，员工300余人。

图1 河北御捷马专用车制造有限公司

公司依托一汽、重汽、东风、福田和江淮底盘技术，采用系列化、标准化、模块化设计，使产品性能和结构达到最优。公司研发生产的主要产品有冷藏保温系列运输车、翼开启厢式系列运输车、通信车、邮政车、易燃液体罐式运输车、水泥搅拌车、洒水车等产品以及铝合金（承载式车身结构）厢式系列半挂车、冷藏保温系列半挂车、翼开启系列半挂运输车、普通栏板半挂车等。

公司拥有先进的生产工艺和设备，其中冷藏保温车厢板大型压机生产线、喷漆烘干流水线、铝合金厢式车生产线设备均在同行业中居于领先水平。产品的关键指标均超过国家A级标准并获得国家3C强制性认证，质量管理体系通过GB/T 19001—2000认证。公司是国家工业和信息化部公告企业。

公司以“责任、执行、协作、成就”为企业文化，坚持“科学管理，质量第一，信誉为本，顾客满意”的经营理念，以优良的产品质量和完善的售后服务立足于专用车市场前沿，打造中国北方最大的冷藏保温车和厢式运输车生产基地。

河北御捷马专用车制造有限公司欢迎社会各界朋友莅临指导、洽谈合作！

YJM9400型三轴栏板式半挂车

YJM9400型三轴栏板式半挂车（图2）是河北御捷马专用车制造有限公司设计和生产的一款轻量化半挂车。

1 车辆主要技术特点

①整车采用优质钢材，先进的技术，严格的生产工艺制造而成，整车结构合理，性能可靠，操作简便，外形美观。

②挂车选用知名厂家挂车配件，严格按照质量体系文件要求采购、检验、使用，保证整车的良好性能。

③半挂车架均为贯穿梁式结构，纵梁选用高强度钢板材料制作，采用自动埋弧焊接，车架经抛丸处理，横梁穿入纵梁并焊接成整体。

④采用非独立刚性悬架，由串联式钢板弹簧和悬架支座组成，结构合理，具有较强的刚性硬度，用来支承载荷、减缓冲击。

⑤整车采用先进的计算机辅助设计软件进行优化设计而成，根据车辆承载质量要求对车架进行有限元分析，科学设计、合理分载。

⑥整车具有自重轻、强度高、耐腐蚀、使用寿命长等特点，是中长途物流运输的最佳选择。

2 车辆尺寸参数

YJM9400型三轴栏板式半挂车尺寸参数如图3所示。

a)正面图

b)侧面图

图2　YJM9400型三轴栏板式半挂车

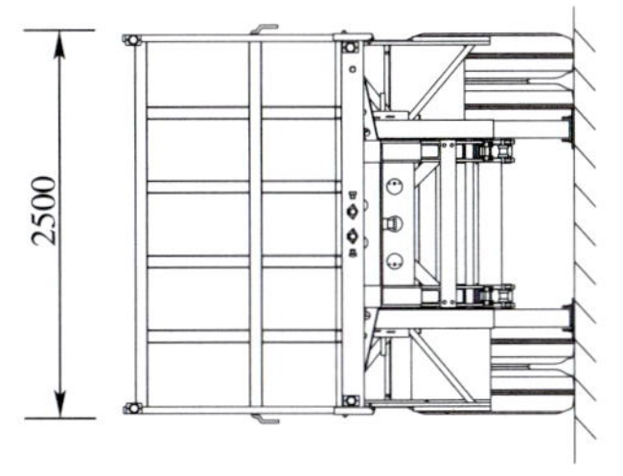

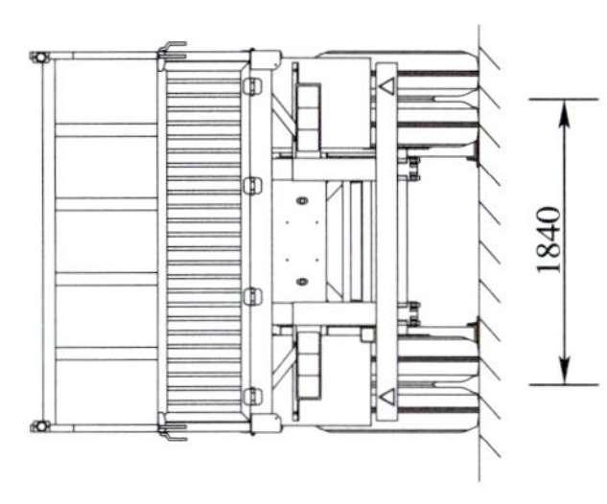

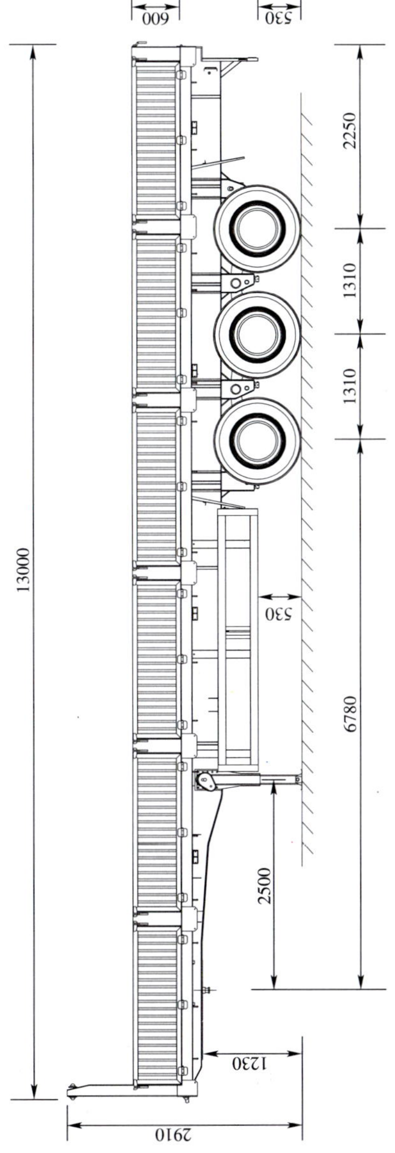

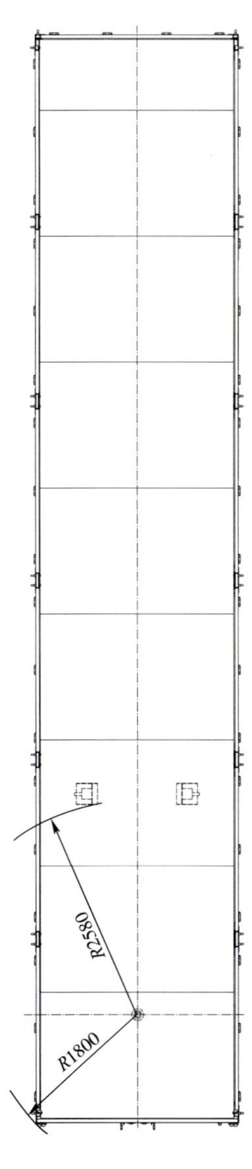

图3　车辆尺寸参数图（单位：mm）

❸ 车辆主要总成配置

YJM9400型三轴栏板式半挂车主要总成配置如表1所示。

车辆主要总成配置表　　表1

车辆型号：YJM9400		
主要总成配置	规格/型号	生产厂家
车架总成	YJM9400-01-003	河北御捷马专用车制造有限公司
车桥总成	F2423	广东富华工程机械制造有限公司
支承装置	DR-L30T	宿州德润机械有限公司
轮胎	12R22.5	三角轮胎股份有限公司 双钱集团股份有限公司 双星东风轮胎有限公司
悬架总成	FW88	广东富华工程机械制造有限公司
ABS装置	ZQFB-V	西安正昌电子有限责任公司
紧急继动阀	9730110000	浙江诸暨东港液压机械有限公司
电连接器	452702	浙江诸暨东港液压机械有限公司
牵引销	KPEW210	广东富华工程机械制造有限公司
储气筒	40L	广东富华工程机械制造有限公司
制动气室	T3030	浙江诸暨东港液压机械有限公司
制动器总成	S凸轮制动器	广东富华工程机械制造有限公司

十六 江苏安华汽车股份有限公司

江苏安华汽车股份有限公司（图1）成立于2006年11月，是一家专业从事各类专用汽车及汽车配件生产和销售的企业，公司位于江苏省淮安经济技术开发区，占地20万m^2（300亩），注册资本8400万元，总投资5.4亿元，主要产品有城市下水道疏通车、干湿物料吸排车、洒水车、各类罐式车、压缩式垃圾车、栏板半挂车、集装箱运输车、厢式运输车等八大系列200多个品种。

图1 江苏安华汽车股份有限公司

江苏安华汽车股份有限公司系厦门融和实业集团全资子公司，厦门融和实业集团是一家位于海峡西岸经济区的核心区——厦门经济特区，以装备制造、房地产、投资和贸易为主要产业方向的跨行业、跨区域的综合型企业集团。其旗下的装备制造业公司，江苏安华汽车股份有限公司、福建泰华交通设备有限公司均为国内知名的专用汽车制造企业，生产的“大力士”牌专用汽车已有近三十年历史，已成为专用汽车行业内的知名品牌。

公司拥有主要生产设备400多台（套），其中水下等离子切割、自动埋弧焊机、直缝焊机、卷板机、大型喷涂等大型设备50多台（套），形成一期生产各类专用汽车5000辆/年的生产能力。

公司在发展过程中，积极响应国家“十二五”规划及相关产业政策，致力于走专业化、高端产品之路；2010年12月，由公司自行研发的“污水循环再利用式联合吸污车”获得“江苏省首台（套）重大装备及关键零部件”殊荣；2011年3月，公司与北京理工大学（国家新能源车权威研究机构）合作，共同研发新能源（纯电动）城市专用车，率先走在行业前沿，并力争成为中国专用车行业高端产品的领航者。

公司自成立之日起，就致力于做精品企业、信誉企业、人文企业，始终以“服务社会”为宗旨，以满足客户的需求为企业追求的目标，致力于为运输市场提供一流专业的运输装备，竭诚为广大客户提供一流的服务。

JAT9401型三轴栏板式半挂车

JAT9401型三轴栏板式半挂车（图2）是江苏安华汽车股份有限公司生产的轻量化系列产品。该系列产品车架采用优质高强度钢焊接而成，并利用CAE模拟分析技术进行整车结构优化。具有结构合理、性能强劲、安全可靠、轻量化等优点。

1 车辆主要技术特点

（1）轻量化

①车架纵梁采用优质高强度钢焊接而成，强度大、韧性好、耐疲劳。

②车架横梁采用W型高强度贯穿式梁，并取消了普通挂车底板支撑梁。

③采用轻量化悬架+四片式钢板板簧，在保证承载能力的情况下，自重更轻、承载面更低。

（2）结构合理、安全可靠

①采用SolidWorks三维软件重新设计，并经有限元模拟分析，确保整车结构合理、安全、可靠。

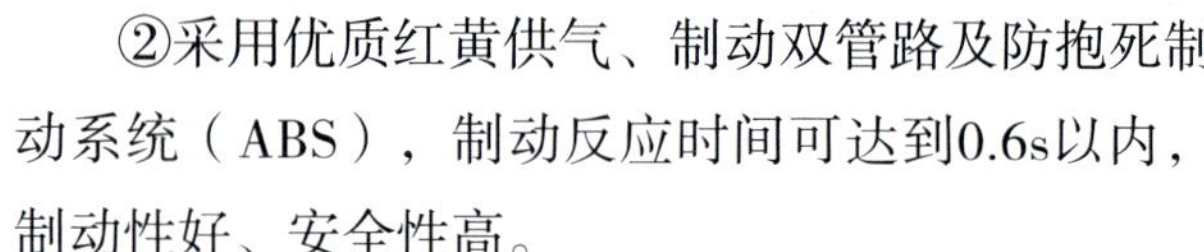

②采用优质红黄供气、制动双管路及防抱死制动系统（ABS），制动反应时间可达到0.6s以内，制动性好、安全性高。

（3）配置高档、性能强劲

配件均采用国内外知名品牌，性能强劲、质量可靠。与BPW、富华、JOST、正兴、双钱、威伯等有长期友好的供销关系。

（4）经济、效率、环保

①该系列产品经过对技术的创新、工艺的改进，使其自重降低1.5t左右，可有效地提高车辆的使用效益，可为用户增加经济收益。

②其自重降低还能减少对空气的污染，增加了资源的利用率，社会效益更为显著。

2 车辆尺寸参数

JAT9401型三轴栏板式半挂车尺寸参数如图3所示。

a)正面图

b)侧面图

图2　JAT9401型三轴栏板式半挂车

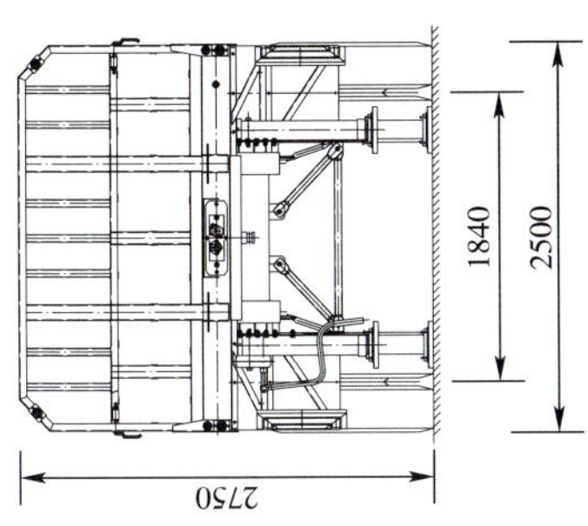

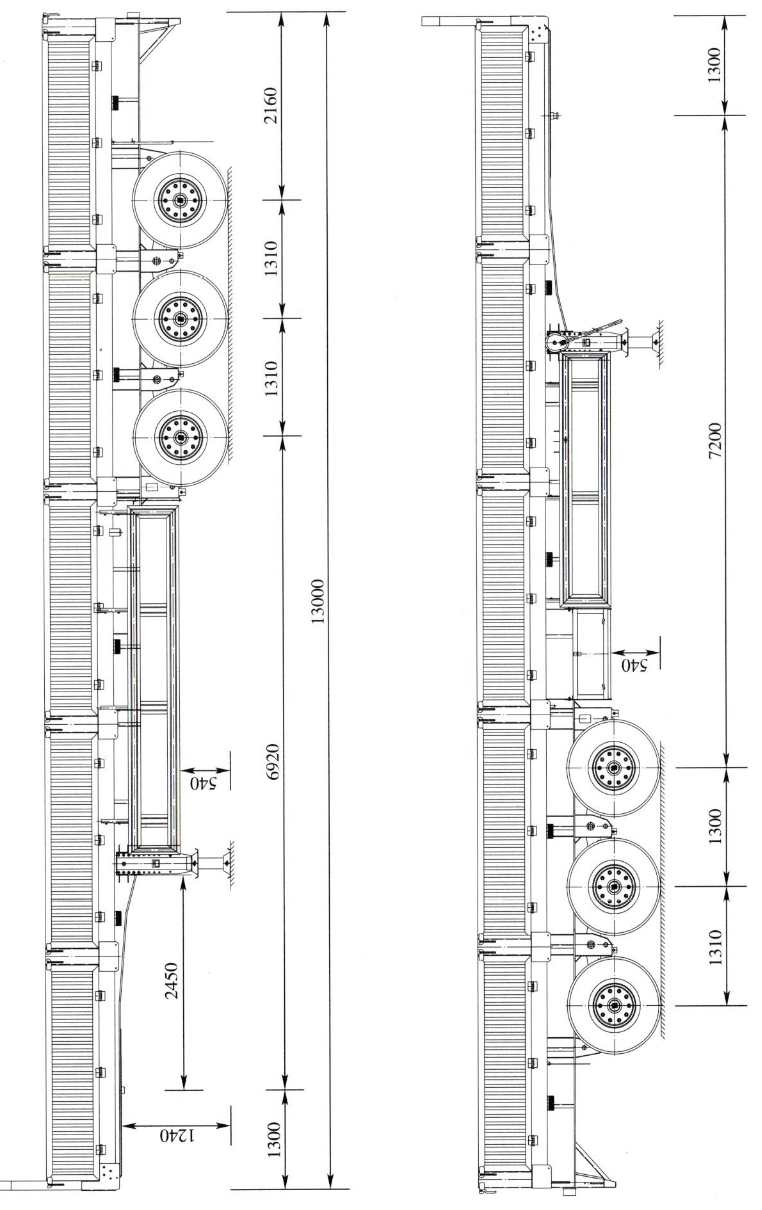

图3　车辆尺寸参数图（单位：mm）

3 车辆主要总成配置

JAT9401型三轴栏板式半挂车主要总成配置如表1所示。

车辆主要总成配置表 表1

车辆型号：JAT9401		
主要总成配置	规格/型号	生产厂家
车架总成	高强度、轻量化	江苏安华汽车股份有限公司
车桥总成	10t/3	广东富华工程机械制造有限公司 佛山市永力泰车轴有限公司 梅州BPW车轴有限公司
轮胎	12R22.5 9.0–22.5	上海双钱集团股份有限公司 青岛双星轮胎工业有限公司 正兴车轮集团有限公司 厦门日上车轮集团股份有限公司
支承装置	19寸联动	广东富华工程机械制造有限公司 JOST上海汽车部件有限公司
悬架总成	钢板弹簧式	江苏安华汽车股份有限公司 广东富华工程机械制造有限公司
ABS装置	4S/2M	山东明水汽车配件厂 威伯科汽车控制系统上海分公司
紧急继动阀	4孔/1	浙江东星科技有限公司 威伯科汽车控制系统上海分公司 美国SEALCO
电连接器	DX80016	浙江东星科技有限公司
牵引销	50#	广东富华工程机械制造有限公司 JOST上海汽车部件有限公司
储气筒	48L/2	江苏安华汽车股份有限公司
制动气室	T30/T3030	佛山富盈汽车配件有限公司
制动器总成	鼓式制动	广东富华工程机械制造有限公司 佛山市永力泰车轴有限公司 梅州BPW车轴有限公司

十七　山东梁山华宇集团

山东梁山华宇集团（图1）位于山东省梁山县梁山镇工业园区，东依京杭大运河，西傍京九铁路，是220国道济南至郑州段的必经之地。集团下设梁山华宇集团汽车制造有限公司、梁山华宇集团纺织有限公司、梁山华宇集团房地产开发有限公司、梁山华宇集团汽车贸易有限公司、梁山华宇建材有限公司五个分支机构。

图1　山东梁山华宇集团

梁山华宇集团汽车制造有限公司是原国家经贸委批准的汽车生产企业，“华宇达”牌汽车产品已纳入国家汽车产品《公告》目录。公司先后通过ISO 9001：2008质量体系认证，国家质量认证中心3C认证，并获得全国工业产品生产许可证，公司产品获得山东省名牌产品，“华宇达”牌获山东省著名商标。目前，企业主要从事改装车、半挂车、特种车的生产销售，现有100余种产品，年产量10000余台，年销售收入10亿元，是国内改装车企业中生产规模大，质量管理体系健全的民营企业。公司占地53.3万m^2（约800余亩），总资产5.1亿元，厂区建筑面积16.6万m^2。现有职工2000余人，其中高级工程技术人员58人，专业技术人员180人。公司具有先进的焊接、冲压等流水线生产设备、完善的质量保证体系、现代化的检测手段以及高素质专业技术人员，产品深受广大用户的信赖和欢迎。

华宇集团在各级党委、政府的正确领导下，近年来取得了长足发展，先后获得“全国再就业先进企业”、“山东名牌”、“山东省著名商标”、“山东省诚信企业”、“山东省先进民营企业”、“山东省先进基层党组织”等荣誉称号。董事长胡桂花先后荣获了“山东省优秀共产党员”、“山东省创业十杰”、“山东省劳动模范”、“全国三八红旗手”、“全国劳动模范”等多项荣誉，并当选为山东省第九和第十次党代会代表、山东省第十一届人大代表、第十二届全国人大代表，并受到习近平主席、李克强总理等党和国家领导人的亲切接见。

“永不满足守业、不断以新创业”是我们的经营理念，华宇集团全体员工热忱欢迎各界朋友前来梁山观光旅游，洽谈业务，让我们一起携手共创辉煌。

① LHY9401型三轴栏板式半挂车

LHY9401型三轴栏板式半挂车（图2）适用于各种物料的运输，半挂车架纵梁采用汽车专用锰板焊接成型，车身采用横梁贯穿结构具有承载量大、抗扭性强等特点。

其牵引座、牵引销、轮轴系统、钢板弹簧成品配件、车架体钢材等均选用通过国家3C认证多年的名牌产品，质量可靠供货渠道稳定。

车架均采用贯穿梁式结构，纵梁采用平直式，自动埋焊焊接，车架喷丸处理，横梁穿入纵梁并焊接成整体，车厢为全金属结构。悬架采用非独立钢板冲压式刚性悬架，由串联式钢板弹簧和悬架支座组成，具有较强的刚性和强度。整车结构合理，自重轻、载质量大，外形美观，操作简便，性能可靠。

1 车辆尺寸参数

LHY9401型三轴栏板式半挂车尺寸参数如图3所示。

a)正面图

b)侧面图

图2　LHY9401型三轴栏板式半挂车

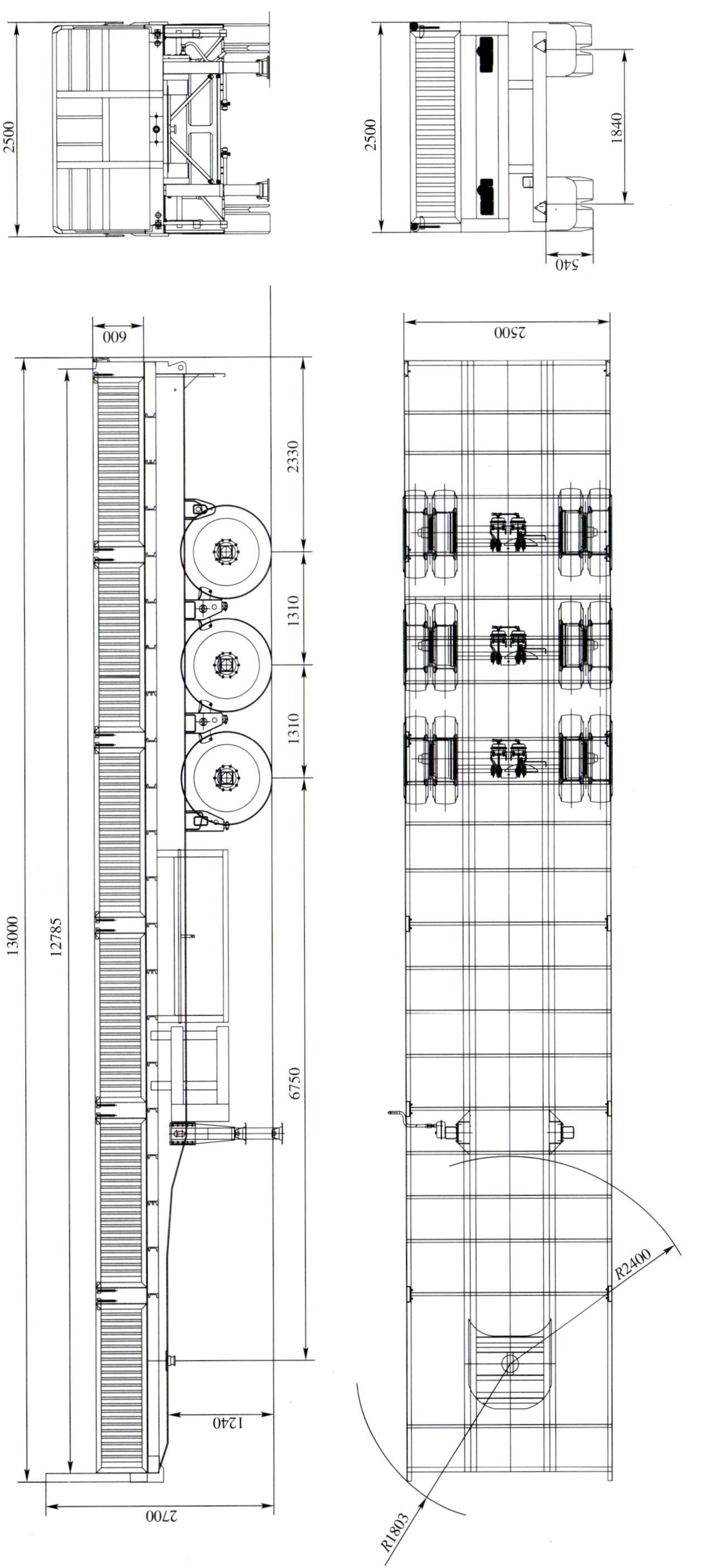

图3　车辆尺寸参数图（单位：mm）

2 车辆主要总成配置

LHY9401型三轴栏板式半挂车主要总成配置如表1所示。

车辆主要总成配置表　　表1

车辆型号：LHY9401		
主要总成配置	规格/型号	生产厂家
车架总成	LHY9401	山东梁山华宇集团汽车制造有限公司
车桥总成	F24（10t） HJB09006-1840	广东富华工程机械制造有限公司 广州市华劲机械制造有限公司
轮胎	12R22.5，11.00R20（轮胎） 9.00，8.0（钢圈）	青岛双星轮胎工业有限公司 三角轮胎股份有限公司 双钱集团股份有限公司 正兴车轮集团有限公司 山东金宇工程机械制造有限公司
支承装置	YGZJ40T FW280001A	梁山阳光挂车配件制造有限公司 广东富华工程机械制造有限公司
悬架总成	110/130	梁山正阳挂车配件有限公司 广东富华工程机械制造有限公司
ABS装置	CM2XL-4S2J7P ZQFB-V	广州市科密汽车制动技术开发有限公司 西安正昌电子有限责任公司
紧急继动阀	JT953	东港液压机械有限公司
电连接器	24伏7芯电连接器	东港液压机械有限公司
牵引销	YH50A	青岛发动机厂
储气筒	DX-40	梁山东信汽车配件有限公司
制动气室	M3030	江苏骏宇汽配有限公司
制动器总成	S凸轮制动器ϕ420×180	广东富华工程机械制造有限公司 广州市华劲机械制造有限公司

② LHY9351TJZ两轴20英尺集装箱运输半挂车

LHY9351TJZ两轴20英尺集装箱运输半挂车（图4）适用于20ft（英尺）货柜的运输，采用两轴、钢板弹簧平衡悬架装置，车架为全金属结构，主要用于船舶、港口、航线、公路、中转站、桥梁、隧道、多式联运相配套的物流系统。专门用于集装箱的运输，可从一种运输工具直接换装到另一种运输工具，便于货物的装满和卸空，车体具有足够的强度，可长期反复使用。

其牵引鞍座、牵引销、轮轴系统、钢板弹簧成品配件、车架体钢材等均选用通过国家3C认证多年的名牌产品，质量可靠供货渠道稳定。

该产品由我公司在对国内外多种同类运输半挂车比较分析的基础上，自行设计研制而成，可以满足客户的个性化需求，产品用料上乘，质量稳定，性能可靠。

1 车辆尺寸参数

LHY9351TJZ两轴20英尺集装箱运输半挂车尺寸参数如图5所示。

a)正面图

b)侧面图

图4　LHY9351TJZ两轴20英尺集装箱运输半挂车

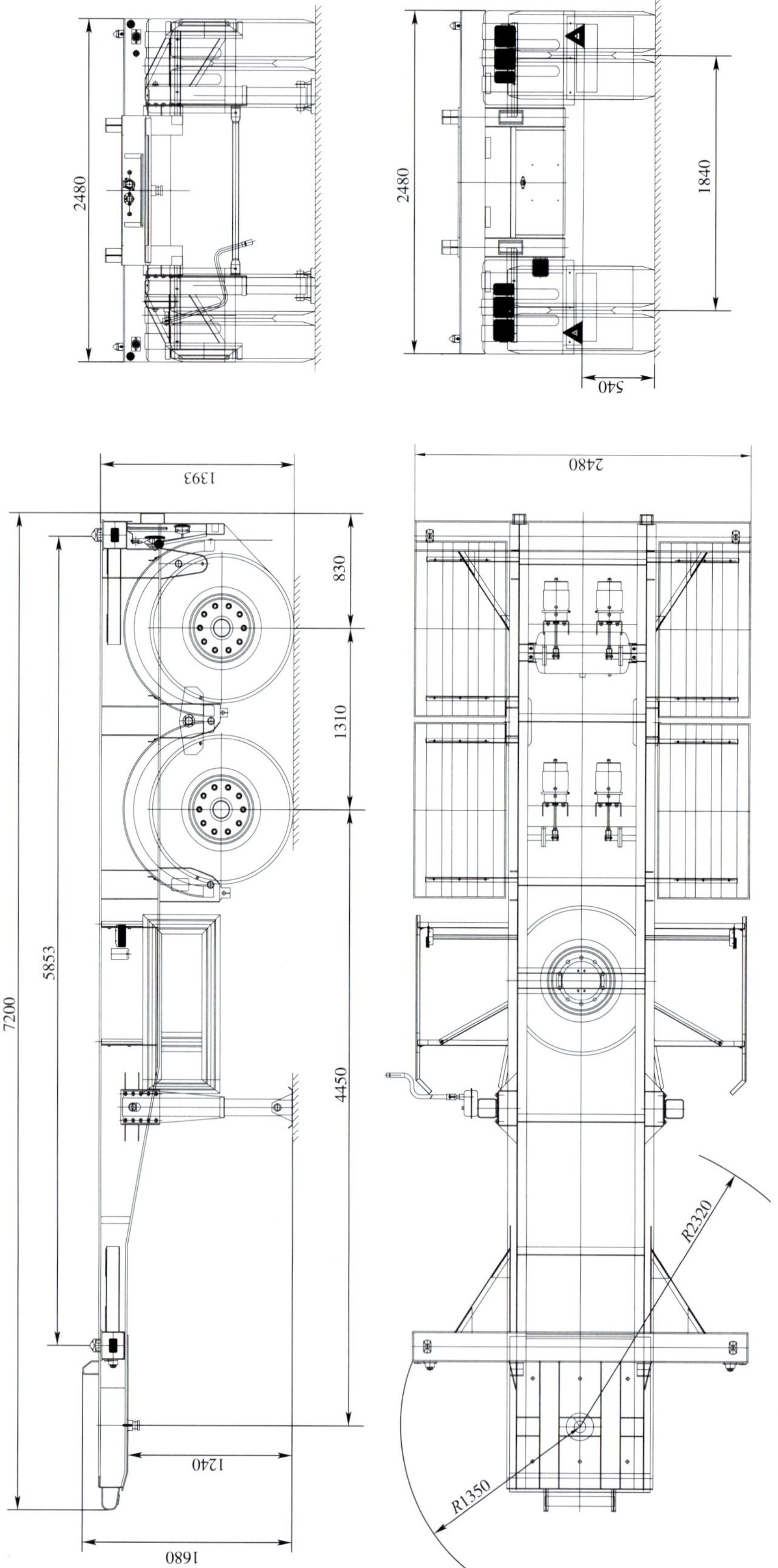

图5 车辆尺寸参数图（单位：mm）

2 车辆主要总成配置

LHY9351TJZ两轴20英尺集装箱运输半挂车主要总成配置如表2所示。

车辆主要总成配置表 表2

车辆型号：LHY9351TJZ		
主要总成配置	规格/型号	生产厂家
车架总成	LHY9351TJZ	山东梁山华宇集团汽车制造有限公司
车桥总成	F24（10t） HJB09006-1840	广东富华工程机械制造有限公司 广州市华劲机械制造有限公司
轮胎	12R22.5，11.00R20（轮胎） 9.00，8.0（钢圈）	青岛双星轮胎工业有限公司 三角轮胎股份有限公司 双钱集团股份有限公司 正兴车轮集团有限公司 山东金宇工程机械制造有限公司
支承装置	YGZJ40T FW280001A	梁山阳光挂车配件制造有限公司 广东富华工程机械制造有限公司
悬架总成	110/130	梁山正阳挂车配件有限公司 广东富华工程机械制造有限公司
ABS装置	CM2XL-4S2J7P ZQFB-V	广州市科密汽车制动技术开发有限公司 西安正昌电子有限责任公司
紧急继动阀	JT953	东港液压机械有限公司
电连接器	24V7芯电连接器	东港液压机械有限公司
牵引销	YH50A	青岛发动机厂
储气筒	DX-40	梁山东信汽车配件有限公司
制动气室	M3030	江苏骏宇汽配有限公司
制动器总成	S凸轮制动器$\phi 420 \times 180$	广东富华工程机械制造有限公司 广州市华劲机械制造有限公司

十八 山东梁山通亚汽车制造有限公司

山东梁山通亚汽车制造有限公司（简称通亚公司，图1）是首家进入汽车改装《车辆生产企业及产品公告》管理的民营企业。公司集产品设计研发、生产销售为一体，主导产品有“通亚达”牌半挂车、自卸车、油罐车、粉粒物料运输车、散装水泥车、混凝土搅拌车、道路清障车等各种专用及特种车。

图1 山东梁山通亚汽车制造有限公司

公司占地面积30.7万m^2（约460亩），建筑面积16万平方米，总资产3.6亿元。现有员工800余人，其中具有高级技术职称8人，中级技术职称及大中专毕业生180人。拥有国内一流的数控切割机、自动焊机、大型折弯机、山东省内最大的整车通过式抛丸机、21米超大喷漆烤漆房、瑞士四轮定位仪等各类生产检测设备400余台（套），拥有国内先进的生产线及现代化的工装设备，生产的八大系列100余种产品已全部通过国家级技术鉴定，达到国内领先水平。

公司年生产各类专用车5000余辆，产品销往国内20余个省，部分产品出口20个国家和地区，是山东省挂车行业产量最高，销售区域最广的制造企业，是中国挂车（专用车）生产基地的龙头企业。公司先后通过CQC 3C认证和ISO 9001：2008质量管理体系认证，“通亚达”牌获“山东省著名商标”，“通亚达”产品获“山东省名牌产品”。

公司立足开拓、创新、品牌、共赢的发展之路，2006年新征土地260亩，投资1.2亿元，建设国内先进水平的，以生产各种罐车、道路清障车、水泥搅拌车、垃圾运输车为主导产品的《山东梁山通亚专用汽车制造有限公司》，专用车生产能力达到10000辆。2010年公司又投资5000万成立以生产拖式混凝土输送泵、车载泵、臂架泵的梁山通亚重工机械有限公司。凭借其严格的管理，精湛的技艺，精工的制作，完善的服务使生产的产品畅销国内20余省、市、自治区，并深得国内广大客户的好评。

开拓创新，永不满足，永不停息的通亚人，勇敢创造通亚公司辉煌灿烂的明天。

1 CTY9407型三轴栏板式半挂车

CTY9407型三轴栏板式运输半挂车是山东梁山通亚汽车制造有限公司为响应国家节能减排号召和适应市场需求而研发的三轴栏板半挂车。该车型依据相关国家标准、技术要求，结合市场需求，对整车结构进行优化升级，并依靠国内外先进的生产、检测设备以及完善的工艺流程，使得该车具有自重轻，承载能力强，整车性能稳定和互换便捷的特点。

1 车辆主要技术特点

（1）合理设计

整车技术参数根据相关标准、技术文件的要求，采用Ansys，SolidWorks等先进的设计软件对车架结构进行优化设计，如图2所示，有效地保证了整车结构合理，满足轴荷分配，降低了钢板弹簧及轮胎的磨损，从而保证了车辆行驶的安全稳定性。

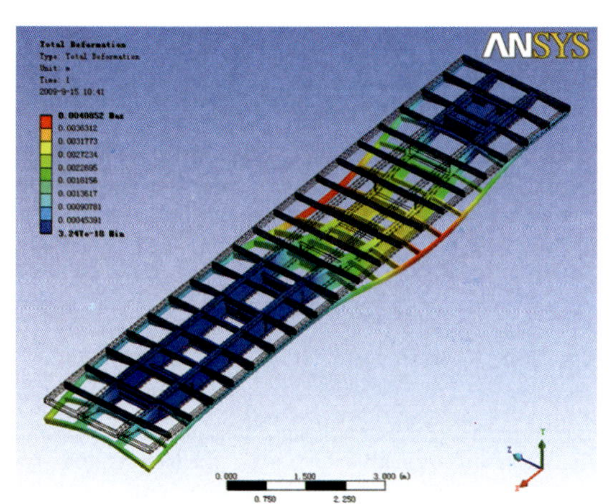

图2 Ansys 设计软件

（2）高强度轻量化

采用高强度“工”字钢纵梁，W型通梁，在减轻自重的同时也提高了大梁本身的抗扭曲度和抗冲击度，大量使用高强度钢，符合车辆轻量化趋势，适应了市场的需求。

（3）通用化

牵引销的离地高度及前后回转半径等技术参数符合甩挂运输推荐车型基本要求，主要配件选自国内外知名品牌，高端配置，产品优质可靠，通用性强，确保了运输过程中牵引车和半挂车快速、安全互换。

（4）求质量保安全

①从原材料到产品成型，从切割、组焊到喷涂装配等多道生产工序，如图3所示，将质量管理落实到各个生产环节，从而有效地保障了产品质量的稳定性。拥有国内先进的生产线及现代化工装设备、检测设备，有效地保障了生产的能力和产品的质量。

图3 喷涂工序

②纵梁焊接：采用自动埋弧焊机，保证了大梁的垂直度、对称度，进而在组对车架时保证车架的平面度、直线度以及悬挂焊接时的各项尺寸。

③漆前处理：在车架组焊完以后，对具有油迹及锈蚀的板材进行化学磷化前处理及喷丸除锈处理，能彻底地清除油迹及锈蚀，保证油漆的附着力。

④轮胎定位、车轮动平衡：车轮在行驶过程中受到的冲击和车辆的载荷，这些都将影响到车轮的运行轨迹。瑞士四轮定位仪和车轮动平衡仪的使用保证了车辆直线行驶的稳定性、转向的轻便性、转向轮回正的良好性，并且减少了轮胎和机件的磨损、增加车辆行驶的安全性。

CTY9407三轴栏板式半挂车如图4所示。

2 车辆尺寸参数

CTY9407三轴栏板式半挂车尺寸参数如图5所示。

a)侧视图

b)左前图

图4　CTY9407三轴栏板式半挂车

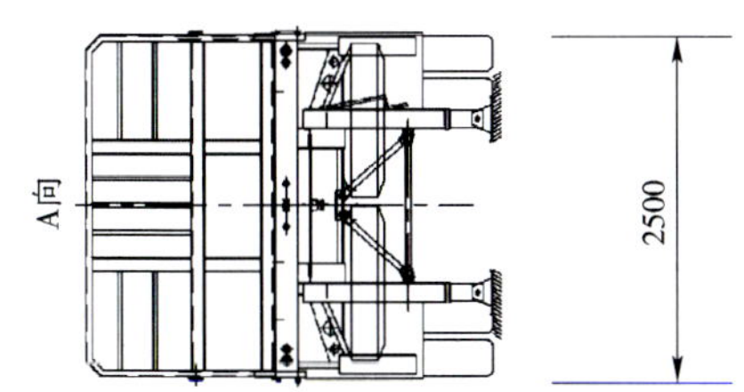

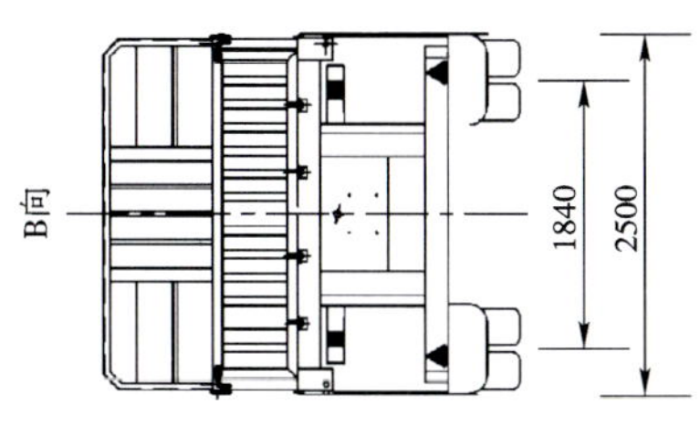

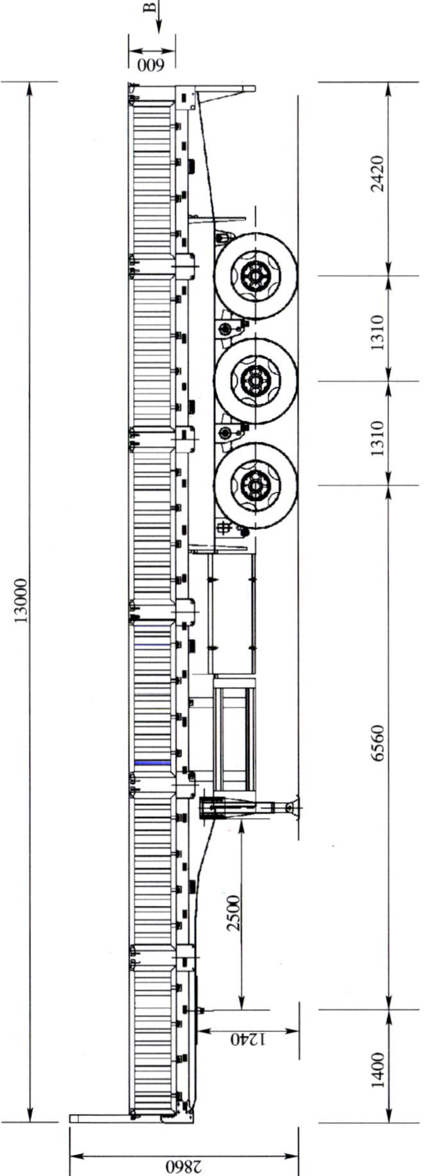

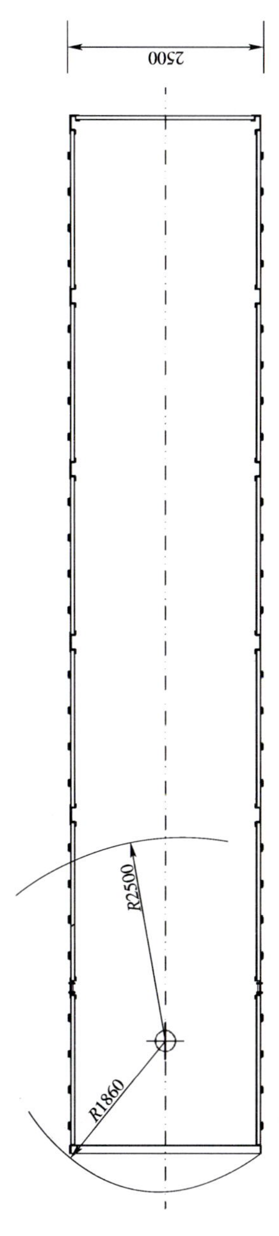

图5　车辆尺寸参数图（单位：mm）

3 车辆主要总成配置

CTY9407三轴栏板式半挂车主要总成配置如表1所示。

车辆主要总成配置表 表1

车辆型号：CTY9407		
主要总成配置	规格/型号	生产厂家
车架总成	9407	山东梁山通亚汽车制造有限公司
车桥总成	F24型（10t）	广东富华工程机械制造有限公司
轮胎	9.00×22.5	河南赛尔车轮有限公司
支承装置	D200T	约斯特（上海）汽车部件有限公司
悬架总成	13×90-10片	梁山太岳汽车弹簧制造有限公司
ABS装置	CM2XL-4S/2M	广州市科密汽车制动技术开发有限公司
紧急继动阀	TKL25011	浙江诸暨东港液压机械有限公司
电连接器	TKL4527104	浙江诸暨东港液压机械有限公司
牵引销	YH50A	梁山运河机械制造有限公司
储气筒	690×280	梁山奋进工贸有限公司
制动气室	ZL-T30	河北之良机械制造有限公司
制动器总成	420mm×180mm	广东富华工程机械制造有限公司

2 CTY9372TJZG型三轴40英尺集装箱运输半挂车

CTY9372TJZG型三轴40英尺集装箱运输半挂车是山东梁山通亚汽车制造有限公司为适应市场甩挂车运输的要求而研发的集装箱运输半挂车，该车结构设计合理、操作上简单、外观漂亮、维修方便。

1 车辆主要技术特点

（1）合理设计

①整车技术参数根据相关标准、技术文件的要求，采用Ansys，SoildWorks等先进的设计软件对车架结构进行优化设计，有效地保证了整车结构合理，满足轴荷分配，降低了钢板弹簧及轮胎的磨损，从而保证了车辆行驶的安全稳定性。

②鹅颈采用三道纵梁结构，如图6所示，保证了承载强度。

（2）高强度轻量化

整车采用高强度钢，整备质量轻、承载能力强，符合轻量化车型的要求。

（3）通用化

牵引销的离地高度及前后回转半径等技术参数符合甩挂运输推荐车型基本要求，主要配件选自国内外知名品牌，高端配置，产品优质可靠，通用性强，确保了运输过程中牵引车和半挂车快速、安全互换。

（4）求质量保安全

①从原材料到产品成型，从切割、组焊到喷涂装配等多道生产工序，如图7所示，将质量管理落实到各个生产环节，从而有效地保障了产品质量的稳定性。拥有国内先进的生产线及现代化工装设备、检测设备，有效地保障了生产的能力和产品的质量。

②纵梁焊接：采用自动埋弧焊机，保证了大梁的垂直度、对称度，进而在组对车架时保证车架的

平面度、直线度以及悬挂焊接时的各项尺寸。

③漆前处理：在车架组焊完以后，对具有油迹及锈蚀的板材进行化学磷化前处理及喷丸除锈处理，能彻底地清除油迹及锈蚀，保证油漆的附着力。

④轮胎定位、车轮动平衡：车轮在行驶过程中受到的冲击和车辆的载荷，这些都将影响到车轮的运行轨迹。瑞士四轮定位仪和车轮动平衡的使用保证了车辆直线行驶的稳定性、转向的轻便性、转向轮回正的良好性，并且减少了轮胎和机件的磨损、增加车辆行驶的安全性。

CTY9372TJZG型三轴40英尺集装箱运输半挂车如图8所示。

图6　三道纵梁结构

图7　喷涂工序

a)侧视图

b)左前图

图8　CTY9372TJZG型三轴40英尺集装箱运输半挂车

2 车辆尺寸参数

CTY9372TJZG型三轴40英尺集装箱运输半挂车尺寸参数如图9所示。

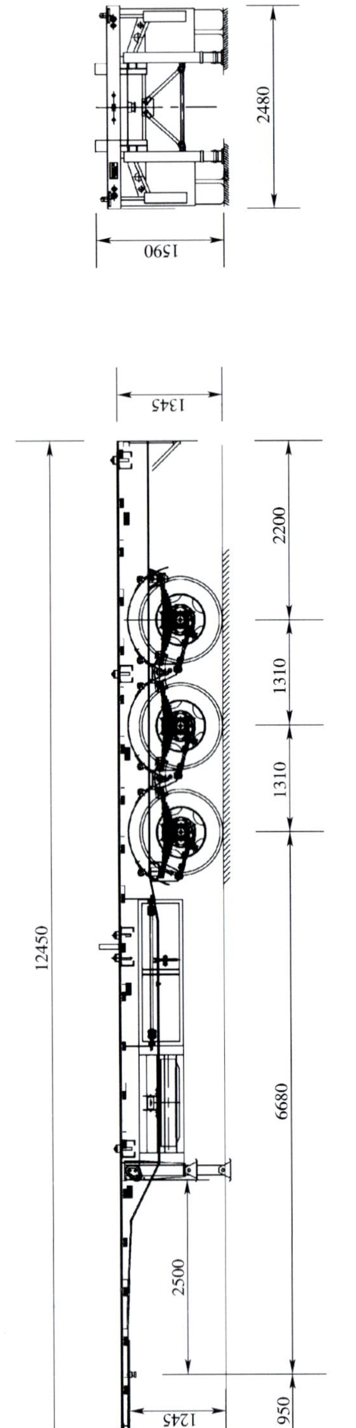

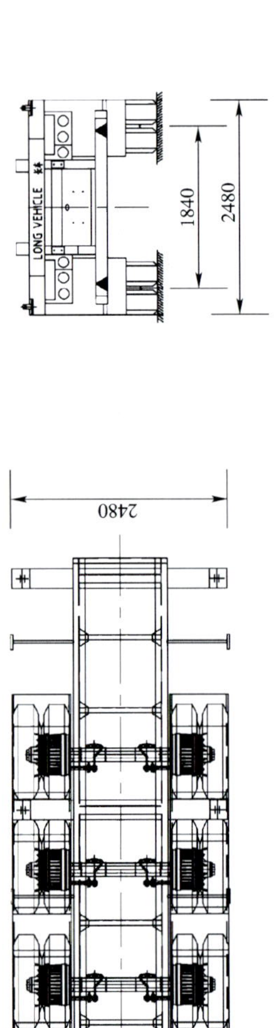

图9　车辆尺寸参数图（单位：mm）

3 车辆主要总成配置

CTY9372TJZG型三轴40英尺集装箱运输半挂车主要总成配置如表2所示。

车辆主要总成配置表　　表2

车辆型号：CTY9372TJZG		
主要总成配置	规格/型号	生产厂家
车架总成	CTY9372TJZG	山东梁山通亚汽车制造有限公司
车桥总成	F24型（10t）	广东富华工程机械制造有限公司
轮胎	9.00×22.5	河南赛尔车轮有限公司
支承装置	D200T	约斯特（上海）汽车部件有限公司
悬架总成	13×90–10片	梁山太岳汽车弹簧制造有限公司
ABS装置	CM2XL–4S/2M	广州市科密汽车制动技术开发有限公司
紧急继动阀	TKL25011	浙江诸暨东港液压机械有限公司
电连接器	TKL4527104	浙江诸暨东港液压机械有限公司
牵引销	YH50A	梁山运河机械制造有限公司
储气筒	690×280	梁山奋进工贸有限公司
制动气室	ZL–T30	河北之良机械制造有限公司
制动器总成	420mm×180mm	广东富华工程机械制造有限公司

十九　福建省闽兴专用汽车有限公司

福建省闽兴专用汽车有限公司（图1）系专业生产半挂车系列产品的股份制有限责任公司，始建于2004年，总投资3亿元人民币，占地面积23.3万m^2（约350亩），建有生产车间5万多m^2，布局二条半挂车焊接，组装及一条自卸、罐车生产线，拥有主要生产设备250台（套），其中水下等离子自动切割机，全自动埋弧焊机，剪板机、折弯机，1000吨油压机、大型喷砂房、喷漆房及汽车检测线等大型设备30台（套），形成年生产10000台半挂车的能力。公司分别在2006年3月及6月顺利通过了 ISO9001：2000国际质量体系认证和国家3C认证。

图1　福建省闽兴专用汽车有限公司

公司现有员工200人，工程技术人员30人，其中高级工程师6人，工程师9人，其他技术人员20人，公司技术力量雄厚，具有很强的产品开发能力。本公司开发出的“闽兴”牌集装箱运输半挂车系列、自卸车系列、栏板式散装货物运输半挂车系列、低平板运输半挂车系列、车辆运输半挂车系列、罐式车（粉粒物料运输半挂车、混凝土搅拌车）系列等，能适应各种货物运输的需要。产品销往福建、江西、广东、浙江、湖南、河南、山东等地，受到用户青睐，产品需求旺盛、供不应求。2007年11月闽兴半挂车被评为“福建名牌产品”和“用户满意产品”。2008年获得“重合同，守信用单位”和“龙岩市知名商标”、“福建省著名商标”、“省重点项目建设优胜奖”。

“我用心，你放心”是我们企业的经营理念，公司将始终推选持续改进拓全国市场，不断创新闽兴品牌的质量方针，加大科学力度，把专用汽车做专做强，使闽兴汽车冲出亚洲、奔向世界。

FM9402型三轴栏板式半挂车

FM9402型三轴栏板式半挂车是福建省闽兴专用汽车有限公司根据市场需求设计的高强度钢和普通钢结合的车型，纵梁、立柱、贯穿梁等主要部件均采用高强度钢QH700，有效降低了车身的整备质量，大大提高了用户的运输效益。主纵梁采用火焰矫直，整车结构具有“上拱”，提高了车辆的承载能力，重载时变形小。

1 车辆主要技术特点

（1）结构合理

整车采用先进的计算机辅助设计系统优化设计而成，车架采用贯穿式横梁框架结构，强度高，刚性、韧性好。

（2）工艺先进

采用国内先进的加工设备（图2），包括埋弧焊机，大型剪板机，大型龙门吊机等。纵梁采用汽车专用的低合金钢由全自动埋弧焊机焊接而成，车架各零部件均采用抛丸处理，增强油漆附着力及抗候性，使车辆美观、实用。

a)全自动埋弧焊机

b)等离子切割机

c)大型龙门吊机

图2　先进生产设备

（3）悬架系统

采用广东富华生产的串联式独立平衡悬挂系统，保证各车轴载荷均衡。

（4）制动系统

采用安全可靠的双回路气制动系统，美国进口的SEALCO紧急继动阀，储能分泵具有驻车制动功能，配装国内外知名品牌的防抱死制动系统ABS，确保车辆运行时的安全性和可靠性。

FM9402三轴栏板式半挂车如图3所示。

2 车辆尺寸参数

FM9402型三轴栏板式半挂车尺寸参数如图4所示。

a)正面图

b)侧面图

图3　FM9402型三轴栏板式半挂车

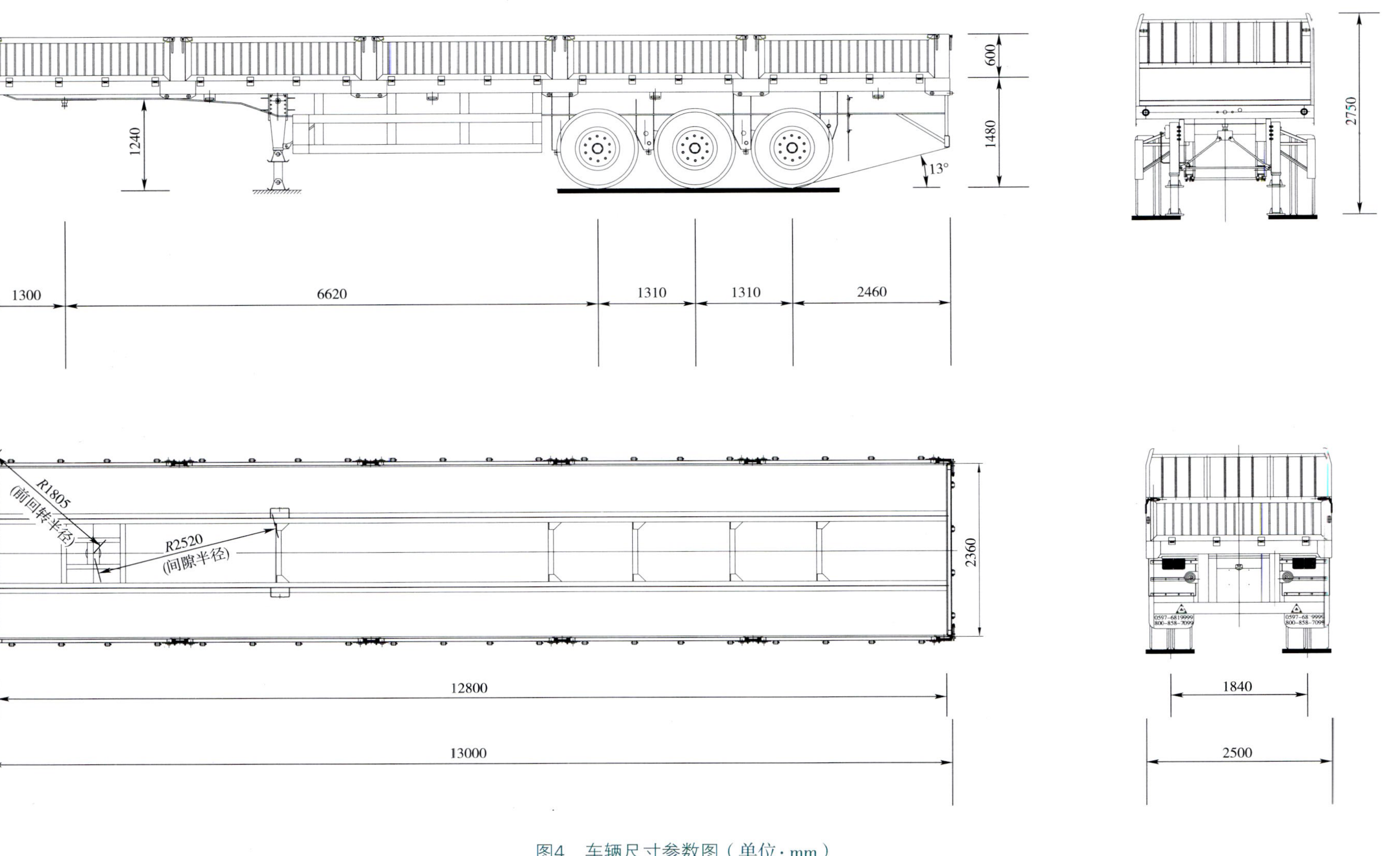

图4　车辆尺寸参数图（单位：mm）

3 车辆主要总成配置

FM9402型三轴栏板式半挂车主要总成配置如表1所示。

车辆主要总成配置表　　表1

车辆型号：FM9402三轴栏板式半挂车		
主要总成配置	规格/型号	生产厂家
车架总成	FM9402	福建省闽兴专用汽车有限公司
车桥总成	F2423	广东富华工程机械制造有限公司
轮胎	9.00车轮总成	正兴车轮集团有限公司
支承装置	FW280002	广东富华工程机械制造有限公司
悬架总成	FW860301A	广东富华工程机械制造有限公司
ABS装置	ZQFB-V	西安正昌电子有限责任公司
紧急继动阀	0529LIZ	斯尔科（sealco）商用车产品有限公司
电连接器	111207	积架宝威汽车配件（深圳）有限公司
牵引销	50号	广东富华工程机械制造有限公司
储气筒	ϕ300	广东富华工程机械制造有限公司
制动气室	L502	广东富华工程机械制造有限公司
制动器总成	鼓式制动420	广东富华工程机械制造有限公司

二十　福建泰华交通设备有限公司

福建泰华交通设备有限公司（图1）是一家专业从事各类专用车生产、研发和销售的中外合资企业，公司成立于2003年，总投资近4亿元，属福建省专用汽车重点骨干企业。公司地处厦门湾南岸的招商局漳州开发区内，紧邻厦门港区，交通便利，区位优势明显。

图1　福建泰华交通设备有限公司

公司主要生产各类半挂车、混凝土搅拌车、粉粒物料运输车、化工液体运输车、自卸车等系列专用车，环卫车、应急电源车、多功能联合吸污车等高端特种车项目正在研发试制中。公司所拥有的“大力士”品牌已有二十余年的发展历史，通过了国家3C认证和ISO 9001质量管理体系认证，并获得“福建名牌产品”称号和“2008年福建省用户满意产品”等多项荣誉，产品覆盖了华南、华东和东北地区，并远销东南亚、非洲、俄罗斯、澳大利亚、法国等20多个国家和地区，在行业内具有较高知名度，得到了用户信赖和好评。

公司拥有近5万m^2大跨度标准化厂房，拥有大型卷板机、埋弧焊机、异型罐体环缝焊机、封头胀型机、旋边机、折弯机、水下等离子切割机、全封闭涂装设备等具有国内领先水平的各种专用汽车生产设备及配套设施，年设计生产各类专用汽车15000台，满足市场需求。

公司拥有各类高水平专业技术研发及专业制造人员，并长期与国内各科研单位及大专院校合作，并投资兴建了一幢高19层的专用汽车研发中心大楼，该研发中心将成为国内首家专用车产、学、研基地和同行业的科技、信息、人才交流中心，为提高企业的持续创新能力和科技竞争力创造条件。

公司致力于专用汽车的研发生产，并不断提高技术创新和质量水平。热忱欢迎社会各界人士来公司参观指导，合作洽谈，并竭诚为广大客户提供优质的产品和服务。

FTW9370TJZG三轴40英尺集装箱运输半挂车

FTW9370TJZG型三轴40英尺集装箱运输半挂车（图2）。

1 车辆主要技术特点

适用于40英尺集装的运输，完全符合甩挂运输的要求，具有良好的通用性，接合、分离迅速、支承装置强度较高，卸货更安全，可选装货台面高度调节装置，根据卸货平台高度调整尾部。

2 车辆尺寸参数

FTW9370TJZG型三轴40英尺集装箱运输半挂车尺寸参数如图3所示。

a)正面图

b)侧面图

图2　FTW9370TJZG型三轴40英尺集装箱半挂车展示图

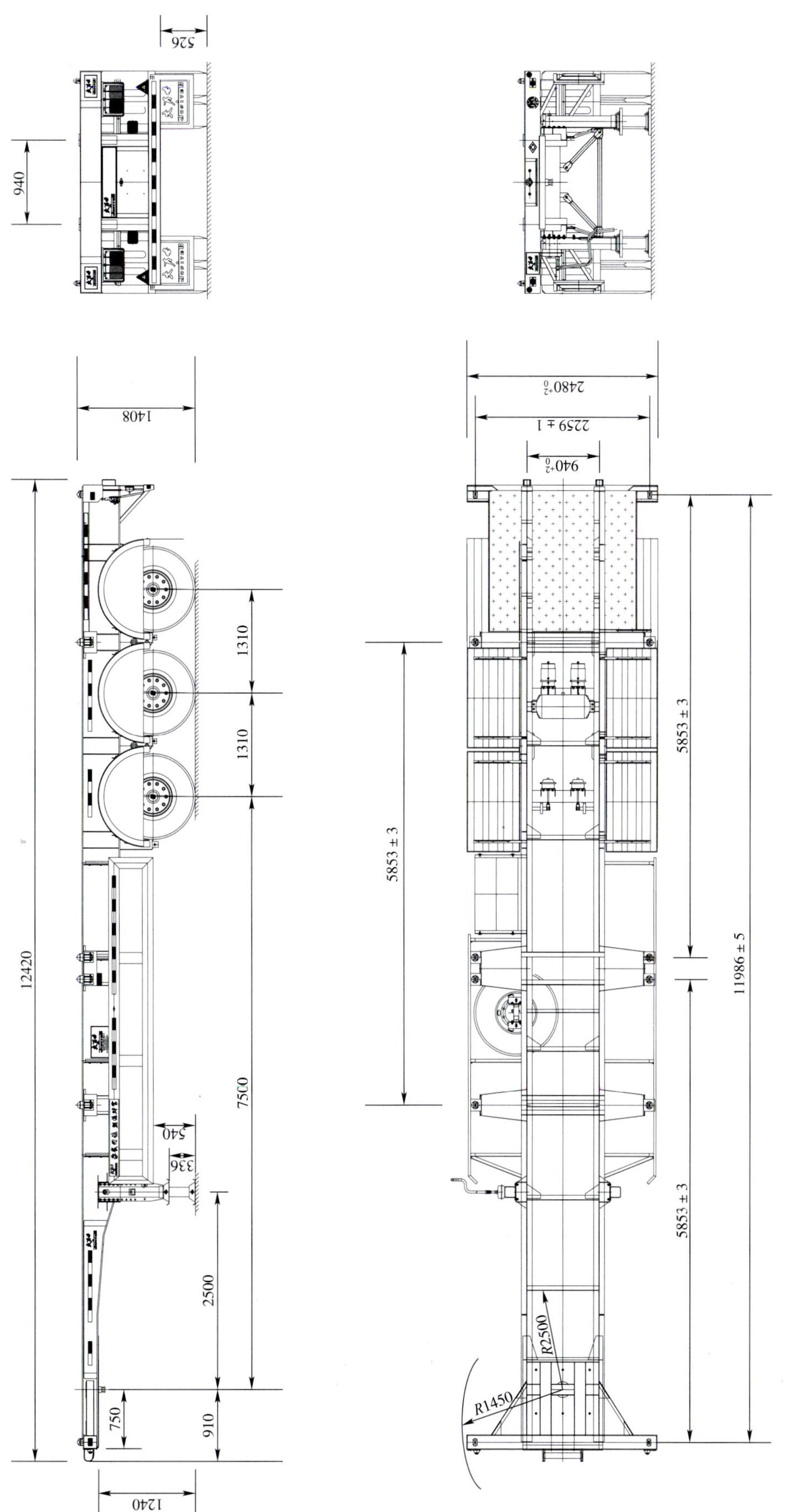

图3　车辆尺寸参数图（单位：mm）

3 车辆主要总成配置

FTW9370TJZG型三轴40英尺集装箱运输半挂车主要总成配置如表1所示。

车辆主要总成配置表　　表1

车辆型号：FTW9370TJZG		
主要总成配置	规格/型号	生产厂家
车架总成	FTW9370TJZG	福建泰华交通设备有限公司
车桥总成	F2423/ABS	广东富华工程机械制造有限公司
轮胎	11R22.5	双钱集团股份有限公司
支承装置	19寸双联动FW28002T	广东富华工程机械制造有限公司
悬架总成	FW8800301	广东富华工程机械制造有限公司
ABS装置	4S/2M	上海万捷汽车控制系统有限公司
紧急继动阀	DX-8002	上海万捷汽车控制系统有限公司
电连接器	DX-800016	浙江东星科技有限公司
牵引销	50#/KZ1008	约斯特（中国）汽车部件有限公司
储气筒	48L	扬州市旭洋机械有限公司
制动气室	T30和T3030	上海万捷汽车控制系统有限公司
制动器总成	F2423/ABS	广东富华工程机械制造有限公司

二十一 深圳中集专用车有限公司

深圳中集专用车有限公司（图1）成立于2004年，是隶属于中国国际海运集装箱集团股份有限公司（简称中集集团）车辆业务板块即中集（车辆）集团的全资下属企业，是中集（车辆）集团立足华南各省区、辐射全球市场的大型生产基地。

图1 深圳中集专用车有限公司

公司地处环境优美的深圳市坪山新区坪山镇，毗邻世界两大枢纽港口香港和盐田港，辐射经济发达的珠江三角洲，地理位置优越，交通便利。公司注册资本20000万元，公司现有厂区面积19.4万m^2，厂房建筑8.34万m^2，总资产约11.5亿元。作为在中国及世界上均具有较大影响的专用车制造企业，至2010年底，公司已经累计生产超15.3万台各种类型的专用车。2011年销售生产和销售26800台各种类型专用车，销售额超19亿元，其中北美、欧洲两大主流市场累计出口各种车辆超13.8万台。

公司以“为全球市场提供一流的陆路运输装备，推动中国交通运输装备的现代化”为己任，从事半挂车、改装和专用车专业化开发设计制造。目前主要业务包括集装箱半挂车、平板半挂车、栏板/仓栅半挂车、厢式半挂车、搅拌车、粉罐车、液罐车以及高技术/高附加值的特种专用半挂车等开发制造及服务。公司凭借中集集团在国际海运界的巨大影响力和集团化经营的优势，主要产品在除北美、欧洲及国内三大主流市场外的亚洲、澳洲、非洲、南美等地区销量也逐年稳定增长。

ZJV9374TJZSZ型三轴40英尺集装箱运输半挂车

2012年，深圳中集专用车的ZJV9374TJZSZ型半挂车荣获交通运输部第二批“甩挂运输推荐车型”。ZJV9374TJZSZ是深圳中集专用车设计的一款40英尺集装箱运输半挂车，采用PROE三维设计和先进的生产工艺。大梁采用全自动跟踪埋弧焊、整车打砂喷丸，结构合理，耐用美观。

1 车辆主要技术特点

（1）生产设备和生产线

在作为行业领先的专用车制造企业，公司拥有一批具备先进水平的制造工程装备，如图2所示。与此同时，公司还借鉴欧美和日本同行的经验，针对性地自行设计制造了大量具有自己特色的工装和夹具，极大地提高了专用车制造水平。

公司有世界一流的集平车生产线，由于质量的大幅提升，目前已经拓展为日本、澳洲、东南亚等质量要求较高的品种专用生产线。

a)高精度数控切割机

b)大梁生产线

c)焊接生产线

d)组装生产线

图2　先进生产设备

（2）实验设备

公司厂区内有集团投资的世界一流的专用车整车试验室、零部件实验室，如图3、图4所示。按科学方法对整车和零部件进行一系列的实验，确保车辆的安全性。

图3　整车实验室概貌

图4　部件实验

（3）严谨的检验制度

公司建立了精细严谨、科学规范的材料预处理、焊接、涂装、总装等工艺规范和作业程序；不断调整和优化制造模式，尤为重要的是我们拥有专业、勤奋的员工，如图5所示，他们技能高超，制造水准和生产效率领先同行。

（4）高品质的配置

①特色耐磨悬挂系统：悬挂系统是半挂车的关键零部件之一，其生产工艺也较为复杂。深圳中集专用车有限公司作为我国半挂车行业最大的制造企业，为改变行业现状，积极推动技术革新。系统地对半挂车的主要零部件使用情况进行了深入广泛的跟踪研究与技术创新，并取得了突破性技术创新，其成果使用效果显著，深受业界好评。

图5　公司员工专心作业

防磨悬挂系统：防磨结构与悬挂主体结构，可以实施拆解和更换，更换零部件体积小，成本低，可操作性强，大大提升悬挂整体使用寿命，如图6所示。

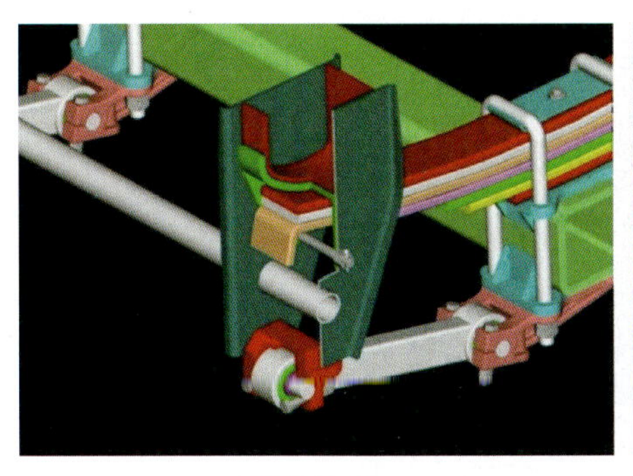

a)系统外观

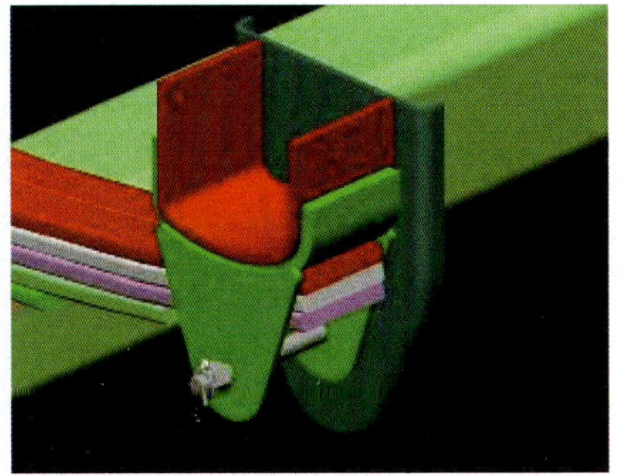

b)局部构造

c)系统零部件

图6　耐磨悬挂系统

②双联动支腿装置：精锻齿轮，寿命长、举升能力强；10孔标准安装板，适用不同安装要求；宝钢高强度钢板，厚度为6mm，抗弯曲能力强；特有加强筋，抗震和防变形强；充足的润滑寿命长，如图7所示。

③先进的中集PSI 轮胎自动充气系统：车辆行驶中轮胎气压不足或气压过大都会加速轮胎异常磨损，中集PSI 轮胎自动充气系统能够利用储气筒中压缩空气向气压不足的轮胎充气，使轮胎一直处于系统设定的工作压力，如图8所示。

（5）优质的售后服务

不断深化销售网络建设，提高客户购车和服务的便利性和及时性。在2011年对销售和服务网络进一步完善，在增加各省4S分店基础上又增加华南总店，对各分店协调，使客户可以更充分享受到选购、融资、保险、保养、维修、检测、上牌、配件供应、事故车辆现场协助等全寿命周期的一站式服务。

在客户跟踪和反馈方面：客户关怀和回访已经

成为中集专车公司一项重要的常态工作。2012年中集（车辆）营销服务公司总部牵头，全国各地分公司和经销网络配合，多次组织了半挂车客户回访活动。通过这一系列的活动，不仅在第一时间为客户解决问题，并且得到客户对产品最真实的反馈，同时为中集专用车进行产品持续改进，从而为客户提供更加优质的产品奠定了基础。

ZJV9374TJZSZ型三轴40英尺集装箱运输半挂车如图9所示

2 车辆尺寸参数

ZJV9374TJZSZ型三轴40英尺集装箱运输半挂车尺寸参数如图10所示。

图7　双联动支承装置

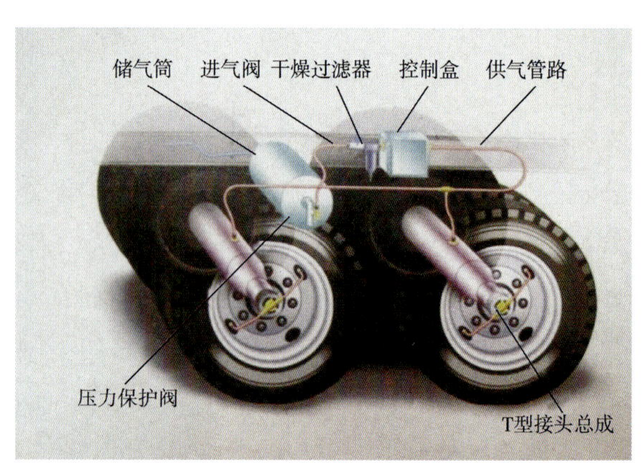

图8　PSI轮胎自动充气系统

a)正面图

b)侧面图

图9　ZJV9374TJZSZ型三轴40英尺集装箱运输半挂车

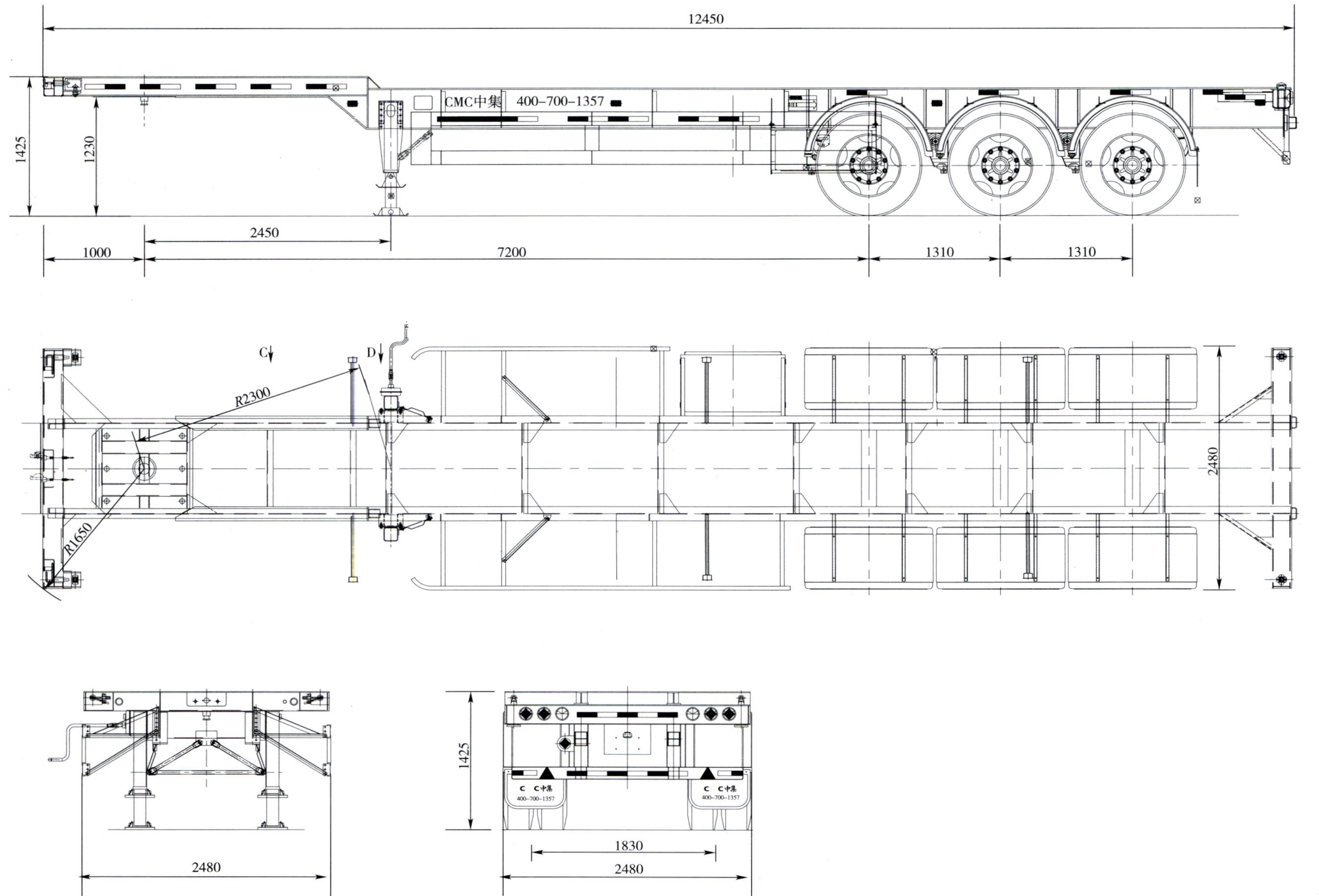

图10　车辆尺寸参数图（单位：mm）

③ 车辆主要总成配置

ZJV9374TJZSZ型三轴40英尺集装箱运输半挂车主要总成配置如表1所示。

车辆主要总成配置表　　表1

车辆型号：ZJV9374TJZSZ		
主要总成配置	规格/型号	生产厂家
车架总成	ZJV9374TJZSZ-2800000	深圳中集专用车有限公司
车桥总成	F2423	FUWA
轮胎	275/70R22.5 11.00R20 11R22.5	上海轮胎橡胶（集团）股份有限公司
支承装置	C200-T	JUST
悬架总成	SZJ-2913000-01	CIMC
ABS装置	364331001	HALDEX
紧急继动阀	N4301AF	HALDEX
电连接器	11102102，7P/24V	Powerway
牵引销	KW1008	JUST
储气筒	HS40016-40	富盈汽车配件有限公司
制动气室	T30，T30/30	富盈汽车配件有限公司
制动器总成	420×180	FUWA

二十二 青岛中集专用车有限公司

青岛中集专用车有限公司（图1）是中集集团骨干车辆企业之一，成立于2004年11月1日，由中集集团、中集车辆（集团）有限公司和CIMC Vehicle Investment Holding Company Limited共同出资组建，总投资额约1.15亿元人民币。

图1 青岛中集专用车有限公司

公司位于青岛经济技术开发区淮河东路2号，地处胶州湾畔，占地面积218亩，拥有年生产各类专用汽车5000台的生产能力，主要生产各类集装箱运输半挂车、半挂车、厢式车、低平板、环卫车、轿运车等专用车辆及各种类特种方舱。

公司拥有世界先进的生产设备和工艺流程，包括数控等离子火焰切割机、纵梁自动埋弧焊机、焊接组装线、整车打砂、涂装线等工装设备，产品关键零部件均采用国内外名牌产品，并运用国际质量控制标准对产品进行全面监督控制。公司可根据用户需求设计、改装各种专用汽车，并于2007年3月顺利通过ISO/TS16949质量管理体系认证。

我公司始终坚持“客户至上”的经营宗旨，以科学的管理、一流的产品、优质的服务屡创佳绩，现已成为山东地区最主要的专用汽车生产企业之一。公司产品除了在国内市场占据重要地位，还远销东南亚、中东、非洲等国家和地区，受到客户广泛好评。2009年12月，公司顺利通过“山东名牌”评审，成为山东名牌企业。

公司现拥有公司已申请各类专利29个，其中发明13项、实用新型16项。公司占尽天时、地利、人和之优势，以实力雄厚的中集集团公司为依托，瞄准国内及国际道路运输车辆市场，致力成为业界一流的专用车研发及生产基地。

ZJV9371TJZQD型三轴40英尺集装箱运输半挂车

ZJV9371TJZQD型三轴40英尺集装箱运输半挂车（图2）是三轴空气悬挂40英尺集装箱运输半挂车，主要用于运输40英尺标准集装箱，也可运输20英尺集装箱。

1 车辆主要技术特点

（1）自重轻

整车使用优质高强度钢材，有效降低整备质量，满足标准集装箱载重，实现节能减排。

（2）结构优化

整车通过FEA分析计算，确保结构的合理布置，满足载重要求。

（3）通过性好

鹅颈90mm降低了整车的高度，满足运输集装箱不超高，安全通过各种桥梁、涵洞的要求。

（4）安全性高

①空气悬挂的使用可实现车体的平稳运行，提高安全性能。

②国内先进的制动和电气系统的应用，提高安全性能。

（5）可靠性高

各系统均采用国产高品质配件；电路采用全密封线束，优质LED尾灯；牵引销、支腿等均采用知名品牌，故障率低，可靠性高，让用户用的放心。

2 车辆尺寸参数

ZJV9371TJZQD型三轴40英尺集装箱运输半挂车尺寸参数如图3所示。

a)正面图

b)侧面图

图2　ZJV9371TJZQD型三轴40英尺集装箱运输半挂车

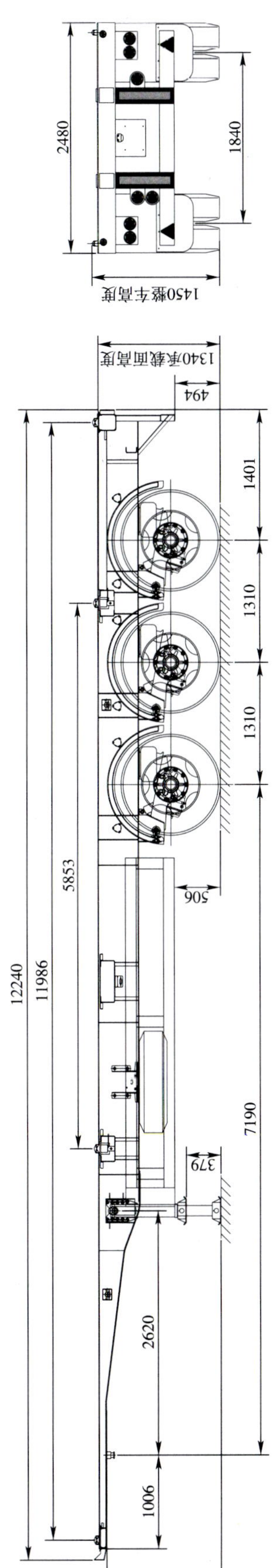

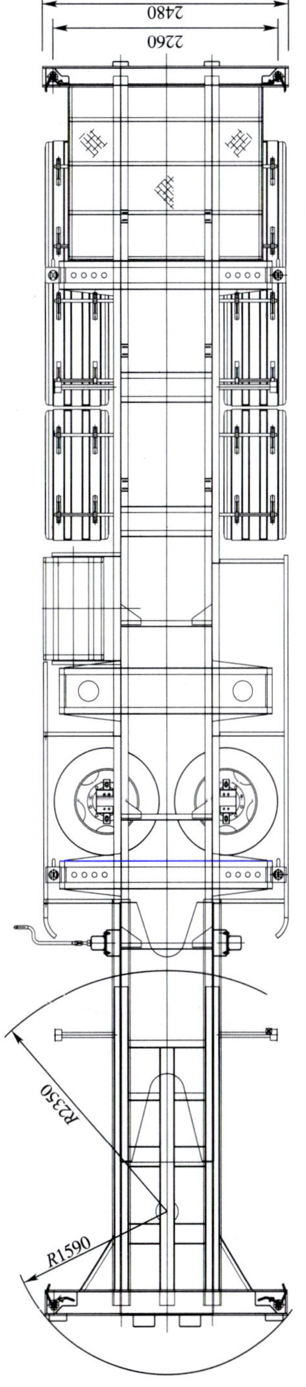

图3 车辆尺寸参数图（单位：mm）

3 车辆主要总成配置

ZJV9371TJZQD型三轴40英尺集装箱运输半挂车主要总成配置如表1所示。

车辆主要总成配置表 表1

车辆型号：ZJV9371TJZQD		
主要总成配置	规格/型号	生产厂家
车架总成	371Z00-2800000	青岛中集专用车有限公司
车桥总成	F2023	广东富华工程机械制造有限公司
轮胎	轮胎12R22.5	双钱集团股份有限公司 山东兴民钢圈股份有限公司 山东兴民钢圈股份有限公司
	钢圈9.0×22.5	浙江金固股份有限公司
支承装置	C200	约斯特（上海）汽车部件有限公司
悬架总成	ST120ZRA	北京驰创达空气悬架有限公司
ABS装置	4S/2M	广州市科密汽车制动技术开发有限公司
紧急继动阀	KN30200	浙江万安科技股份有限公司
电连接器	SC40-3714200	常州市南挂车辆部件有限公司
牵引销	KW1010	约斯特（上海）汽车部件有限公司
储气筒	46L	高邮市环宇汽车配件厂
制动气室	T30/30	顺德富盈汽车配件有限公司
制动器总成	420×180	广东富华工程机械制造有限公司

二十三　山东鲁峰专用汽车有限责任公司

山东鲁峰专用汽车有限责任公司（图1），省属国有企业，隶属于山东省国资委和省交通工业集团总公司。坐落于驰名中外的泰山脚下，是集生产、销售、产学研、科工贸于一体的大型集团公司。公司1966年创建于山东莱芜山区，生产制造了"东方红"牌和"泰山"牌五吨载货汽车万余辆，填补了山东交通系统制造汽车的空白。1982年转产汽车改装，在全省乃至全国率先开发生产半挂车。1990年企业由莱芜山区成建制搬迁到泰安，更名为山东泰安交通车辆厂，2002年更名为山东鲁峰专用汽车有限责任公司。

图1　山东鲁峰专用汽车有限责任公司

公司占地26.7万m^2（约400亩），建筑面积10万m^2，现有职工1000余人，年生产能力达万余辆，资产规模1.9亿元。企业先后通过ISO 9001质量体系认证、国家3C认证，获国家汽车产品出口许可证。是省级先进企业，全省管理示范企业，省级免检企业。2006年获省著名商标，2007年获山东省名牌产品称号，2008年被认定为省级企业技术中心，2009年通过国军标GJB 9001B质量管理体系认证，2010年获装备承制单位注册证书。"鲁峰"牌产品有半挂车、罐式车、清障车、自卸车、特种车5大系列，公告产品150余个，国内营销网络成员400多家，并出口美国、俄罗斯、越南、安哥拉、南非等二十多个国家和地区，具有较高的市场知名度和品牌影响力。

公司拥有主要生产设备500多台（套），包括进口水下等离子切割机、精细等离子切割机、800吨大型数控折弯机、先进的冲压机械和精密模具，焊接采用美国纵梁埋弧焊机和气体保护焊机。拥有现代化漆前处理及涂装生产线和功能齐全的试验检测线。

公司注重信息化建设。公司在上世纪80年代就建立了计算机室。1999年加入国际互联网，2007年加入阿里巴巴网。2000年建立了企业内部局域网，主要用于企业管理和技术开发。目前公司的计算机网络系统有ERP系统和OA办公自动化系统和技术中心的内部技术管理计算机系统，主要功能有计算机辅助设计系统、技术共享系统、CAPP工艺系统、PDM数据共享系统、电子文档管理系统、企业标准化系统。公司获山东省首批企业信息化先进单位称号。

ST9352TJZ型两轴40英尺集装箱运输半挂车

ST9352TJZ型两轴40英尺集装箱运输半挂车（图2）是山东鲁峰专用汽车有限责任公司生产的骨架式集装箱运输半挂车。

1 车辆主要技术特点

（1）变截面少片簧结构的应用

采用了抛物线少片式钢板弹簧（4片变截面钢板弹簧），减轻了车身重量，在保证车辆承载能力的同时提高了行驶的平顺性。

（2）良好的互换性

牵引销座板离地高度、半挂车前部回转半径、半挂车间隙半径等技术参数按照甩挂运输车辆标准设计，具有良好的互换性。电器连接装置符合GB/T 5053.1的规定，气制动连接装置符合GB/T 13881的规定，ABS型式及接口采用4S/2M型式，符合GB/T 20716.1的规定。电、气控制连接可与甩挂运输推荐车型的牵引车完全互换。

（3）高端配置品质保证

主要配件均选自富华、约斯特、BPW、威伯克、三角等国内外知名品牌，高端配置，产品优质可靠，甩挂各车型具有很高的通用性。

（4）双管路气压制动，安全可靠

采用双管路气压制动，防抱死制动系统（ABS），制动性能好，安全性高。

（5）其他

支承装置采用联动式，操作快速便捷；标配无内胎子午线轮胎，重量更轻，经济省油，符合市场需求；选用LED灯具，环保美观，灯具寿命长，可靠性高。

2 车辆尺寸参数

ST9352TJZ型两轴40英尺集装箱运输半挂车尺寸参数如图3所示。

a)侧面图

b)左前图

图2　ST9352TJZ型两轴40英尺集装箱运输半挂车

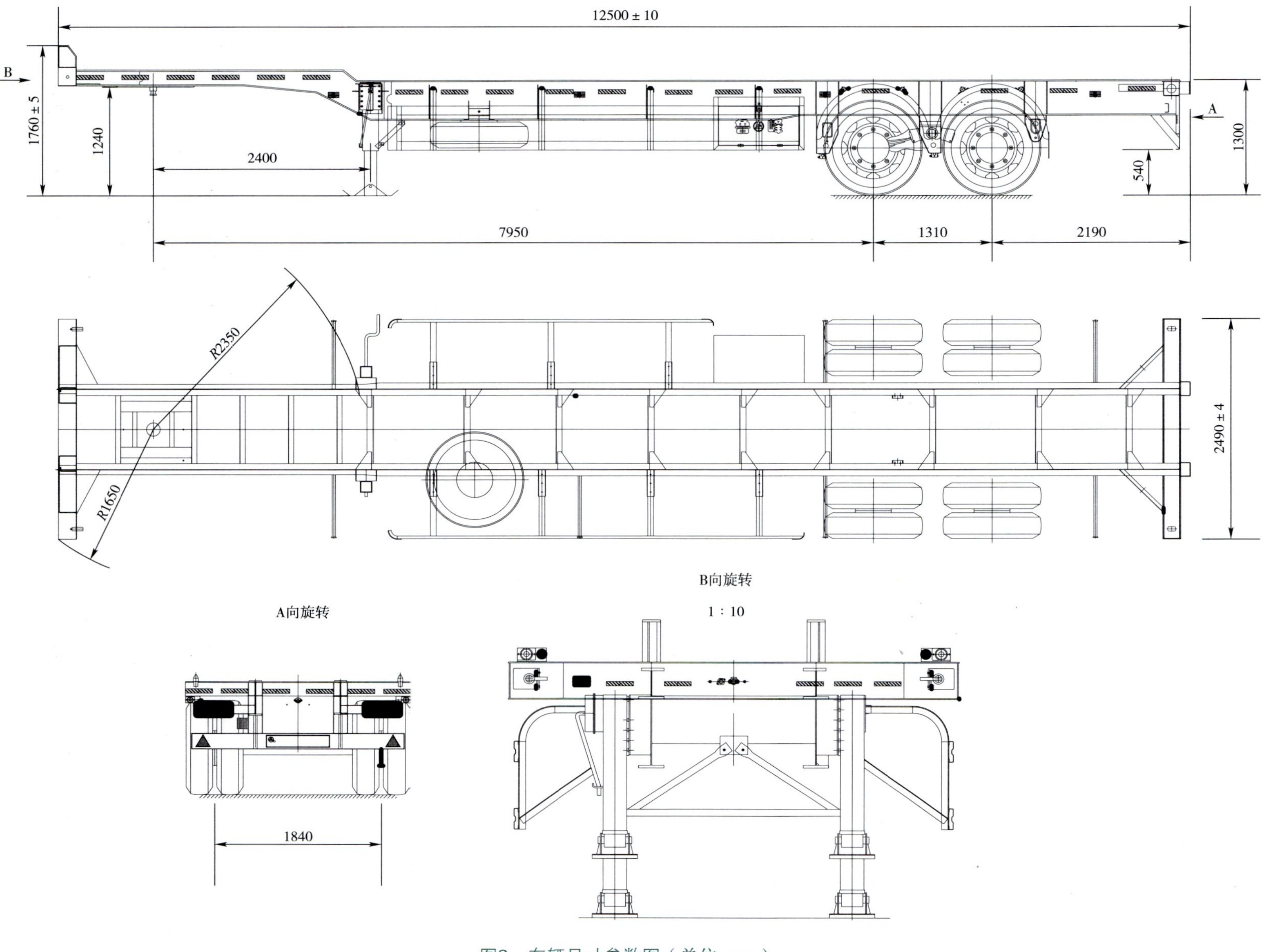

图3 车辆尺寸参数图（单位：mm）

3 车辆主要总成配置

ST9352TJZ型两轴40英尺集装箱运输半挂车主要总成配置如表1所示。

车辆主要总成配置表 表1

车辆型号：ST9352TJZ		
主要总成配置	规格/型号	生产厂家
车架总成	ST9352TJZ-2800000	山东鲁峰专用汽车有限责任公司
车桥总成	AH71131 F2423	中国重汽商用车公司底盘零件厂 广东富华工程机械制造有限公司
轮胎	12R22.5/22.5-9.00	三角轮胎股份有限公司/正兴车轮集团
支承装置	FW280002T	广东富华工程机械制造有限公司
悬架总成	XG-BZ2	扬州万联机械钢构营造有限公司
ABS装置	MQPT42 CM2XL-4S/2M	山东明水汽车配件厂 广州市科密汽车制动技术有限公司
紧急继动阀	YW382	淄博亿伟汽车科技有限公司
电连接器	24N	上海飞翎实业有限公司
牵引销	50#	约斯特汽车部件有限公司
储气筒	40升	山东明水汽车配件厂
制动气室	30/30	山东明水汽车配件厂
制动器总成	S型凸轮ϕ420×180	中国重汽商用车公司底盘零件厂 广东富华工程机械制造有限公司

第四章 产品质量保证与服务承诺

第一节 甩挂运输推荐车型质量保证与售后服务承诺书

各甩挂运输试点企业（单位）、有关用户单位：

甩挂运输是先进的运输组织方式，有利于提高道路货运实载率和运输效率、促进道路运输节能减排。值当前国家大力推动公路甩挂运输发展之际，我们一汽解放汽车有限公司、东风汽车有限公司等40家企业生产的甩挂运输牵引车头和半挂车型有幸入选交通运输部发布的第二批公路甩挂运输推荐车型目录（共59个车型，其中29个牵引车型和30个半挂车型）。为使各甩挂运输试点企业和有关用户单位放心选购、使用推荐车型，积极推动我国公路甩挂运输事业发展，我们第二批公路甩挂运输推荐车型生产企业共同郑重地向社会承诺：

一、产品质量好。我们将严格控制甩挂运输推荐车型生产的流程和产品质量。一是将严格按照ISO9000质量保证体系及相关质量管理要求，从原材料、外购件采购，到零部件加工、总成装配、整车质量检验，层层把关控制。确保不合格原材料和外购件不使用，不合格零部件和总成不流入下道工序，不合格车辆不下线出厂。二是保证生产、销售的推荐车型产品性能都能满足设计要求、质量可靠，生产一致性好。三是保证不同厂家生产的牵引车和挂车推荐车型均能“甩得下、挂得上”，互换性好。

二、产品性价比高。我们力争在甩挂运输推荐车型基本要求基础上，积极研究公路运输市场的需求和发展趋势，设计生产出配置更高、性能更优、更加符合用户需求的甩挂运输车辆产品，并保证价格合理，为用户创造最大价值。

三、产品售后服务优。一是将在各企业售后服务体系基础上，为甩挂运输试点企业（单位）设置更加系统、科学、周到的质量保障与售后服务项目。二是建立畅通的信息反馈渠道和机制，经常回访用户、听取用户意见，改进产品和服务。三是配备充足的配件和备件资源，提供及时有效的技术服务，确保所售出推荐车型运行安全、可靠、有效。

以上承诺，请各甩挂运输试点企业（单位）、各级交通运输管理部门及社会各界予以监督！

承诺单位：第二批公路甩挂运输推荐车型生产企业

2013年5月7日

第二节 推荐车型企业联系方式

半挂牵引车推荐车型所属企业联系方式汇总表 表1

一、中国第一汽车集团公司	
企业网址：http://www.fawjiefang.com.cn/	
企业地址：吉林省长春市汽车经济技术开发区东风大街76号	邮编：130011
联系电话：0431-87666666	传真：0431-85732011
二、中国重汽集团济南商用车有限公司	
企业网址：http://www.cnhtc.com.cn	
企业地址：山东省章丘市圣井潘王路西	邮编：250002
联系电话：0531-85586130	传真：0531-85586244
三、中国重汽集团济南卡车股份有限公司	
企业网址：http://www.cnhtc.com.cn	
企业地址：济南市市中区党家庄镇南首	邮编：250002
联系电话：0531-85586130	传真：0531-85586244
四、中国重汽集团济宁商用车有限公司	
企业网址：http://www.cnhtc.com.cn	
企业地址：山东省济宁市诗仙路369号	邮编：250002
联系电话：0531-85586130	传真：0531-85586244
五、东风汽车有限公司	
企业网址：www.dfqcmy.com.cn	
企业地址：湖北省武汉市经济技术开发区东风大道10号	邮编：430056
联系电话：0719-8258256（十堰销售总部） 027-84284764（武汉技术中心）	传真：0719-8883737 027-84283904
六、一汽解放青岛汽车有限公司	
企业网址：http://www.qdfaw.com	
企业地址：山东省青岛市李沧区楼山路2号	邮编：266043
联系电话：0532-84913576	传真：0532-84816687

续上表

七、陕西汽车集团有限责任公司	
企业网址：www.sxqc.com	
企业地址：西安市经济技术开发区泾渭工业园陕汽大道	邮编：710200
联系电话：029-86956775	传真：029-86956778
八、上汽依维柯红岩商用车有限公司	
企业网址：http://www.sih.cq.cn/	
企业地址：重庆北部新区金山大道黄环北路1号	邮编：401122
联系电话：023-63112356　4008117766　8008071166	传真：023-63112543
九、北京福田戴姆勒汽车有限公司	
企业网址：http://www.aumantruck.com	
企业地址：北京市怀柔区红螺东路21号	邮编：101400
联系电话：010-60678618	
十、包头北奔重型汽车有限公司	
企业网址：www.beiben.cn	
企业地址：内蒙古包头市2号信箱	邮编：014030
联系电话：0472-3116048	传真：0472-3118809
十一、广汽日野汽车有限公司	
企业网址：http://www.ghmcchina.com/	
企业地址：广州从化市明珠工业园宝珠大道1号	邮编：510930
联系电话：020-32328888	传真：020-32328100
十二、东风柳州汽车有限公司	
企业网址：www.dflzm.com.cn	
企业地址：广西柳州市屏山大道286号	邮编：545005
联系电话：400-8877669	传真：0772-3820533
十三、安徽江淮汽车股份有限公司	
企业网址：http://www.jac.com.cn/	
企业地址：安徽省合肥市东流路176号	邮编：230601
联系电话：0551-62296363	传真：0551-62298740
十四、奇瑞商用车（安徽）有限公司	
企业网址：www.chery.cn	
企业地址：安徽省芜湖经济技术开发区长春路16号	邮编：241009
联系电话：0553-7527339	传真：（0553)7527093

续上表

十五、沃尔沃卡车中国	
企业网址：www.volvotrucks.com.cn	
企业地址：北京市朝阳区景华南街5号，远洋光华中心C座	邮编：100020
联系电话：010-65829199	传真：010-65911235
十六、安徽华菱汽车有限公司	
企业网址：www.camc.cc	
企业地址：安徽省马鞍山市经济技术开发区	邮编：243061
联系电话：0555-8323600	传真：0555-8323600
十七、戴姆勒卡客车（中国）有限公司	
企业网址：http://www.mercedes-benz.com.cn	
企业地址：北京市朝阳区望京街8号院利星行广场B座5层	邮编：100102
联系电话：010-84173741/84172254	传真：010-84173996

半挂车推荐车型所属企业联系方式汇总表　　表2

一、 北京环达汽车装配有限公司	
企业网址：www.sinotrailer.com	
企业地址：北京市大兴区	邮编：100076
联系电话：010-87912506	传真：010-87912507
二、扬州中集通华专用车有限公司	
企业网址：www.chinatrailer.com	
企业地址：江苏省扬州市扬子江中路139号	邮编：225009
联系电话：0514-87877888	传真：0514-87873290
三、 安徽开乐专用车辆股份有限公司	
企业网址：www.ahkaile.com	
企业地址：安徽开乐专用车辆股份有限公司	邮编：236112
联系电话：0558-2221839	传真：0558-2210810
四、梁山中集东岳车辆有限公司	
企业网址：www.lsdongyue.com	
企业地址：山东省济宁市梁山县拳铺工业园	邮编：272613
联系电话：0537-7762668	传真：0537-7762018
五、福建省德峰汽车制造有限公司	
企业网址：www.fjjodf.com	
企业地址：福建省建瓯市城东工业区A区5号	邮编：353100
联系电话：0599-3854999	传真：0599-3854222
六、驻马店中集华骏车辆有限公司	
企业网址：www.HJCL.com	
企业地址：驻马店市华骏大道中段	邮编：463000
联系电话：0396-2916415/2901703	传真：0396-3813101
七、重汽集团福建专用车有限公司	
企业网址：www.zqfz.com.cn	
企业地址：宁德市东侨工业集中区（漳湾)疏港路11号	邮编：352106
联系电话：0593-2315677	传真：0593-2351533

续上表

八、福建常春专用车制造有限公司	
企业网址：http://www.fjchangchun.com	
企业地址：福建省长乐市江田镇福州滨海工业区江田段	邮编：350206
联系电话：0591-28788888	传真：0591-28703239-01#
九、福建新华旭专用车制造有限公司	
企业网址：www.xinhuaxu.com	
企业地址：中国泉州特种汽车基地1号路2号	邮编：362000
联系电话：0595-22468111	传真：0595-82005319
十、山东丛林福禄好富汽车有限公司	
企业网址：www.clfh.com.cn	
企业地址：山东龙口市丛林工业区北三路	邮编：265705
联系电话：86-535-8567976　8561243	传真：86-535-8567976
十一、山东迅力特种汽车有限公司	
企业网址：www.sd-xunli.com	
企业地址：山东临清龙山路14号	邮编：252600
联系电话：0635-2318804	传真：0635-2318332
十二、丽水市南明专用汽车有限公司	
企业网址：http//:www.nmzyqc.com/	
企业地址：浙江省丽水市水阁工业园区枫岭街1号	邮编：323000
联系电话：0578-2155838	传真：0578-2158088
十三、山东蓬翔汽车有限公司	
企业网址：www.sdpxqc.com	
企业地址：山东省蓬莱市南环路5号	邮编：265607
联系电话：0535-5642687　0535-5630184	传真：0535-5637035
十四、河南骏通车辆有限公司	
企业网址：www.hnjtcl.com	
企业地址：河南省三门峡西 世纪大道北端	邮编：472100
联系电话：0398-3813333	传真：0398-3818889

续上表

十五、河北御捷马专用车制造有限公司	
企业网址：www.yogomotruck.com	
企业地址：河北省清河县羊绒科技园区太行南路19号	邮编：054800
联系电话：0319-8717610	传真：0319-8717612
十六、江苏安华汽车股份有限公司	
企业网址：http://www.jsanh.com	
企业地址：江苏省淮安市经济技术开发区迎宾大道39号	邮编：223000
联系电话：0517-83799008	传真：0517-83799006
十七、山东梁山华宇集团	
企业网址：http://www.ls-huayu.com/	
企业地址：山东省梁山县梁山镇工业园区	邮编：272600
联系电话：0537-7736999	传真：0537-7736788
十八、山东梁山通亚汽车制造有限公司	
企业网址：http://www.chinatongya.com/Chinese/index.htm	
企业地址：山东省梁山县拳铺镇政府驻地	邮编：272613
联系电话：0537-7768888/7608888	传真：0537-7768553/7608887
十九、福建省闽兴专用汽车有限公司	
企业网址：www.mxqc.com.cn	
企业地址：福建省长汀县大同镇红星村南环路侧	邮编：366300
联系电话：0597-6677555	传真：0597-6819158
二十、福建泰华交通设备有限公司	
企业网址：http://www.dlscn.cn	
企业地址：福建省漳州招商局经济技术开发区招商大道76号	邮编：363105
联系电话：（86)596-6851088	传真：0596-6851509
二十一、深圳中集专用车有限公司	
企业网址：www.scvc8.com	
企业地址：深圳市坪山新区锦龙大道1号	邮编：518118
联系电话：0755-33032013	传真：0755-89663458

续上表

二十二、青岛中集专用车有限公司	
企业网址：http://www.qdcimctrailer.com/	
企业地址：青岛经济技术开发区淮河东路2号	邮编：266500
联系电话：0532-55571718	传真：0532-55571785
二十三、山东鲁峰专用汽车有限责任公司	
企业网址：www.sdlufeng.cn	
企业地址：山东省泰安市龙潭路377号	邮编：271000
联系电话：0538-8416298	传真：0538-8418932

第五章

甩挂运输推荐车型相关文件汇编

关于促进甩挂运输发展的通知

交运发〔2009〕808号

为贯彻落实国务院《关于进一步加强节油节电工作的通知》（国发〔2008〕23号）和《物流业调整和振兴规划》（国发〔2009〕8号），促进甩挂运输发展，现就有关事项通知如下：

一、充分认识发展道路货物甩挂运输的重要意义

甩挂运输是指牵引车按照预定的运行计划，在货物装卸作业点甩下所拖的挂车，换上其他挂车继续运行的运输组织方式。牵引车与挂车的组合不受地区、企业、号牌不同的限制，但牵引车的准牵引总质量应与挂车的总质量相匹配。

与传统运输方式相比，甩挂运输具有明显优势：一是减少装卸等待时间，加速牵引车周转，提高运输效率和劳动生产率；二是减少车辆空驶和无效运输，降低能耗和废气排放；三是节省货物仓储设施，方便货主，减少物流成本；四是便于组织水路滚装运输、铁路驼背运输等多式联运，促进综合运输的发展。甩挂运输在国际上得到了广泛的推广应用，已经成为非常普遍的先进运输组织方式。目前，我国甩挂运输发展滞后，牵引车和挂车数量少，拖挂比低，道路货物运输仍然以普通单体货车为主，与节能减排和发展现代物流的要求不相适应。

发展甩挂运输，对于降低物流成本，推动现代物流和综合运输发展，促进节能减排，提升经济运行整体质量，具有重要意义。各地区、各有关部门应进一步提高认识，加强组织领导，采取切实措施，有效引导和推动甩挂运输的发展。

二、完善政策和管理制度，为甩挂运输营造良好的发展环境

1．减少挂车检验次数。挂车应按照《道路交通安全法》及其实施条例进行定期安全技术检验，确保符合国家规定的安全运行条件及相关技术标准。道路运输管理部门不再要求对挂车进行二级维护强制保养和综合性能检测。

2．调整挂车保险。由于挂车不具备动力，具有“可移动的集装箱”的属性，在车辆保险方面，应研究调整挂车交强险，科学设定征收对象。

3．完善甩挂车辆海关监管制度。境内承运海关监管货物的甩挂运输车辆（集装箱拖头车）应当依照相关规定办理注册登记手续，在甩挂车辆办结海关监管手续后，经海关同意，牵引车与挂车可以分离，提高牵引车周转效率。海关依照有关规定实施监管。

4．调整通行费征收办法。道路通行费实行“年票制”征收的地区，对道路运输经营者所拥有的汽车列车应按照一车一挂的标准征费，对超出牵引车数量的其余挂车不再征费。

5．推进甩挂运输车辆装备标准化。车辆装备技术的标准化是发展甩挂运输的必备条件，要组织制

订和推广应用牵引车、挂车联接的相关技术标准，引导制造企业严格执行国家统一标准生产牵引车和挂车，为发展甩挂运输提供技术保障。

6. 完善挂车证件管理。按照既简便适用又有利于监管的原则，完善挂车证件携带、保管与交接管理。挂车道路运输证和机动车行驶证应随车流转。

7. 鼓励运输企业拓展运输网络。各地应消除地方保护和制约运输一体化发展的相关制度和政策障碍，鼓励和支持符合条件的道路运输企业异地设置经营网点（分支机构），逐步形成区域性或全国性的甩挂运输网络。

8. 鼓励企业加强协作。鼓励运输企业之间、运输企业与大型制造企业、商贸企业、专业商品市场、货运站之间，通过联营、参股、合作等方式加强协作，整合运力和货源资源，提高集约化、规模化、网络化、组织化程度，提高甩挂运输的运行质量和整体效益。

三、加大资金投入，完善枢纽站场设施

1. 改造传统货运站场，适应甩挂运输需要。站场设施（包括甩挂运输运行中心）是发展甩挂运输的重要基础条件，具有一定的公益性。应通过政策引导，进一步加大对站场建设的投资力度，按照甩挂运输作业和技术特点，借鉴国外经验，对传统货运站场进行升级改造，逐步构建层次清晰、功能完善、衔接顺畅的站场节点体系，支撑甩挂运输的发展。

2. 加快综合交通枢纽建设，促进公铁、公水等多种运输方式间的有效衔接和一体化运输。鼓励利用公路甩挂运输发展水路滚装运输、铁路驼背运输和集装箱多式联运，实现公铁、公水间的快速中转和无缝衔接，推进综合交通运输体系建设。

四、开展试点工程，发挥示范效应

各地交通运输部门要联合当地发展改革委等有关部门根据实际情况，选择有条件的地区和企业，组织开展甩挂运输试点，探索和总结经验，发挥示范引导作用。

各有关部门要对列入甩挂运输试点的地区和企业，加强组织领导，落实配套政策，协调解决试点过程中存在的实际问题，为甩挂运输发展创造良好的外部环境。在试点的基础上，及时进行总结，制订完善相关技术标准和服务规范，促进甩挂运输的持续健康发展。

中华人民共和国交通运输部（章）
中国人民共和国国家发展改革委（章）
中国人民共和国公安部（章）
中国人民共和国海关总署（章）
中国人民共和国保监会（章）
二〇〇九年十二月三十一日

关于印发《甩挂运输试点工作实施方案》的通知

交运发〔2010〕562号

各省、自治区、直辖市、新疆生产建设兵团交通运输厅（局、委），发展改革委（局）：

按照国家发改委、交通运输部等五部委联合印发的《关于促进甩挂运输发展的通知》（交运发〔2009〕808号），国家发改委和交通运输部共同制订了《甩挂运输试点工作实施方案》，现印发给你们，请按照方案要求，结合本地实际，认真组织实施。

附件：甩挂运输试点工作实施方案

中华人民共和国交通运输部（章）

中华人民共和国国家发展和改革委员会（章）

二〇一〇年十月十八日

附件：

甩挂运输试点工作实施方案

为贯彻落实国务院《关于进一步加强节油节电工作的通知》（国发〔2008〕23号）、《物流业调整和振兴规划》（国发〔2009〕8号）和《国务院关于进一步加大工作力度确保实现“十一五”节能减排目标的通知》（国发〔2010〕12号）精神，根据交通运输部、国家发展改革委、公安部、海关总署、保监会等五部委《关于促进甩挂运输发展的通知》（交运发〔2009〕808号），决定开展甩挂运输试点工作。特制定本方案。

一、指导思想和工作目标

以科学发展观为指导，以发展现代交通运输业、转变道路运输业发展方式、促进节能减排为宗旨，加强政府引导和政策扶持，充分发挥道路运输和物流企业的主体作用，通过试点推动、引领示范，大力发展甩挂运输，逐步扩大甩挂运输的范围和规模，力争“十二五”期甩挂运输生产力显著提高，甩挂运输周转量在道路货运中的比例明显增加，带动道路运输业节能减排取得明显成效，为发展现代物流业、实现国家节能减排目标作出积极贡献。

通过试点，甩挂运输推进工作取得以下几方面成果：

——培育骨干企业。培育一批具有示范效应的规模化、集约化、网络化运输企业，引领甩挂运输市场的规范运作和健康发展。

——提高设施和装备水平。建设一批能够满足甩挂运输作业要求、装备先进的货运站场，大力推广应用现代信息技术，积极发展适应甩挂运输要求的大吨位牵引车和厢式半挂车，为甩挂运输的高效运作创造条件。

——探索运营管理模式。引导企业积极创新营运组织管理方式，探索形成适合不同区域、不同货类的若干种甩挂运输典型模式，为甩挂运输全面推广积累经验。

——完善政策标准。根据甩挂运输发展的实际需要，在充分学习借鉴国际先进经验的基础上，紧密结合我国实际，抓紧建立健全政策法规和标准规范体系。

二、试点工作原则

（一）政府引导，企业主导。

加强政府引导，完善相关法规标准和配套扶持政策，着力构建有利于甩挂运输发展的市场环境。支持试点企业加快提高甩挂运输组织能力，充分发挥市场和企业主导作用，创新营运管理与运输组织模式。

（二）多方联动，形成合力。

地方各级交通运输和发展改革部门要加强与公安、海关、保险等部门的沟通与协调，积极争取相关部门的大力支持，切实解决试点企业甩挂运输发展中遇到的实际问题。

（三）分类指导，稳步推进。

针对各类试点项目的不同情况，有针对性地采取措施，加强对试点项目的指导与支持，确保试点工作稳步推进，并发挥良好的引导与示范效应。

三、试点项目（单位）条件及试点范围

各地择优推荐具有较大资产规模、管理规范、社会信誉好、有稳定的甩挂运输业务需求、一定的站场设施和信息化基础条件，拥有牵引车50辆、挂车100辆以上，通过试点能够取得良好经济效益和节能减排效果的项目（单位）作为试点。对于两个以上单位联合开展甩挂运输的，只要符合试点条件也可按试点项目（单位）推荐。

结合我国现阶段甩挂运输发展实际，拟选定浙江、江苏、上海、山东、广东、福建、天津、内蒙、河北、河南10省（区、市）以及中外运长航集团、中国邮政集团等作为首批试点省份（单位）。每个省（区、市）可以推荐1～3家试点项目（单位）。

四、试点扶持政策

（一）对甩挂运输站场设施改造及车辆更新给予投资补助。主要包括：适合挂车作业的货物装卸平台；满足汽车列车摘挂和回转要求、可供甩挂车辆中转需要的作业场地及场区道路；必要的装卸设备、标准化托盘和辅助设施；甩挂运输管理信息系统和信息技术装备；符合国家和行业节能减排技术标准、列入交通运输部推荐车型的牵引车和半挂车更新购置等。根据试点需要，对纳入国家公路运输枢纽规划的公路货运站场的甩挂作业功能设施进行技术改造的，可以申请车购税补助，其申请、使用、管理按照财政部、交通运输部有关车辆购置税交通专项资金管理办法执行；申请中央预算内资金投资补助的，按照国家有关规定执行。

凡享受政府投资补助的货运站场及物流设施，应积极向社会提供甩挂作业服务，并接受行业主管部门的监督管理。

（二）落实有关通行费优惠政策。按照《交通部、国家计委关于鼓励对国际标准集装箱运输车辆通行费实行优惠促进公路集装箱运输业发展的意见》（交公路发〔2001〕601号）、交通部与国家发展改革委《关于降低车辆通行费收费标准的意见》（交公路发〔2004〕622号）等文件要求，各地要切实落实对集装箱车辆、大吨位厢式货车的通行费优惠政策。同时，对试点项目（单位）定期定线运行的甩挂运输车辆通行费推广月票或年票制，实行“大客户”优惠。

（三）地方交通运输和发展改革部门应根据实际情况对试点项目（单位）甩挂运输车辆更新、站场及信息系统建设等相关技术改造给予支持。

五、试点时间安排

（一）工作准备阶段（2010年10月～11月）。主要是确定试点项目（单位），制订试点方案，编制站场设施技术改造的工程可行性研究报告。

（二）组织实施阶段（2010年11月～2012年10月）。按照批准的试点方案和站场改造工可研报告，认真组织实施。

（三）总结评估阶段（2012年10月～12月）。试点省（区、市）交通运输和发展改革部门及试点单位对试点工作成效及取得的经验进行总结。交通运输部和国家发展改革委对试点工作进行系统评估总结，进一步完善促进甩挂运输全面发展的政策措施和标准规范。

六、工作要求

（一）提高思想认识，加强对试点工作的重视与支持。大力发展甩挂运输是加快转变道路运输发展方式、推进行业节能减排和产业升级、提高运输效率、降低物流成本的重要举措。各试点地区省级交通运输和发展改革部门要充分认识试点工作的重要意义，对试点工作予以高度重视与大力支持。要建立甩挂运输试点工作协调机制，健全相关工作制度，加强对本地区试点工作的组织协调和监督指导。要在车辆装备购置、站场设施改造、信息系统建设及相关技改项目等方面给予试点项目（单位）必要的资金和政策扶持。要建立与试点企业的联系机制，及时掌握试点工作进展情况，积极协调解决试点过程中遇到的问题。遇重大问题，及时向地方政府有关部门反映，争取政策支持。

（二）严格按照标准和要求选定试点项目（单位）。各省级交通运输和发展改革部门要按照本方案要求，在企业自愿申请的基础上，认真组织推荐试点项目（单位），并填写推荐表（见附件1），分别报交通运输部和国家发展改革委。试点项目（单位）筛选要从实际出发，认真分析基础条件，做到合理可行。

（三）科学制订试点方案，规范工作程序。试点企业要在分析论证基础上，详细拟订试点方案，内容包括：拟纳入试点的甩挂项目概况、现有设施设备条件、试点内容与预期目标、运输组织、资金投入、管理措施、预期效益、节能减排效果等（见附件2）。同时规范编制甩挂运输站场改造工程可行性研究报告（具体编制要求见附件3）。

试点方案由各省交通运输、发改部门审查后，报交通运输部、国家发展改革委审定，并以此作为监督管理的依据。甩挂运输站场改造资金管理工作程序参照国家有关规定办理。

交通运输部道路运输司要加强对建设项目的监督检查，确保项目建成后站场功能符合技术要求。

（四）做好推荐车型评定和公布工作。按照甩挂运输推荐车型技术要求（见附件4），由车辆生产企业申报，经审定后由交通运输部分批发布推荐车型目录。具体管理办法按照《推荐车型管理办法》（交公路发〔2005〕170号）执行。

（五）引导企业积极探索运输组织与运营管理新模式。试点企业要按照批准的试点方案，认真组织实施。要加强货源组织，优化网络布局，积极探索运输组织与运营管理的新模式。要加大投入，提高运输车辆和装卸机械技术水平，完善站场设施功能，加快信息系统建设。要针对试点中出现的新问题，及时调整优化运营模式，不断完善组织措施。要定期上报试点工作进展情况和运行分析报告。

（六）加强国家补助资金的监督管理。试点省（区、市）交通运输和发展改革部门要加强补助资金的使用监管，严格各项管理制度。

（七）及时总结试点经验，不断完善有关政策。行业主管部门、试点企业和技术支持单位要密切关注试点过程中出现的新情况、新问题，积极研究解决方法。各有关部门要切实加强对试点工作的跟踪、指导，及时总结经验，完善配套政策，确保试点工作稳步推进。

七、其他

（一）交通运输部和国家发展改革委将根据首批试点工作进展情况，适时研究部署后续试点或示范、推广工作，加快形成促进甩挂运输发展的长期稳定政策和常态工作机制。

（二）各省（区、市）交通运输和发展改革部门可参照本方案，结合本地实际情况，组织开展地方甩挂运输试点工作。

交通运输部　国家发展改革委关于确定甩挂运输首批试点项目（单位）的通知

交运发〔2011〕442号

上海、江苏、浙江、内蒙古、福建、山东、河南、河北、天津、广东省（区、市）交通运输厅（委）、发展改革委，中外运长航集团，中国邮政集团：

按照交通运输部、国家发展改革委《关于印发〈甩挂运输试点工作实施方案〉的通知》（交运发〔2010〕562号）要求，交通运输部、国家发展改革委组织专家对各地交通运输、发展改革部门上报的甩挂运输项目进行了评审，确定了中国邮政集团-中国邮政速递物流股份有限公司甩挂运输项目等26个项目为甩挂运输首批试点项目。

各试点单位要按照两部委印发的《甩挂运输试点工作实施方案》和2010年11月在福州召开的全国甩挂运输试点工作会议精神，落实项目工作方案，积极开展试点工作，加快项目实施进度，提高工程质量，确保项目顺利建成。请各地交通运输厅（委）、发展改革委加强监督指导，落实扶持政策，确保试点工作取得实效。

附件：甩挂运输首批试点项目和站场名单

中华人民共和国交通运输部（章）
中华人民共和国国家发展和改革委员会（章）
二〇一一年八月二十六日

附件：

甩挂运输首批试点项目和站场名单

央企

1. 中国邮政集团公司–中国邮政速递物流股份有限公司甩挂运输项目

站场：郑州邮政速递物流处理中心

2. 中国外运长航集团有限公司甩挂运输试点项目

站场：中外运成都甩挂运输站场

福建省

3. 福建省盛辉物流集团有限公司甩挂运输项目

站场：福州盛辉物流中心，漳州市盛辉甩挂运输、城市配送中心，三明盛辉物流城市配送、甩挂运输站场

4. 福建鸿达运输有限公司公铁联运甩挂运输项目

站场：福建鸿达运输有限公司福建南安成达物流有限公司综合物流服务中心、福建鸿达运输有限公司五里综合物流服务中心

山东省

5. 聊城—临沂甩挂运输项目（聊城交运集团千千佳物流有限责任公司、山东荣庆物流有限公司）

站场：聊城交运集团千千佳物流有限责任公司物流园甩挂运输站场、山东荣庆物流有限公司山东临沂荣庆物流中心

6. 日照三运实业股份有限公司、山东京博物流中心有限公司甩挂运输试点项目

站场：上海路仓储配送中心甩挂运输站场、黄河三角洲滨南物流园甩挂运输站场

7. 渤海湾甩挂运输试点项目（烟台打捞局、山东北明全程物流有限公司、威海国际物流园发展有限公司）

站场：烟台打捞局甩挂运输站场、北明全程物流园、威海国际物流园区

广东省

8. 华南甩挂运输项目（深圳市深国际华南物流有限公司、深圳市赤湾东方物流有限公司、广东省茂名市交通运输集团有限公司）

站场：华南国际物流中心甩挂运输站场

9. 广州—佛山甩挂运输项目（广州交通集团有限公司、广东海元物流有限公司）

站场：黄埔集装箱中转站、广东海元空港商贸物流园

10. 广州—深圳甩挂运输项目（广州中运货运站场管理有限公司、深圳市美泰国际物流有限公司）

站场：龙岗公路货运枢纽、神山货运站

河北省

11. 河北快运、万合集团联合甩挂运输试点项目（河北快运集团有限公司、万和集团股份有限公司）
站场：河北快运集团石家庄甩挂运输站场、邯郸综合物流中心

天津市

12. 天津振华物流甩挂运输项目（天津振华国际物流运输有限公司）
站场：振华物流甩挂运输站场

上海市

13. 上海新杰货运服务有限公司甩挂运输项目
站场：武汉江夏全国分拨中心
14. 上海巴士化工物流有限公司甩挂运输项目
站场：上海卢潮港甩挂作业站场
15. 上海北芳储运集团有限公司甩挂运输项目
站场：上海金山危险品物流基地

浙江省

16. 浙江宇石物流甩挂运输项目（浙江宇石国际物流有限公司，嘉兴西南物流开发有限公司）
站场：嘉兴现代物流园甩挂运输站场
17. 广深物流有限公司甩挂运输项目
站场：浙江东阳广深物流总部货运站场
18. 宁波港铃与物流甩挂运输项目（宁波港铃与物流有限公司，义乌市交通发展有限责任公司）
站场：宁波霞浦综合货运场站、义乌内陆口岸站场
19. 百富物流甩挂运输项目（百富国际物流有限公司，绍兴市集亚物流基地有限公司）
站场：绍兴集亚物流基地

江苏省

20. 南通交运物流集团有限公司甩挂运输项目
站场：南通交运物流中心
21. 江苏金陵交运集团有限责任公司甩挂运输项目
站场：金陵交运丁解交通物流中心
22. 江苏苏汽国际物流集团有限公司甩挂运输项目
站场：江苏苏汽国际物流集团有限公司苏州工业园区甩挂基地

河南省

23. 郑州市交通运输集团有限责任公司甩挂运输项目

站场：郑州干线公路物流中心、郑州货运西北站

24. 新乡市新运交通运输有限公司甩挂运输项目

站场：新乡小店物流园区、新乡南环货运站

25. 许昌万里运输（集团）有限公司甩挂运输项目

站场：郑州货运南站、周口综合物流园区公路货运枢纽

内蒙古自治区

26. 内蒙古巴运汽车运输有限责任公司甩挂运输项目

站场：巴彦淖尔国家公路运输枢纽陕坝货运站（巴运杭后物流园区）

交通运输部办公厅、财政部办公厅关于印发公路甩挂运输第二批试点工作方案的通知

交通运输部办公厅　财政部办公厅

厅运字〔2012〕106号

各省、自治区、直辖市、新疆生产建设兵团交通运输厅（局、委）、财政厅（局），天津市、上海市交通运输和港口管理局：

按照财政部、交通运输部联合印发的《公路甩挂运输试点专项资金管理暂行办法》（财建〔2012〕137号）的要求，为做好第二批甩挂运输试点工作，财政部和交通运输部共同制定了《公路甩挂运输第二批试点工作方案》，现印发给你们，请按照方案要求，结合本地实际，组织做好本地区第二批甩挂运输试点项目及专项资金的申报、初审和汇总上报工作。

附件：公路甩挂运输第二批试点工作方案

中华人民共和国交通运输部办公厅（章）

财政部办公厅（章）

二〇一二年五月二十八日

附件：

公路甩挂运输第二批试点工作方案

为贯彻落实《国务院办公厅关于促进物流业健康发展政策措施的意见》（国办发〔2011〕38号）和《国务院办公厅关于进一步促进道路运输行业健康稳定发展的通知》（国办发〔2011〕63号）精神，进一步推进甩挂运输试点工作，根据财政部、交通运输部《公路甩挂运输试点专项资金管理暂行办法》（财建〔2012〕137号）的要求，结合全国甩挂运输发展的实际需要，特制订第二批公路甩挂运输试点工作方案。

一、试点工作目标

通过开展公路甩挂运输试点，促进甩挂作业站场设施、车辆装备、信息系统的全面升级；全社会甩挂运输完成的周转量在道路货运中的比重进一步提高；道路货运结构进一步优化；运输组织化程度大幅度提升；甩挂运输提高运输效率、集约利用资源和节能减排的效益更加显现；对发展现代交通运输业和现代物流的支撑作用进一步增强。

二、试点项目条件及试点范围

纳入第二批公路甩挂运输试点范围的项目，项目承担企业（单位）应具备一定的资产规模、开展甩挂作业所需的设施设备和信息化运作条件，以及稳定的甩挂运输业务需求；东部地区试点项目至少拥有牵引车50辆、挂车100辆，中、西部地区试点项目至少拥有牵引车30辆、挂车60辆；试点项目应具有良好的社会经济效益和示范引导作用。两家企业（单位）联合达到上述条件的，可以联合申报甩挂运输试点。

各省（自治区、直辖市）结合本地实际，择优推荐不超过3个试点项目。

三、试点项目申请、审核及验收程序

（一）项目承担企业（单位）申报试点项目，应根据上述试点项目条件向所在地省级交通运输主管部门（由省级道路运输管理机构受理）和省级财政主管部门报送申报材料。申报材料包括：

1. 甩挂运输试点项目推荐表（见附件1）；

2. 项目承担企业（单位）企业法人营业执照或事业单位机构代码证（复印件加盖单位公章）；

3.《甩挂运输试点项目实施方案》（见附件2）；

4. 甩挂运输站场建设（改造）投资项目核准或备案的批准文件；

5. 由甲级资质的咨询设计单位编制的甩挂运输站场建设（改造）项目可行性研究报告（见附件3）；

6. 两家企业（单位）联合申报试点项目的，还需提供站场经营企业（单位）与运输企业（单位）合作协议，协议中需具有站场经营企业（单位）保证运输企业（单位）甩挂作业需要并给予相应优惠的条款。

（二）省级交通运输主管部门会同省级财政主管部门对申报材料进行初审，根据企业综合实力、货源状况、运输组织方案、项目预期效果等因素，择优推荐试点项目，联合报送交通运输部、财政部。报送材料一式4份（1份原件、3份复印件），同时以光盘形式提供电子文件。

（三）交通运输部会同财政部组织专家对各省推荐项目及申报材料进行审核，联合确定甩挂运输试点项目、站场及项目承担企业（单位），发文告知地方，并对其《甩挂运输试点项目实施方案》进行审核认定。

（四）试点项目甩挂运输站场建设（改造）完成交工验收，车辆购置和甩挂运输信息系统建设（改造）实际完成，各试点线路均已开通后，项目承担企业（单位）向省级交通运输主管部门提出验收申请。省级交通运输主管部门对照审定的《甩挂运输试点项目实施方案》对试点项目进行审查验收，出具验收初审意见，报交通运输部，抄送省级财政主管部门。交通运输部终审后，出具验收审核意见，抄送财政部。

对于验收未通过的试点项目，责令项目承担企业（单位）限期整改，整改后仍未达到要求的，取消其试点资格，并按国家有关规定予以处理。

四、专项资金申报与下达

（一）试点项目甩挂运输站场建设（改造）完成交工验收并投入运营后，项目承担企业（单位）可按照规定程序先申请部分甩挂运输专项资金。省级财政主管部门会同省级交通运输主管部门（由省级道路运输管理机构受理）对项目承担企业（单位）专项资金申请材料进行初审后，汇总报送财政部、交通运输部。专项资金申请材料包括：

1.《甩挂运输试点专项资金申请书》（见附件4）；

2. 申请单位企业法人营业执照或事业单位机构代码证（复印件加盖单位公章）；

3. 试点项目甩挂作业站场建设（改造）交工验收报告；

4. 项目投资额证明材料，包括具有相应资质的第三方机构出具的甩挂运输试点项目专项审价报告，以及相关发票或证明材料。

（二）试点项目通过交通运输部审查验收后，项目承担企业（单位）可按照上述程序申请中央财政应补助的剩余甩挂运输专项资金。项目承担企业（单位）除提交上述申请材料外，还需提交由交通运输部出具的试点项目验收审核意见。

（三）交通运输部会同财政部组织专家对专项资金申报材料进行审核后，由交通运输部提出专项资金分配方案建议报财政部，财政部审核并在网上公示10天无异议后，将专项资金下达有关省（自治区、直辖市）财政主管部门（在项目验收前，第一次下达资金不超过应补助资金的80%）。

（四）交通运输部、国家发展改革委已确认的首批甩挂运输试点企业（单位）中尚未获得中央资金支持的，按本方案要求申请专项资金。

五、试点工作进度安排

（一）企业（单位）申报及各省报送推荐试点项目时间：本方案发布之日起至2012年7月31日止。逾期交通运输部、财政部不予受理。

（二）交通运输部会同财政部审核确定试点项目时间：收到各省上报的项目申报材料起至2012年8月31日止。届时两部门将联合发文确认第二批试点项目。

（三）试点项目实施时间：2012年9月至2014年9月。2014年9月以前，试点项目承担企业（单位）应按程序报送验收申请。试点项目实施过程中，试点项目承担企业（单位）应于每季度末向所在地省级交通运输主管部门（由省级道路运输管理机构负责）上报项目进展情况（详见附件5），由省级交通运输主管部门汇总后上报交通运输部。

附件：1. 甩挂运输试点项目推荐表（略）

2. 甩挂运输试点项目实施方案编略制内容要求（略）

3. 甩挂运输站场建设（改造）项目可行性研究报告编制内容要求（略）

4. 甩挂运输试点专项资金申请书编制内容要求（略）

5. 试点项目每季度完成情况统计表（略）

关于印发《公路甩挂运输试点专项资金管理暂行办法》的通知

财建〔2012〕137号

各省、自治区、直辖市、计划单列市财政厅（局）、交通运输厅（局），新疆生产建设兵团财务局、交通运输管理部门，天津市、上海市交通运输和港口管理局：

为支持试点地区开展公路甩挂运输工作，中央财政设立了公路甩挂运输试点专项资金。为加强资金的管理，提高资金使用效益，特制定《公路甩挂运输试点专项资金管理暂行办法》。现印发给你们，请遵照执行。

附件：公路甩挂运输试点专项资金管理暂行办法

财政部　交通运输部

二〇一二年四月六日

附件：

公路甩挂运输试点专项资金管理暂行办法

第一章　总　　则

第一条　为加强公路甩挂运输试点专项资金（以下简称专项资金）管理，提高资金使用效益，促进甩挂运输试点工作的顺利开展，根据《国务院办公厅关于进一步促进道路运输行业健康稳定发展的通知》（国办发〔2011〕63号），制定本办法。

第二条　本办法所称专项资金是指中央财政从车辆购置税中安排的专项用于支持公路甩挂运输试点项目的资金。

第三条　专项资金的使用和管理坚持以下原则：

（一）政府引导，突出重点。要充分发挥财政资金引导作用，调动企业投资积极性，重点用于对甩挂运输发展具有重要支撑作用的专业化设施和设备的建设、改造、更新项目，确保取得实效。

（二）统筹安排，规范使用。择优选取基础条件好、发展潜力大、示范作用强的项目安排试点。专项资金的使用符合公开、公平、公正的办事程序，资金使用情况和效果接受国家有关部门和社会监督。

第四条　专项资金纳入财政预算管理。

第二章　专项资金支持范围和方式

第五条　专项资金支持的对象是纳入甩挂运输试点的运输企业和站场经营企业（以下简称试点企业）。试点企业由交通运输部会同财政部确定。

第六条　交通运输部会同财政部根据甩挂运输发展的实际情况和需要，分批发布甩挂运输试点工作方案。试点企业应按照试点工作方案的要求，编制企业试点实施方案，报交通运输部、财政部批准。

第七条　专项资金支持纳入企业试点实施方案的以下项目内容：

（一）甩挂作业站场建设或改造。重点包括：货运站场内适合挂车作业的装卸平台、甩挂作业仓储设施；满足汽车列车摘挂和回转要求、可供甩挂车辆中转需要的作业场地及场区道路；甩挂作业必要的装卸设备、标准化托盘和辅助设施等。

（二）甩挂运输车辆更新购置。列入交通运输部甩挂运输推荐车型范围的牵引车和半挂车的更新购置。

（三）甩挂运输管理信息系统建设或改造。重点包括：车辆智能调度系统、作业站场管理信息系统、运输组织与订单管理系统、甩挂运行实时监控系统、甩挂运输油耗监测系统等。

第八条　专项资金的分配采取以奖代补的方式，由财政部、交通运输部根据项目投入运营后实际发生的建筑安装费和设备购置费的投资总额核定补助额度。

第九条　根据项目的不同类别和实际情况，适用定额补助或比例补助。

（一）项目总投资额超过1亿元（含1亿元）的，采用定额补助。其中甩挂作业站场按照500万/个的标准进行补助；管理信息系统按照50万/套的标准进行补助；牵引车和挂车分别按照4万/台和1.5万/台的标准进行补助。每个项目补助总额原则上不高于1000万元。

（二）项目总投资额小于1亿元的，采用比例补助。甩挂作业站场建设或改造、牵引车购置更新、管理信息系统建设或改造按照投资总额的10%给予补助，挂车购置更新按照投资总额的20%给予补助。每个项目补助总额原则上不高于1000万元。

第十条　对已享受中央财政其他资金支持的项目，专项资金不再安排补助。

第十一条　交通运输部用于试点工作方案编制、项目评审、投资审核、监督检查、绩效评估等工作的经费，按照不超过当年专项资金总额0.5%的比例，从专项资金中安排。

第三章　专项资金的申请、审核与拨付

第十二条　试点企业应按照本办法的要求，编制甩挂运输试点专项资金申请书，报所在省（自治区、直辖市、计划单列市）[以下简称省（区、市）]交通运输、财政主管部门进行初审。

专项资金申请书包括项目承担单位基本情况、项目实施内容、运行情况等内容。申请书应附以下材料：

（一）申请单位企业法人营业执照或事业单位机构代码证（复印件加盖单位公章）。

（二）项目立项审批材料和项目投资额证明材料。

第十三条　有关省（区、市）交通运输、财政主管部门对申报材料进行审核汇总后，报交通运输部、财政部。

第十四条　交通运输部会同财政部组织专家对申请材料进行审核后，由交通运输部提出专项资金分配方案建议，报财政部。

第十五条　财政部对专项资金分配方案进行审核后，将专项资金下达有关省（区、市）财政主管部门，同时抄送交通运输部。

第十六条　专项资金的支付按照财政国库管理制度有关规定执行。专项资金使用中属于政府采购管理范围的，按照政府采购有关规定执行。

第十七条　中央直属企业资金申请程序参照本办法执行。

第四章　专项资金的监督管理

第十八条　试点企业应当按照本办法的规定据实编制甩挂运输试点专项资金申请书，不得弄虚作假，情节严重的，取消试点资格。

第十九条　各级财政、交通运输部门应当加强对专项资金使用的监督管理，建立健全专项资金绩效评价制度。

第二十条　对专项资金的使用情况，由财政部、交通运输部组织重点抽查，对违反规定截留、挪用、骗取资金的，按照《财政违法行为处罚处分条例》（国务院令第427号）及相关法规予以处理。

第五章　附　　则

第二十一条　本办法由财政部会同交通运输部负责解释。

第二十二条　本办法自发布之日起施行。

交通运输部办公厅　财政部办公厅关于确定公路甩挂运输第二批试点项目的通知

厅运字〔2012〕225号

各省、自治区、直辖市、新疆生产建设兵团交通运输厅（局、委）、财政厅（局），天津市、上海市交通运输和港口管理局：

按照交通运输部办公厅、财政部办公厅《关于印发公路甩挂运输第二批试点工作方案的通知》（厅运字〔2012〕106号）要求，交通运输部、财政部组织专家对各地上报的甩挂运输项目进行了审查，确定北京翔龙物流（集团）有限公司甩挂运输试点项目等58个项目为公路甩挂运输第二批试点项目。

各试点单位要按照《公路甩挂运输第二批试点工作方案》的要求，落实工作方案，加快实施进度，确保项目顺利实施。请各地交通运输厅（局、委）、财政厅（局）加强监督指导，落实扶持政策，确保试点工作取得实效。

附件：公路甩挂运输第二批试点项目及站场名单

交通运输部办公厅
财政部办公厅
2012年9月25日

附件：

公路甩挂运输第二批试点项目及站场名单

北京市

1. 北京翔龙物流（集团）有限公司甩挂运输试点项目
2. 北京平谷国际陆港甩挂运输试点项目（北京京津港国际物流有限公司、北京海陆港国际物流有限公司）
站场：北京平谷国际陆港

天津市

3. 天津东粮欣瑞物流有限公司散粮甩挂运输试点项目
4. 天津市立和工贸有限公司汽车配件甩挂运输试点项目
5. 天津市泰亨气体有限公司液态工业气体甩挂运输试点项目

河北省

6. 兴隆县汇丰物流配送有限公司甩挂运输试点项目
站场：兴隆县汇丰物流配送有限公司甩挂运输站场

山西省

7. 临汾经济技术开发区兴荣汽车运输有限公司甩挂运输试点项目
站场：临汾兴荣物流配送中心
8. 山西晨光物流有限公司甩挂运输试点项目
站场：山西晨光物流甩挂运输站场（沁水站）

辽宁省

9. 辽鲁陆海甩挂运输试点项目（大连辽鲁甩挂物流有限公司，大连交通运输集团有限公司）
站场：辽鲁陆海甩挂运输站场

吉林省

10. 双辽市江山物流有限公司甩挂运输试点项目
站场：双辽江山物流甩挂运输站场
11. 一汽物流有限公司甩挂运输试点项目

黑龙江省

12. 黑龙江省龙运（集团）股份有限公司甩挂运输试点项目（黑龙江省龙运（集团）股份有限公司、

哈尔滨龙运物流园区有限责任公司）

站场：龙运甩挂运输站场

13. 牡丹江广运交通集团投资有限责任公司甩挂运输试点项目

14. 齐齐哈尔光明运输代理服务有限公司甩挂运输试点项目

上海市

15. 上海康芸物流发展有限公司甩挂运输试点项目

站场：上海康芸物流甩挂基地

16. 上海荣庆国际储运有限公司甩挂运输试点项目

站场：上海荣庆甩挂运输基地

17. 上海佳吉快运有限公司甩挂运输试点项目

站场：上海佳吉快运有限公司智能化运输配送营运中心（三期2#厂房）

江苏省

18. 镇江兴港国际物流有限公司甩挂运输试点项目

站场：镇江兴港国际物流有限公司甩挂与网络化运输试点项目站场

19. 南京远方物流集团有限公司甩挂运输试点项目

站场：南京子正物流基地

浙江省

20. 杭州汤氏物流有限公司甩挂运输试点项目

站场：汤氏物流金马站场、汤氏物流龙坞站场

21. 宁波港股份有限公司甩挂运输试点项目

站场：宁波港北仑查验物流中心

福建省

22. 泉州英豪—新华旭甩挂运输试点项目（泉州市英豪物流有限责任公司，福建新华旭专用车制造有限公司）

站场：新华旭半挂车甩挂站场

江西省

23. 萍乡市达金物流有限公司甩挂运输试点项目

站场：金山物流园甩挂运输站场

24. 江西三志物流有限公司甩挂运输试点项目

25. 江西昌荣物流有限公司甩挂运输试点项目

山东省

26. 山东佳怡物流有限公司甩挂运输试点项目

站场：佳怡物流济南甩挂运输站场

27. 山东省济宁交通运输集团有限公司甩挂运输试点项目

站场：济宁交运甩挂运输站场

28. 山东省交通运输集团有限公司甩挂运输试点项目

站场：山东交运济南甩挂运输站场

河南省

29. 焦作市交通运输（集团）有限公司甩挂运输试点项目

站场：焦作市交通运输（集团）有限公司甩挂运输站场

30. 信阳市弘运运输集团有限公司甩挂运输试点项目

站场：信阳市弘运运输集团有限公司弘运物流园甩挂运输站场

湖北省

31. 湖北省十堰亨运集团有限责任公司甩挂运输试点项目

站场：湖北十堰亨运集团甩挂运输站场

32. 武汉赤湾东方物流有限公司甩挂运输试点项目

站场：武汉赤湾东方物流甩挂运输站场

湖南省

33. 长沙市实泰置业有限公司、长沙大地物流有限公司甩挂运输试点项目

站场：长沙实泰置业有限公司湖南物流总部甩挂运输站场

34. 岳阳市海纳物流有限公司甩挂运输试点项目

站场：岳阳市海纳物流有限公司甩挂运输作业站场

广东省

35. 深圳市怡和运通甩挂运输试点项目（深圳市怡和运通实业有限公司）

36. 中国外运广东有限公司集装箱甩挂运输试点项目

重庆市

37. 长江水陆甩挂运输试点项目（重庆交通运输控股（集团）有限公司）

站场：重庆南岸茶园工业园区物流中心甩挂运输站场

38. 重庆公路运输（集团）有限公司甩挂运输试点项目

39. 民生国际集装箱运输有限公司甩挂运输试点项目

站场：民生现代综合物流中心

四川省

40. 四川省成都长途汽车运输（集团）公司甩挂运输试点项目

站场：成都国际集装箱物流园甩挂运输站场

41. 达州达运物流有限公司甩挂运输试点项目

贵州省

42. 毕节市黔金叶货物运输有限责任公司甩挂运输试点项目
站场：毕节市黔金叶双池甩挂运输作业站场
43. 贵州铭宇物流有限责任公司甩挂运输试点项目
站场：贵州铭宇龙洞堡物流园甩挂运输站场

云南省

44. 云南省禄丰县广通联兴物流有限公司甩挂运输试点项目
站场：云南省广通联兴排落山甩挂运输站场

陕西省

45. 陕西康龙快运有限责任公司甩挂运输试点项目
站场：宝鸡高新甩挂运输站场
46. 西安远洋国际货运公司甩挂运输试点项目
站场：西安远洋国际货运公司集装箱甩挂运输站场
47. 咸阳林鑫运输有限公司甩挂运输试点项目
站场：沣东物流中心甩挂运输站场

甘肃省

48. 天水元通运输有限责任公司甩挂运输试点项目
站场：天水元通运输有限责任公司甩挂运输站场
49. 甘肃东部运输实业集团有限责任公司甩挂运输试点项目
站场：甘肃东部运输实业集团有限责任公司甩挂运输站场

青海省

50. 青海省临空经济区开发投资有限公司、青海纵横物流有限公司甩挂运输试点项目
站场：青藏国际综合物流集散中心甩挂站场

宁夏回族自治区

51. 中冶美利物流有限公司甩挂运输试点项目
站场：中冶美利物流有限公司甩挂运输作业站场
52. 宁夏能星物流有限公司甩挂运输试点项目

新疆维吾尔族自治区

53. 新疆九洲恒昌物流有限公司甩挂运输试点项目
54. 新疆金豹物流有限公司甩挂运输试点项目（新疆金豹物流有限公司、伊吾金豹运输有限公司）

55. 新疆新捷燃气有限责任公司甩挂运输试点项目

站场：新疆新捷燃气有限责任公司乌拉泊天然气门站及母站甩挂运输站场

新疆生产建设兵团

56. 新疆新大地实业有限公司甩挂运输试点项目

站场：乌市开发区甩挂运输站场

57. 农二师新联运物流有限责任公司甩挂运输试点项目

站场：农二帅新联运煤炭物流园（一期）甩挂运输站场

58. 阿拉尔市新通运输有限责任公司甩挂运输试点项目

站场：阿拉尔新通物流中心

交通运输部　国家发展改革委关于确定甩挂运输2012年度试点项目（单位）的通知

交运发〔2012〕328号

河北、内蒙古、江苏、浙江、安徽、河南、湖北、广东省（区）交通运输厅、发展改革委：

按照交通运输部、国家发展改革委《关于印发〈甩挂运输试点工作实施方案〉的通知》（厅运发〔2010〕562号）（以下简称实施方案）的要求，交通运输部、国家发展改革委组织专家对各地交通运输、发展改革部门上报的甩挂运输项目进行了审查，确定了河北省霸州市利华燃气储运有限公司甩挂运输项目等11个项目为2012年度甩挂运输试点项目。

各试点单位要按照两部委印发的实施方案和2012年4月在烟台召开的全国甩挂运输试点推进工作会议的精神，落实项目工作方案，积极开展试点工作，加快项目实施进度，确保项目顺利实施。请各地交通运输厅、发展改革委加强监督指导，落实扶持政策，确保试点工作取得实效。

附件：甩挂运输2012年度试点项目及站场名单

交通运输部（章）
国家发展改革委（章）
2012年7月6日

附件：

甩挂运输2012年度试点项目及站场名单

河北省

1. 霸州市利华燃气储运有限公司甩挂运输试点项目
站场：霸州市利华燃气储运有限公司东段货物运输场

内蒙古自治区

2. 通辽市金港物流甩挂运输试点项目（通辽市金港物流有限公司，通辽市同鑫物流有限公司）
站场：金港国际物流园区甩挂运输站场

江苏省

3. 无锡金南物联甩挂运输项目（无锡新东南物流有限公司，无锡金南物流科技股份有限公司）
站场：无锡广石路甩挂运输站场

浙江省

4. 平湖市亚太物流有限公司甩挂运输试点项目
站场：亚太物流新仓货运站

安徽省

5. 马鞍山长运控股集团有限公司甩挂运输试点项目
站场：马鞍山长运物流港甩挂运输站场

河南省

6. 漯河市公路运输公司甩挂运输试点项目
站场：漯河市公路运输公司甩挂运输物流园作业站场
7. 商丘交通运输集团有限公司甩挂运输试点项目
站场：商运集团开发区物流中心甩挂运输作业站场

湖北省

8. 湖北汽车运输总公司甩挂运输试点项目
站场：武汉汉口北高新物流示范园甩挂运输作业站场
9. 湖北大通互联物流股份有限公司甩挂运输试点项目
站场：鄂东物流中心（二期）甩挂运输作业站场

广东省

10. 深圳市恒路物流股份有限公司甩挂运输试点项目（深圳市恒路物流股份有限公司、深圳市恒路物流有限公司）

站场：恒路平湖物流基地甩挂运输站场

11. 广州城市之星运输有限公司甩挂运输试点项目

站场：广州城市之星运输有限公司华南分拣基地

交通运输部办公厅关于遴选第二批公路甩挂运输推荐车型的通知

交通运输部办公厅　厅运便〔2012〕26号

各有关车辆生产企业、进口车经营单位：

为进一步推动我国公路甩挂运输发展，加快道路货运车型结构调整和技术进步，经研究，部决定启动第二批公路甩挂运输推荐车型遴选工作。推荐车型遴选将按照企业自主申报、申报材料初审、实地样车核查、牵引车与半挂车拟推车型性能匹配、社会公示的程序来进行。请各有关企业、单位认真组织申报。

一、申报车型应符合的条件

（一）申报的甩挂运输牵引车车型及其具体配置应是《道路运输车辆燃料消耗量达标车型表》中的车型（LNG半挂牵引车应列入车辆产品公告或通过3C认证）；申报的挂车车型应列入车辆产品公告或通过3C认证；

（二）符合《道路车辆外廓尺寸、轴荷及质量限值》（GB1589）、《机动车运行安全技术条件》（GB7258）、《营运车辆综合性能要求和检验方法》（GB18565）和《货运挂车系列型谱》（GB/T6420）等技术标准的规定；

（三）企业自评能达到《甩挂运输推荐车型基本要求（修订版）》规定的各项要求（见附件1）。

二、申报推荐车型需提交的材料

企业申报每种型号配置的甩挂运输牵引车、半挂车，应分别提交以下材料：

（一）牵引车应提交的材料

1.《甩挂运输半挂牵引车推荐车型申报表》一份（见附件2），需加盖企业公章；

2. 产品定型试验报告、强制性检验报告复印件各一份（进口车辆须提交3C检验报告、相关可靠性检验报告复印件）；

3. 证明满足《甩挂运输推荐车型基本要求（修订版）》有关规定要求的技术文件，以及售后服务质量保证文件；

4. 如申报车型为LNG半挂牵引车，还应提交车辆产品公告或3C认证公布的车型资料一份。

（二）半挂车应提交的材料

1.《甩挂运输半挂车推荐车型申报表》一份（见附件2），需加盖企业公章；

2. 车辆产品公告或3C认证公布的车型资料一份；

3. 推荐车型样车照片正面及左、右侧各一张（正侧或侧45° 均可）；

4. 产品定型试验报告、强制性检验报告复印件各一份（进口车辆须提交3C检验报告、相关可靠性检验报告复印件）；

5. 证明满足《甩挂运输推荐车型基本要求（修订版）》有关规定要求的技术文件，以及售后服务质量保证文件。

三、申报时间及方式

部汽车运输节能技术服务中心为部委托的负责甩挂运输推荐车型遴选工作的技术支持单位。请各有关企业或单位于8月25日前将有关车型申报材料邮寄至部汽车运输节能技术服务中心。通信地址为：北京市海淀区西土城路8号交通运输部公路科学研究院办公楼820室，邮编：100088。

四、工作要求

各申报企业和单位一是要按照规定时间和要求，及时提交车型申报材料；二是要准备好所申报车型的样车及相关技术文件，为部技术支持单位近期组织专家赴厂家进行实地核查做好准备；三是要按照《甩挂运输推荐车型基本要求（修订版）》，做好新车型产品的开发和储备。

五、联系人及联系方式

部道路运输司　曹磊，电话：010-65292755，传真：010-65292740；

部汽车运输节能技术服务中心　董金松，电话/传真：010-62079180。

交通运输部办公厅（章）

二〇一二年七月二十七日

附件：1. 甩挂运输推荐车型基本要求（修订版）

2. 甩挂运输推荐车型申报表

附件1

甩挂运输推荐车型基本要求
（修订版）

交通运输部办公厅

2012年7月

4×2半挂牵引车及列车基本要求 表1

项目		要求	
驱动形式		4×2	
发动机性能要求	发动机净功率（kW）	≥190（适于两轴半挂车）	≥228（适于三轴半挂车）
	*发动机最低比油耗（g/kW·h）	≤200	
牵引座及安装要求	牵引座承载面离地高度（无拖挂状态，mm）	1290~1320	
	牵引车牵引座前倾角/后倾角（装车测量）	≥6°/7°	
	牵引座负荷（kg）	≥11000	
	准拖最大总质量（kg）	≥29000	35000
操控配置与环境要求	动力转向	有	
	驾驶室空调	有	
	驾驶室平顺性指标（无拖挂状态，等效均值dB）	≤120	
	离合器助力装置	有	
行车安全装置要求	ABS制动系统	符合GB/T 13594标准要求	
	带有行驶记录功能的卫星定位终端	有	
	制动间隙自动调整装置	有	
	符合GB 12676和GB/T 5922要求的测试接头（连接器）	有	
	符合GB 7258要求的辅助制动装置	有；**液力或电涡流缓速控制装置	
	车轮动平衡	是	
整车配置附加要求	导流装置	有	
	**后空气悬架	是	
	轮胎	子午线轮胎；**无内胎子午线轮胎	
	**驾驶室卧铺	有	
与半挂车匹配的互换性要求	半挂牵引车后部回转半径（mm）	≤2200	
	牵引座型号	50号	
	***牵引座前回转半径（mm）	≥2120	
	电器连接装置	位置灯、示廓灯、牌照灯接2号线，后雾灯接6号线，倒车灯接7号线，其余接线应符合GB/T 5053.1的要求	
	气制动连接装置	符合GB/T 13881的要求	

续上表

项目		要求	
与半挂车匹配的互换性要求	ABS系统型式及接口	匹配挂车4S/4M或4S/2M的ABS系统接口，符合GB/T 20716.1的规定；各接口安装位置参照ISO 4009-2000标准要求，按气控、电连接、ABS和供气的顺序自左至右依次排列	
汽车列车（最大牵引载荷、最大列车长度时测试）			
最大允许质量（kg）		35000	42000
*综合油耗（L/100km）（按JT 719-2008测试）		≤35.9	≤38.0
最高车速（km/h）		≥100	
汽车列车通道圆尺寸（m）	内圆直径D_1	10.60	
	外圆直径D_2	25.00	
	外摆值	≤0.80	
30 km/h制动距离（满载）（m）		≤10.5	
制动滞后时间（s）		≤0.2	
行驶轨迹摆幅（mm）		≤110	

注：*LNG半挂牵引车申报时，发动机最低比油耗、综合油耗两项指标暂不要求。**优先推荐。***牵引座前回转半径：半挂牵引车牵引座销孔中心至半挂牵引车驾驶室后部刚性部件末端在水平面上投影点的距离。

6×4半挂牵引车及列车基本要求　　表2

项目		要求
驱动形式		6×4
发动机性能要求	发动机净功率（kW）	≥265
	*发动机最低比油耗（g/kW·h）	≤200
牵引座及安装要求	牵引座承载面离地高度（无拖挂状态，mm）	1290～1320
	牵引车牵引座前倾角/后倾角（装车测量）	≥6°/7°
	牵引座负荷（kg）	≥16000
	准拖最大总质量（kg）	40000
操控配置与环境要求	动力转向	有
	驾驶室空调	有
	驾驶室平顺性指标（无拖挂状态，等效均值dB）	≤120
	离合器助力装置	有
行车安全装置要求	ABS制动系统	符合GB/T 13594标准要求
	带有行驶记录功能的卫星定位终端	有
	制动间隙自动调整装置	有
	符合GB 12676和GB/T 5922要求的测试接头（连接器）	有
	符合GB 7258要求的辅助制动装置	有；**液力或电涡流缓速控制装置
	车轮动平衡	是
整车配置附加要求	导流装置	有
	**后空气悬架	是
	轮胎	子午线轮胎；**无内胎子午线轮胎
	**驾驶室卧铺	有
与半挂车匹配的互换性要求	半挂牵引车后回转半径（mm）	≤2200
	牵引座型号	50号
	***牵引座前回转半径（mm）	≥2120
	电器连接装置	位置灯、示廓灯、牌照灯接2号线，后雾灯接6号线，倒车灯接7号线，其余接线应符合GB/T 5053.1的要求
	气制动连接装置	符合GB/T 13881的要求
	ABS系统型式及接口	匹配挂车4S/4M或4S/2M的ABS系统接口，符合GB/T 20716.1的规定；各接口安装位置参照ISO 4009—2000标准要求，按气控、电连接、ABS和供气的顺序自左至右依次排列

续上表

项　目		要　求
汽车列车（最大牵引载荷、最大列车长度时测试）		
最大允许质量（kg）		49000
*综合油耗（L/100km）（按JT 719—2008测试）		≤39.0
最高车速（km/h）		≥100
汽车列车通道圆尺寸（m）	内圆直径D_1	10.60
	外圆直径D_2	25.00
	外摆值	≤0.80
30 km/h制动距离（满载）（m）		≤10.5
制动滞后时间（s）		≤0.2
行驶轨迹摆幅（mm）		≤110

注：*LNG半挂牵引车申报时，发动机最低比油耗、综合油耗两项指标暂不要求。**优先推荐。***牵引座前回转半径：半挂牵引车牵引座销孔中心至半挂牵引车驾驶室后部刚性部件末端在水平面上投影点的距离。

4×2集装箱半挂牵引车及列车基本要求　　表3

项　目		要　求
驱动形式		4×2
发动机性能要求	发动机净功率（kW）	≥228
	*发动机最低比油耗（g/kW·h）	≤200
牵引座及安装要求	牵引座承载面离地高度（无拖挂状态，mm）	1080～1110
	牵引车牵引座前倾角/后倾角（装车测量）	≥6°/7°
	牵引座负荷（kg）	≥11000
	准拖最大总质量（kg）	35000
操控配置与环境要求	动力转向	有
	驾驶室空调	有
	驾驶室平顺性指标（无拖挂状态，等效均值dB）	≤120
	离合器助力装置	有
行车安全装置要求	ABS制动系统	符合GB/T 13594标准要求
	带有行驶记录功能的卫星定位终端	有
	制动间隙自动调整装置	有
	符合GB 12676和GB/T 5922要求的测试接头（连接器）	有
	符合GB 7258要求的辅助制动装置	有；**液力或电涡流缓速控制装置
	车轮动平衡	是
整车配置附加要求	导流装置	有
	后空气悬架	是
	轮胎	子午线轮胎；**无内胎子午线轮胎
	**驾驶室卧铺	有
与半挂车匹配的互换性要求	牵引座型号	50号
	半挂牵引车后回转半径（mm）	≤2200
	***牵引座前回转半径（mm）	≥1900
	电器连接装置	位置灯、示廓灯、牌照灯接2号线，后雾灯接6号线，倒车灯接7号线，其余接线应符合GB/T 5053.1的要求
	气制动连接装置	符合GB/T 13881的要求
	ABS系统型式及接口	匹配挂车4S/4M或4S/2M的ABS系统接口，符合GB/T 20716.1的规定；各接口安装位置参照ISO 4009-2000标准要求，按气控、电连接、ABS和供气的顺序自左至右依次排列

续上表

项　目		要　求
汽车列车（最大牵引载荷、最大列车长度时测试）		
最大允许质量（kg）		42000
*综合油耗（L/100km）（按JT 719—2008测试）		≤38.0
最高车速（km/h）		≥100
汽车列车通道圆尺寸（m）	内圆直径D_1	10.60
	外圆直径D_2	25.00
	外摆值	≤0.80
30 km/h制动距离（满载）（m）		≤10.5
制动滞后时间（s）		≤0.2
行驶轨迹摆幅（mm）		≤110

注：*LNG半挂牵引车申报时，发动机最低比油耗、综合油耗两项指标暂不要求。**优先推荐。***牵引座前回转半径：半挂牵引车牵引座销孔中心至半挂牵引车驾驶室后部刚性部件末端在水平面上投影点的距离。

6×4半挂牵引车及列车基本要求　　表4

项　目		要　求
驱动形式		6×4
发动机性能要求	发动机净功率（kW）	≥249
	*发动机最低比油耗（g/kW·h）	≤200
牵引座及安装要求	牵引座承载面离地高度（无拖挂状态，mm）	1080～1110
	牵引车牵引座前倾角/后倾角（装车测量）	≥6°/7°
	牵引座负荷（kg）	≥16000
	准拖最大总质量（kg）	37000
操控配置与环境要求	动力转向	有
	驾驶室空调	有
	驾驶室平顺性指标（无拖挂状态，等效均值dB）	≤120
	离合器助力装置	有
行车安全装置要求	ABS制动系统	符合GB/T 13594标准要求
	带有行驶记录功能的卫星定位终端	有
	制动间隙自动调整装置	有
	符合GB 12676和GB/T 5922要求的测试接头（连接器）	有
	符合GB 7258要求的辅助制动装置	有；**液力或电涡流缓速控制装置
	车轮动平衡	是
整车配置附加要求	导流装置	有
	后空气悬架	是
	轮胎	子午线轮胎；**无内胎子午线轮胎
	**驾驶室卧铺	有
与半挂车匹配的互换性要求	半挂牵引车后回转半径（mm）	≤2200
	牵引座型号	50号
	***牵引座前回转半径（mm）	≥1900
	电器连接装置	位置灯、示廓灯、牌照灯接2号线，后雾灯接6号线，倒车灯接7号线，其余接线应符合GB/T 5053.1的要求
	气制动连接装置	符合GB/T 13881的要求
	ABS系统型式及接口	匹配挂车4S/4M或4S/2M的ABS系统接口，符合GB/T 20716.1的规定；各接口安装位置参照ISO 4009-2000标准要求，按气控、电连接、ABS和供气的顺序自左至右依次排列

续上表

项　目		要　求
汽车列车（最大牵引载荷、最大列车长度时测试）		
最大允许质量（kg）		46000
*综合油耗（L/100km）（按JT 719—2008测试）		≤39.0
最高车速（km/h）		≥100
汽车列车通道圆尺寸（m）	内圆直径D_1	10.60
	外圆直径D_2	25.00
	外摆值	≤0.80
30 km/h制动距离（满载）（m）		≤10.5
制动滞后时间（s）		≤0.2
行驶轨迹摆幅（mm）		≤110

注：*LNG半挂牵引车申报时，发动机最低比油耗、综合油耗两项指标暂不要求。**优先推荐。***牵引座前回转半径：半挂牵引车牵引座销孔中心至半挂牵引车驾驶室后部刚性部件末端在水平面上投影点的距离。

两轴20英尺集装箱运输半挂车基本要求

表5

项　　目		要　　求
质量要求	最大允许总质量（kg）	≤35000
	整备质量（kg）	≤4100
行车安全装置要求	ABS制动系统	符合GB/T 13594标准要求
	制动间隙自动调整装置	有
	符合GB 12676和GB/T 5922要求的测试接头（连接器）	有
	车轮动平衡	是
主要配置要求	车轴规格及数量	10t级/2
	车架结构	骨架式
	轮胎	子午线轮胎或宽断面单胎（名义断面宽度≥400mm）；**无内胎子午线轮胎
	**空气悬架	是
	挂车车轴	符合JT/T475—2002的要求
	挂车支承装置	符合GB/T 26777—2011的要求，双联动
	货运挂车气压制动系统	符合JT/T 487—2003的要求
与牵引车匹配互换性要求	半挂车前回转半径（mm）	≤1820
	牵引销型号	50号
	牵引销座板离地高度（空载，mm）	1230～1250，**1020～1040
	半挂车间隙半径（mm）	≥2300
	承载面高度（空载，mm）	≤1410，**1080～1100
	电器连接装置	位置灯、示廓灯、牌照灯接2号线，后雾灯接6号线，倒车灯接7号线，其余接线应符合GB/T 5053.1的要求
	气制动连接装置	符合GB/T 13881的要求
	ABS系统型式及接口	装配4S/4M或4S/2M的ABS系统，接口符合GB/T 20716.1的规定；各接口安装位置参照ISO 4009—2000标准要求，按气控、电连接、ABS和供气的顺序自左至右依次排列

注：**优先推荐。

两轴40英尺集装箱运输半挂车基本要求　　表6

项目		要求	
		普通集装箱运输半挂车	高箱集装箱运输半挂车
质量要求	最大允许总质量（kg）	≤35000	
	整备质量（kg）	≤4520	
行车安全装置要求	ABS制动系统	符合GB/T 13594标准要求	
	制动间隙自动调整装置	有	
	符合GB 12676和GB/T 5922要求的测试接头（连接器）	有	
	车轮动平衡	是	
主要配置要求	车轴规格及数量	10t级/2	
	车架结构	鹅颈骨架式	
	轮胎	子午线轮胎或宽断面单胎（名义断面宽度≥400mm）；**无内胎子午线轮胎	
	**空气悬架	是	
	挂车车轴	符合JT/T 475—2002的要求	
	挂车支承装置	符合GB/T 26777—2011的要求，双联动	
	货运挂车气压制动系统	符合JT/T 487—2003的要求	
与牵引车匹配互换性要求	半挂车前回转半径（mm）	≤1820	
	牵引销型号	50号	
	牵引销座板离地高度（空载，mm	1230～1250	1020～1040
	半挂车间隙半径（mm）	≥2300	
	承载面高度（空载，mm）	≤1410	1080～1100
	电器连接装置	位置灯、示廓灯、牌照灯接2号线，后雾灯接6号线，倒车灯接7号线，其余接线应符合GB/T 5053.1的要求	
	气制动连接装置	符合GB/T 13881的要求	
	ABS系统型式及接口	装配4S/4M或4S/2M的ABS系统，接口符合GB/T 20716.1的规定；各接口安装位置参照ISO 4009-2000标准要求，按气控、电连接、ABS和供气的顺序自左至右依次排列	

注：**优先推荐。

三轴40英尺集装箱运输半挂车基本要求

表7

项目		要求	
		普通集装箱运输半挂车	高箱集装箱运输半挂车
质量要求	最大允许总质量（kg）	≤37000	
	整备质量（kg）	≤6520	
行车安全装置要求	ABS制动系统	符合GB/T 13594标准要求	
	制动间隙自动调整装置	有	
	符合GB 12676和GB/T 5922要求的测试接头（连接器）	有	
	车轮动平衡	是	
主要配置要求	车轴规格及数量	10t级/3	
	车架结构	骨架式/鹅颈骨架式	
	轮胎	子午线轮胎或宽断面单胎（名义断面宽度≥400mm）；**无内胎子午线轮胎	
	**空气悬架	是	
	挂车车轴	符合JT/T 475—2002的要求	
	挂车支承装置	符合GB/T 26777—2011的要求，双联动	
	货运挂车气压制动系统	符合JT/T 487—2003的要求	
与牵引车匹配互换性要求	半挂车前回转半径（mm）	≤1820	
	牵引销型号	50号	
	牵引销座板离地高度（空载，mm）	1230～1250	1020～1040
	半挂车间隙半径（mm）	≥2300	
	承载面高度（空载，mm）	≤1410	1080～1100
	电器连接装置	位置灯、示廓灯、牌照灯接2号线，后雾灯接6号线，倒车灯接7号线，其余接线应符合GB/T 5053.1的要求	
	气制动连接装置	符合GB/T 13881的要求	
	ABS系统型式及接口	装配4S/4M或4S/2M的ABS系统，接口符合GB/T 20716.1的规定；各接口安装位置参照ISO 4009-2000标准要求，按气控、电连接、ABS和供气的顺序自左至右依次排列	

注：**优先推荐。

两轴厢式半挂车基本要求　　表8

项　　目		要　　求	
质量与尺寸要求	最大允许总质量（kg）	29000	35000
	整备质量（kg）	≤6800	≤7800
	宽度（mm）	≤2550	
	长度（mm）	≤10000	≤13000
	车厢内部长度（mm）	≥9300	≥12300
	车厢内部宽度（mm）	≥2440	
	车厢内部高度（mm）	≥2200	
行车安全装置要求	ABS制动系统	符合GB/T 13594标准要求	
	制动间隙自动调整装置	有	
	符合GB 12676和GB/T 5922要求的测试接头（连接器）	有	
	车轮动平衡	是	
主要配置要求	车轴规格及数量	10t级/2	
	轮胎	子午线轮胎或宽断面单胎（名义断面宽度≥400mm）；**无内胎子午线轮胎	
	**空气悬架	是	
	挂车车轴	符合JT/T 475—2002的要求	
	挂车支承装置	符合GB/T 26777—2011的要求，双联动	
	货运挂车气压制动系统	符合JT/T 487-2003的要求	
与牵引车匹配互换性要求	半挂车前回转半径（mm）	≤2040	
	牵引销型号	50号	
	牵引销座板离地高度（空载，mm）	1230～1250	
	半挂车间隙半径（mm）	≥2300	
	电器连接装置	位置灯、示廓灯、牌照灯接2号线，后雾灯接6号线，倒车灯接7号线，其余接线应符合GB/T 5053.1的要求	
	气制动连接装置	符合GB/T 13881的要求	
	ABS系统型式及接口	装配4S/4M或4S/2M的ABS系统，接口符合GB/T 20716.1的规定；各接口安装位置参照ISO 4009-2000标准要求，按气控、电连接、ABS和供气的顺序自左至右依次排列	

注：**优先推荐。

三轴厢式半挂车基本要求

表9

项　目		要　求
质量与尺寸要求	最大允许总质量（kg）	40000
	整备质量（kg）	≤8900
	宽度（mm）	≤2550
	长度（mm）	≤14600
	车厢内部长度（mm）	≥13500
	车厢内部宽度（mm）	≥2440
	车厢内部高度（mm）	≥2200
行车安全装置要求	ABS制动系统	符合GB/T 13594标准要求
	制动间隙自动调整装置	有
	符合GB 12676和GB/T 5922要求的测试接头（连接器）	有
	车轮动平衡	是
主要配置要求	车轴规格及数量	10t级/3
	轮胎	子午线轮胎或宽断面单胎（名义断面宽度≥400mm）；**无内胎子午线轮胎
	**空气悬架	是
	挂车车轴	符合JT/T 475—2002的要求
	挂车支承装置	符合GB/T 26777—2011的要求，双联动
	货运挂车气压制动系统	符合JT/T 487—2003的要求
与牵引车匹配互换性要求	半挂车前回转半径（mm）	≤2040
	牵引销型号	50号
	牵引销座板离地高度（空载，mm）	1230～1250
	半挂车间隙半径（mm）	≥2300
	电器连接装置	位置灯、示廓灯、牌照灯接2号线，后雾灯接6号线，倒车灯接7号线，其余接线应符合GB/T 5053.1的要求
	气制动连接装置	符合GB/T 13881的要求
	ABS系统型式及接口	装配4S/4M或4S/2M的ABS系统，接口符合GB/T 20716.1的规定；各接口安装位置参照ISO 4009-2000标准要求，按气控、电连接、ABS和供气的顺序自左至右依次排列

注：**优先推荐。

三轴栏板式半挂车基本要求　表10

项　目		要　求
质量与尺寸要求	最大允许总质量（kg）	40000
	整备质量（kg）	≤7200
	宽度（mm）	≤2500
	长度（mm）	≤13000
	栏板高度（mm）	600
行车安全装置要求	ABS制动系统	符合GB/T 13594标准要求
	制动间隙自动调整装置	有
	符合GB 12676和GB/T 5922要求的测试接头（连接器）	有
	车轮动平衡	是
主要配置要求	车轴规格及数量	10t级/3
	轮胎	子午线轮胎或宽断面单胎（名义断面宽度≥400mm）； **无内胎子午线轮胎
	**空气悬架	是
	挂车车轴	符合JT/T 475—2002的要求
	挂车支承装置	符合GB/T 26777—2011的要求，双联动
	货运挂车气压制动系统	符合JT/T 487—2003的要求
与牵引车匹配互换性要求	半挂车前回转半径（mm）	≤2040
	牵引销型号	50号
	牵引销座板离地高度（空载，mm）	1230～1250
	半挂车间隙半径（mm）	≥2300
	电器连接装置	位置灯、示廓灯、牌照灯接2号线，后雾灯接6号线，倒车灯接7号线，其余接线应符合GB/T 5053.1的要求
	气制动连接装置	符合GB/T 13881的要求
	ABS系统型式及接口	装配4S/4M或4S/2M的ABS系统，接口符合GB/T 20716.1的规定；各接口安装位置参照ISO 4009-2000标准要求，按气控、电连接、ABS和供气的顺序自左至右依次排列

注：**优先推荐。

附件2

甩挂运输半挂牵引车推荐车型申报表

企业名称（公章）：　　申报车型种类：　　汽车型号：　　驱动型式：

发动机型号		发动机净功率（kW）		*发动机最低比油耗（g/kW·h）	
牵引座型号		牵引座负荷（kg）		准拖最大总质量（kg）	
牵引座离地高度（无拖挂，mm）		驾驶室空调/卧铺		离合器助力装置	
驾驶室平顺性（dB）		牵引座前倾角/后倾角（°）		车轮动平衡	
ABS制动系统		制动器型式（前/后）		制动间隙自动调整装置	
辅助制动装置		卫星定位终端		动力转向装置	
导流装置		轮胎种类/型号/额定承重（kg）		悬架型式（前/后）	
半挂牵引车后回转半径（mm）		牵引座前回转半径（mm）		电器连接装置	
ABS系统型式及接口安装位置		气制动连接装置		整备质量（kg）	
GB 12676 和GB/T 5922测试接头（连接器）		车辆公告批次		燃料消耗量达标车型公告批次及编号（以车型配置为准）	

推荐半挂车、列车车型及相关信息

序号	挂车型号	半挂车生产厂家	列车性能指标								
			总质量（t）	比功率（kW/t）	*综合油耗（L/100km）	最高车速（km/h）	汽车及列车通道圆尺寸（m）	30 km/h制动距离（m）（满载）	制动滞后时间（s）	行驶轨迹摆幅（mm）	外廓尺寸（mm）

联系人：　　电话/传真：　　Email：

备注：1. 每个牵引车车型填表一张；2. 表中技术参数按《公告》、定型试验报告或认证批准材料如实填报；3. *LNG半挂牵引车申报时，发动机最低比油耗、综合油耗两项指标暂不要求。

甩挂运输半挂车推荐车型申报表

企业名称（公章）：　　　　半挂车型号：　　　　申报车型种类：

半挂车车架型式		整备质量（kg）		最大允许总质量（kg）	
外廓尺寸（长×宽×高）（mm）		货厢内部尺寸（长×宽×高）（mm）		质量利用系数	
ABS制动系统		制动间隙自动调整装置		车轮动平衡	
车轴规格及数量		挂车车轴技术水平		轮胎数量（一轴/二轴/三轴）	
轮胎种类/型号/额定承重（kg）		悬架型式		牵引销处负荷（kg）	
牵引销型号		挂车支承装置型号规格		牵引销座板离地高度（mm）	
半挂车前回转半径（mm）		半挂车间隙半径（mm）		承载面高度（空载，mm）	
货运挂车气压制动系统		气制动连接装置		ABS系统型式及接口安装位置	
电器连接装置		GB 12676 和GB/T 5922测试接头（连接器）			
车辆公告批次				参考售价（万元）	
联系人：		电话/传真：		Email：	

备注：1. 每个半挂车车型填表一张；2. 表中技术参数依《公告》、定型试验报告或认证批准材料如实填报。

交通运输部关于发布
第二批公路甩挂运输推荐车型的通知

交运发〔2013〕52号

各省、自治区、直辖市、新疆生产建设兵团交通运输厅（局、委），天津市、上海市交通运输和港口管理局：

为推进公路甩挂运输发展，提升道路货物运输效率，促进道路运输节能减排，根据《甩挂运输试点工作实施方案》（交运发〔2010〕562号）的有关要求，部组织遴选了第二批甩挂运输推荐车型。现将经审查符合相关要求的推荐车型予以公布，请认真贯彻执行。

附件：公路甩挂运输推荐车型（第2批）

交通运输部（章）

2013年1月14日

抄送：各省、自治区、直辖市交通运输厅（局、委）道路运输管理局（处），部汽车运输节能技术服务中心，各有关车辆生产厂家。